高职院校公共基础课能工巧匠系列教材·劳动教育类

高等职业教育新形态一体化教材

劳动通识教育

主审　邓建军

主编　缪昌武　王士恒

参编　江小丹　程秀娟

中国教育出版传媒集团

高等教育出版社·北京

内容提要

　　本书是高职院校公共基础课能工巧匠系列劳动教育类教材，也是高等职业教育新形态一体化教材。本书依据中共中央、国务院发布的《关于全面加强新时代大中小学劳动教育的意见》及教育部印发的《大中小学劳动教育指导纲要（试行）》编写而成。

　　本书分为"劳动世界认知""劳动实践体验""职场劳动指导""劳动素养训练"四篇。其中，"劳动世界认知"从劳动哲学的认知出发，涵盖劳动本质与劳动价值，劳动分工与劳动组织，劳动法规与劳动权益，引导大学生为成为社会主义建设者和接班人而努力；"劳动实践体验"从大学生的生活、学习场景出发，为其积极参与家庭、学校、社会劳动实践提供指导；"职场劳动指导"立足于未来工作需要，明确劳动基本素养、通用职业素质、职业核心能力方面的基本要求；"劳动素养训练"提供与教学内容同步设计的教学活动及实践项目，为劳动教育知行合一的实践路径提供支持。

　　本书顺应"互联网＋教育"这一教育信息化趋势，与在线开放课程配套，将教、学、做整体设计混合编排，充分体现翻转课堂教学变革要求，既是教案，也是学案；既是成长手册，也是活动指南；既是教师掌控教学质量的凭据，又是学生记录自我成长经历的档案。

　　本书体系完整、通用性强，既可作为高职院校劳动通识教育的教学用书，也可作为劳动实践研学基地的活动手册。

图书在版编目（ＣＩＰ）数据

劳动通识教育 / 缪昌武，王士恒主编． --北京：
高等教育出版社，2022.8
　　ISBN 978-7-04-058763-0

　　Ⅰ.①劳…　Ⅱ.①缪…　②王…　Ⅲ.①劳动教育-高
等职业教育-教材　Ⅳ.①G40-015

中国版本图书馆 CIP 数据核字（2022）第 106416 号

劳动通识教育
LAODONG TONGSHI JIAOYU

| 策划编辑 | 陈　磊 | 责任编辑 | 田伊琳　陈　磊 | 封面设计 | 李树龙 | 版式设计 | 徐艳妮 |
| 责任绘图 | 杨伟露 | 责任校对 | 马鑫蕊 | 责任印制 | 韩　刚 | | |

出版发行	高等教育出版社	网　　址	http://www.hep.edu.cn
社　　址	北京市西城区德外大街 4 号		http://www.hep.com.cn
邮政编码	100120	网上订购	http://www.hepmall.com.cn
印　　刷	北京印刷集团有限责任公司		http://www.hepmall.com
开　　本	787mm×1092mm　1/16		http://www.hepmall.cn
印　　张	18		
字　　数	420 千字	版　　次	2022 年 8 月第 1 版
购书热线	010-58581118	印　　次	2022 年 11 月第 2 次印刷
咨询电话	400-810-0598	定　　价	43.80 元

前言

2020年3月,中共中央、国务院发布《关于全面加强新时代大中小学劳动教育的意见》(以下简称《意见》),要求把劳动教育纳入人才培养全过程,贯通大中小学各学段,贯穿家庭、学校、社会各方面,与德育、智育、体育、美育相融合,着力提升学生综合素质,促进学生全面发展、健康成长,弘扬劳动光荣、创造伟大的主旋律。2020年7月,教育部印发了《大中小学劳动教育指导纲要(试行)》(以下简称《指导纲要》),进一步为全国大中小学有效开展劳动教育提供了行动指南。各级各类学校积极响应国家号召,发挥自身优势,不断丰富、拓展劳动教育实施途径,不断深化劳动教育理论与实践探索,一个生动、活泼、有组织、可持续发展的劳动教育格局正在逐步形成。

劳动教育是中国特色社会主义教育制度的重要内容,作为国民教育体系的重要组成部分,直接决定着社会主义建设者和接班人的劳动精神面貌、劳动价值取向和劳动技能水平。长期以来,各地区和学校坚持教育与生产劳动相结合,在实践育人方面取得了一定成效。但近年来,在一些青少年中也出现了不珍惜劳动成果、不想劳动、不会劳动的现象,劳动的独特育人价值在一定程度上被忽视,劳动教育有被淡化、弱化、边缘化的趋向。

苏联教育家苏霍姆林斯基曾经提出:"一个人的和谐全面发展、富有教养、精神丰富、道德纯洁——所有这一切,只有当他不仅在智育、德育、美育和体育素养上,而且在劳动素养、劳动创造素养上达到较高阶段时,才能做到。"我国教育家陶行知也提出"劳动即生活""生活即教育""社会即学校"的劳动教育价值主张。

劳动创造幸福。正如习近平总书记所说,"幸福是奋斗出来的""奋斗本身就是一种幸福。只有奋斗的人生才称得上幸福的人生"。新时代是奋斗者的时代,培养一批批立足本职、爱岗敬业、锐意进取、改革争先的奋斗者正是高等院校的育人使命。劳动教育作为学生成长的必要途径,应该发挥出树德、增智、强体、育美的综合育人价值。通过有目的、有计划地参加日常生活劳动、生产劳动和服务性劳动,"五育并举、知行合一",培育学生正确的劳动价值观和良好的劳动品质。牢固树立劳动最光荣、劳动最崇高、劳动最伟大、劳动最美丽的观念;体会劳动创造美好生活,体认劳动不分贵贱。培育崇尚劳动、热爱劳动、辛勤劳动、诚实劳动的劳动精神,传承执着专注、精益求精、一丝不苟、追求卓越的工匠精神,弘扬爱岗敬业、争创一流、艰苦奋斗、勇于创新、淡泊名利、甘于奉献的劳模精神。

本书依据《意见》和《指导纲要》编写而成,具有以下特色。

一、遵循要求，内容严谨

教材编写组认真学习《意见》和《指导纲要》精神，领会劳动教育的目标与宗旨。深入学习领会习近平总书记在 2020 年 11 月 24 日全国劳动模范和先进工作者表彰大会上的重要讲话，力求精准概括劳动精神、工匠精神与劳模精神的深刻内涵，科学制定劳动素养的培养培训规格及要求。

二、体系完整，通用性强

教材分为"劳动世界认知""劳动实践体验""职场劳动指导""劳动素养训练"四篇。其中，"劳动世界认知"从劳动哲学的认知出发，涵盖劳动本质与劳动价值，劳动分工与劳动组织，劳动法规与劳动权益，引导大学生为成为社会主义建设者和接班人而努力；"劳动实践体验"从大学生的生活、学习场景出发，为其积极参与家庭、学校、社会劳动实践提供指导；"职场劳动指导"立足于未来工作需要，对大学生提出在劳动基本素养、通用职业素质、职业核心能力方面基本要求；"劳动素养训练"，提供与教学内容同步的教学活动设计及实践项目设计手册，为劳动教育知行合一的实践路径提供支持。

三、体例创新，实用性强

教材在正文知识内容的边白处还增加了活动设计。正文提供详细的知识内容，辅文则提示练习、训练、微课、评估的链接。学生既可以扫码看课，拓展学习的场景，也可以在学习前后进行自我评估，掌握学习效果，把控学习节奏。本书前三篇是教材基本内容，第四篇是劳动素质训练，前后衔接，讲练结合，帮助学生学以致用。

四、资源丰富，拓展性强

与教材同步开发的教学资源丰富多样。微课视频及自我评估以二维码链接的形式嵌入教材，支持扫码看课、在线评估；与教学同步的练习及训练项目并入教材，支持按页检索、及时演练。本书为任课教师提供全套教学课件，可供二次编辑、进行校本化开发。另外，本书正在同步开发中国大学 MOOC 课程、智慧职教 MOOC 学院在线开放课程，供广大师生选用。

本书是集体智慧的结晶，书中很多素材、构思来自投身教学一线的各位老师的积极探索。他们留下了汗水，贡献了智慧。在编写过程中我们还参考、引用了学术界研究的最新成果，培训界教练的经典案例，谨向同行专家及教练精英致谢！

本书由大国工匠、全国劳模邓建军担任主审，教材的编写分工如下：

缪昌武负责全书大纲、前言及模块一、模块二、模块三的撰写，并对全书进行统稿；江小丹负责编写模块四、模块五；程秀娟负责编写模块六；王士恒负责编写模块七、模块八、模块九及劳动素养训练。

限于作者水平和编写时间仓促等因素，本书一定还存在诸多不足之处，敬请广大读者批评指正。

祝愿本书的使用者，特别是广大教师和学生，通过交流合作，教学相长，形成师生参与、共建共享的成长共同体。

《劳动通识教育》教材编写组
2022 年 5 月 15 日

目录

第三篇　职场劳动指导

第四篇　劳动素养训练

第一篇

劳动世界认知

模块一

劳动本源与劳动价值

学习指南　　　　劳动本源与劳动价值模块主要包括劳动的本质、劳动创造世界、做新时代的劳动者三个主题，通过学习，引导大学生树立正确的劳动观，确立劳动创造人、劳动创造财富、劳动创造美好生活的价值认同，积极培养自己吃苦耐劳、埋头实干的劳动精神，形成在劳动实践中发现问题、分析问题、整合资源并创造性解决问题的能力和变单一的体力劳动为具有思维含量的智力劳动的意识，做立大志、明大德、成大才、担大任的时代新人。

学习目标　　　　**知识：**

1. 深入理解劳动的概念、劳动的本质
2. 理解马克思主义劳动观的科学内涵
3. 了解劳动教育的历史渊源及教育理论

能力：

1. 能够列举树立正确劳动观的途径
2. 可归纳马克思主义劳动观
3. 能够按照正确的劳动观开展学习和生活

态度与价值观：

1. 端正对劳动的思想认识和劳动态度
2. 认同劳动创造人、劳动创造财富、劳动创造美好生活
3. 做新时代担当民族复兴大任的劳动者

教学建议　　　　1. 首先通过导入案例，让学生对最美劳动者建立感性认识；接着通过课前自测，了解学生对劳动世界的理性认识；在教学环节中，恰当引用经典作家及马克思主义代表人物的语录，启迪学生研读《共产党宣言》《人类发展简史》《物种起源》等著作；然后通过总结案例，引发学生对劳动本源与劳动价值的思考；最后通过课后自测，掌握学生的学习效果。

2. 实施混合教学模式时，需要引导学生正确地完成平台注

册,形成在线自主学习、线下积极参与互动的良好氛围。在共享本课程教学资源的基础上,不断丰富习题库、活动库、案例库的校本内容。

案例导入

"老干妈"陶华碧的创业故事

她把几块钱一瓶的辣椒酱做成与茅台齐名的品牌;她每天卖出 200 万瓶辣椒酱,一年销售额高达 25 亿元;她目不识丁,面对组成自己名字的三个字不断摇头:"这三个字,太难了,太复杂了。"她就是老干妈的创始人陶华碧。

1989 年,陶华碧在贵阳市南明区龙洞堡贵阳公干院的大门外侧,用捡来的碎砖瓦块搭起了一个专卖凉粉、冷面和米豆腐的简陋"小饭摊"。因为价低量足,加之自制的辣椒酱具有独特风味,"小饭摊"深受顾客喜爱。很多客人吃完凉粉后,还要买一点辣椒酱带回去,甚至有人不吃凉粉却专门来买她的辣椒酱。1994 年,贵阳修建环城公路,途经此处的货车司机日渐增多,他们成了"小饭摊"的主要客源,陶华碧便向他们赠送自家制作的辣椒酱等调味品。随着货车司机的口口相传,"龙洞堡老干妈辣椒酱"的名号在贵阳不胫而走。1996 年 8 月,陶华碧招聘了 40 名工人,借用村委会的两间房子,办起了食品加工厂,专门生产辣椒酱。刚开始创办厂时,只有原始的手工操作,简陋的手工作坊。陶华碧一手握一把菜刀,亲自动手捣麻椒、切辣椒,带头做起这些苦差事。

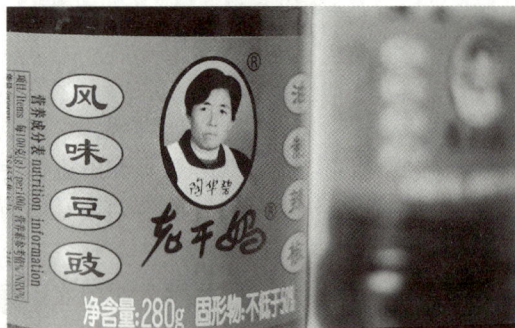

今天,有华人的地方,就有"老干妈",陶华碧的"老干妈"辣椒酱带着一股贵州妹子的热辣脾气,在国内外市场闯出了一片天地。就这样,陶华碧做任何事情都身先士卒,靠着自己勤奋劳作和永不服输的拼搏精神,把"老干妈"做成了享誉世界的名牌。

【分析】"老干妈"陶华碧脚踏实地进行生产经营,依靠自己的双手创造财富,不断超越自我,打开了属于自己的天空。请思考以下问题:什么是劳动?劳动创造了哪些价值?劳动与人之间的关系如何?如何理解劳动创造社会财富?劳动创造了哪些美好生活?新时代中怎样做一位担当民族复兴大任的劳动者?这些都是本模块将要讲解的内容。

课前评估

扫码做评估 1.1:自测一下对本模块内容的了解程度

主题一　劳动的本质

　　劳动是人类社会生存和发展的基础,是人维持自我生存和自我发展的唯一手段。恩格斯指出,"劳动是整个人类生活的第一个基本条件"。

　　人类的劳动是体力与智力的结合。随着生产力的发展和人们认识水平的提高,体力劳动和智力劳动渐渐分离。但是,体力劳动和脑力劳动作为一个整体不可分割,二者只是分工不同,没有高低贵贱之分。

> 　　劳动,不仅仅意味着实际能力和技巧,而且首先意味着智力的发展,意味着思维和语言的修养。
>
> ——苏霍姆林斯基

　　新时代重提劳动教育是让人们对劳动教育的认识回归本质,既有马克思主义"教劳结合"思想的引领,又有"耕读传家久"传统的赓续。我们作为高职院校的学生,应该把技能与劳动精神、工匠精神、劳模精神、职业精神相结合,把社会实践与责任担当相结合,树立"大劳动观",拓展劳动的广度与深度,重构个体与他人、社会与自然的关系,立志成长为一名爱劳动、会劳动、懂感恩、会助人的德智体美劳全面发展的社会主义建设者和接班人。

一、劳动的内涵

　　劳动是人类的本质特征,社会上一切的物质财富与精神财富都来源于劳动。可以说,没有劳动,就没有人类的生活。

(一)劳动的概念

　　劳动是指人们运用一定的生产工具,作用于劳动对象,创造物质财富和精神财富的有目的的活动。劳动是人类社会存在和发展的最基本的条件,劳动在人类形成过程中,起了决定性的作用。

(二)劳动的分类

　　按照劳动复杂程度,劳动可分为简单劳动和复杂劳动两大类。简单劳动是在一定的社会条件下不需要经过特别的专门训练,每个普通劳动者都能从事的劳动。而复杂劳动是需要经过专门学习和训练,从而在技术上比简单劳动复杂的劳动。因而,可以说复杂劳动是强化了的简单劳动。

　　根据劳动所依靠的主要运动器官的不同,可以将劳动划分为体力劳动和脑力劳动。体力劳动是指以人体肌肉与骨骼的劳动为主,以大脑和其他生理系统的劳动为辅的人类劳动。脑力劳动是指以大脑神经系统的劳动为主,以其他生理系统的劳动为辅的人类劳动。

　　一般的人类劳动由脑力劳动和体力劳动按照不同的比例关系组合而成。脑力劳动是指那些脑力劳动占主要比例的复合劳动,体力劳动是指那些体力劳动占主要比例的复合劳动。

(三)劳动观

　　人们在劳动的过程中,总会形成对劳动的看法和认识,这就是劳动观。劳动观反映着劳动者对劳动的态度,决定着劳动者在劳动过程中的行为。劳动观作为意识形态领域的内容,与人生观、世界观是一脉相承的,劳动观生动地反映着一个人的人生观、世界观。随着经济的发展和科技的进步,劳动被赋予新的内涵。一个人只有树立了正确的劳动观,才能自觉强化劳动意识,用双手和智慧去创造人生,实现自己的理想。树立正确的劳动观对人生观、世界观的形成起着积极的作用。

(四)劳动发展的历史进程及其趋势

1. 劳动发展的历史进程

长期以来,在理论上或实际工作中,人们对劳动的理解往往存在一定的偏颇。提到劳动,总局限于体力劳动或生产性劳动,这具有一定的片面性。这就迫切地要求我们对劳动重新加以全面认识,对劳动的历史发展进行认真的考察和分析。唯有这样,才能揭示劳动演化的客观规律,也才能真正理解劳动的本质。

所谓劳动,是专属于人类所有的,甚至可以讲是人类的一种"特权"。人类劳动与动物在生物学规律支配下消极地适应自然的本能活动从根本上是不同的,其区别就在于人类劳动所特有的自觉性和目的性。因而,劳动就必然地与人类历史相联系。正是劳动创造了人和人类社会,把人从动物界分化了出来。因此,劳动的诞生也是人类历史的开始,并且伴随着历史的进程逐步发展。从某种程度上讲,丰富多彩的人类历史都不过是劳动过程的展开与深化。所以,劳动的范畴,如果它如实地反映了劳动自身的运动,就应该是历史的、发展的,而不是凝滞的、僵化的。

根据马斯洛需求层次理论可知:人在客观上有着不同需要,且这些需要是分层次的,有的属于基本的、维持生存的需要,有的则属于进一步发展完善的需要。那么,为满足这些需要所提供效用的方式只能是劳动,而人的需要具有丰富的多样性,所以,劳动是为需要提供效用的社会活动,也就必然是多样的、丰富的。人的不同需要要求不同种类劳动的并存,这就是劳动的社会分工。

对劳动的历史考察,可以向我们揭示劳动发展的规律。美国人类学家摩尔根在他的巨著《古代社会》中,将人类的历史划分为由低级到高级的三个时代:蒙昧时代、野蛮时代和文明时代。蒙昧时代是以采集现成的天然产物为主的时期,人类制造品主要是作为这种采集的辅助工具。野蛮时代是学会经营畜牧业和农业的时期,是学会靠人类的活动来增加天然产物生产的方法的时期。

野蛮时代的中期和后期,相继出现了人类历史上的第一次社会大分工(畜牧业和农业的分离)和第二次社会大分工(手工业和农业的分离)。这两次分工为部分社会成员通过种种途径将这些生产资料占为己有,并作为剥削他人劳动成果的手段创造了条件。于是,随着人类迈向文明时代的门槛,人类也逐渐分成了不同的阶级和集团。人类进入文明时代后,第三次社会大分工(即商人的出现)随之产生了(图1-1)。这时阶级也正式形成,它的第一个形式就是奴隶社会。阶级的出现和阶级社会的最终确立,在人类历史上具有双重作用,一方面,它使社会成员分裂成利益根本冲突的集团,使人类历史在对立中发展;另一方面,它把人类带入了文明时代,并促进了人类文明的发展。就是在这样的条件下,部分社会成员因占有了生产资料,使他们有可能过着完全不劳动的寄生生活,同时,其中一些人就有可能去从事艺术、科学、教育等劳动。人类劳动进入文明时代。

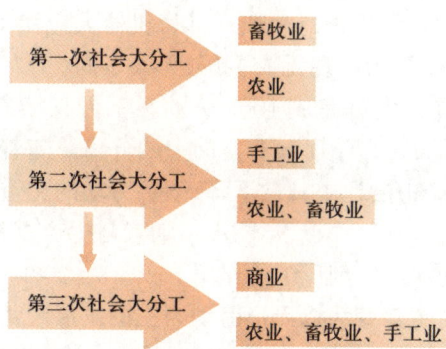

图 1-1　三次社会大分工

　　20世纪70年代以来,人类已迈入了劳动发展的新阶段,复杂型劳动和创造性劳动的比重日益增加,与此同时,简单型劳动却不断地、大量地被自动化和计算机取代。这样,劳动愈来愈多地表现为创造无形使用价值的、具有较多创造性的、主要付出脑力的复杂型劳动。

2. 劳动发展的历史趋势

　　无论过去、现在还是将来,劳动都是社会赖以存在和发展的基础。马克思说过:任何一个民族,如果停止劳动,不用说一年,就是几个星期,也要灭亡。当然,要正确认识劳动在现代社会的重要作用,就必须拓展并深化劳动的内涵与外延,认识到劳动在支持人类社会存在和发展的过程中,其自身也在不断发展着的几个趋势。

　　（1）以体力劳动为主转变为以脑力劳动为主的发展趋势　随着生产力的发展,出现了体力劳动与脑力劳动的分工。资本主义生产关系确立后,体力劳动与脑力劳动的分工更加明朗。第一次科技革命开启了生产力发展的新纪元,机器生产从根本上改变了人们的劳动方式,机器的动力逐步取代人力,特别是体力。在机器生产过程中,尽管人的体力劳动不会消失,但体力的耗费逐步减少,脑力劳动愈来愈占有重要的位置。第三次科技革命,自动化和人工智能的出现,使人类劳动力的支出再一次发生巨大的革命。计算机的应用,进一步解放了人脑,使人类有可能更好地发挥自身内在的潜能,使更多的劳动者专心从事富有创造性的脑力劳动。据社会学家统计,在机械化程度低的情况下,体力劳动与脑力劳动的比例是90∶10,这一比例在中等程度机械化的情况下为60∶40,而在全自动化的情况下为10∶90。随着现代科学技术的发展,特别是知识经济时代的到来和信息高速公路的出现,以脑力劳动为主的产品开始进入了大规模生产阶段,而且正日益改变着现代生产活动,大大提高了社会劳动生产率,使经济发展转向以脑力劳动为主创造商品价值的新阶段。因此,我们必须充分肯定脑力劳动在商品价值创造和财富生产中的重要作用。

　　（2）以直接劳动为主转变为以间接劳动为主的发展趋势　在小商品生产基础上,劳动者必不可少地直接参与劳动的全过程,劳动产品与劳动者存在着直接对应关系。随着生产力的发展,社会生产的基础不再是直接劳动,而是间接劳动。第二次世界大战后,由于科技发展,特别是电子学、控制论、信息论的发展,逐渐出现了机器人。因为机器人可以减轻人类笨重的体力劳动,甚至进行较复杂的脑力劳动,能在不适宜人类生活的环境里进行生产,所以,机器人应用得愈来愈广,社会生产的组织形式发生了变化,开始出现无人工厂、无人车间,工人无须再到工厂、车间,而是在家里通过电脑操作就可完成生产,劳动者不再直接参与产品的制造过程,劳动者与生产资料的结合出现了时间和空间上的分离。随着科学技术的进一步发展,直接劳动在产品生产中的比重日益下降,间接劳动的比重及其产生的作用却越来越大。我们要充分认识到这一点,不能因劳动者与生产资料结合的时空分离,而忽视甚至忽略间接劳动在价值创造中的作用。

（3）以有形劳动为主转变为以无形劳动为主的发展趋势　一般来说,第一、第二产业的劳动是有形劳动,生产的是有形产品,而第三产业的劳动是无形劳动,生产的是"服务"这种无形产品。随着生产力的艰难缓慢发展,直至原始社会的末期,第三次社会分工形成,才出现了无形劳动。第三产业不断发展,逐步取代第一、二产业的主体地位,成为现代社会的主导产业。比如,美国从1899年到1998年的百年时间里,作为第一产业的农业收入比重从占三大产业收入的18.1%降为1.5%,就业人数比重从占三大产业的36.9%降至1.6%;第二产业的工业收入比重从36.3%降29.5%,从业人数比重从35.1%降至22.4%。

（4）以物质劳动为主转变为以精神劳动为主的发展趋势　无论个人还是人类社会,生活既需要物质产品,也不可缺精神产品。到了20世纪后半叶,现代科学技术迅速发展,物质生产领域的生产劳动大幅度下降,精神领域的生产劳动迅速上升,产业结构中以精神生产为主的科技业、信息业、咨询业以及教育、文化产业都在迅速发展。以脑力劳动为主的现代精神劳动正在逐步取代以体力劳动为主的物质劳动,成为现代社会生产劳动的主要形式。当今世界各国之间的竞争是综合国力的竞争,综合国力的竞争在于科技的竞争,而科技的竞争又在于教育的竞争。

一国要在竞争中立于不败之地,关键在于科技与教育。从事科研、教育工作的劳动者需要不断补充更新知识,还需耗费更多的脑力,进行创造性思维和创新性劳动。这种劳动是一种高级甚至超高级复杂劳动,其创造的价值比一般的物质劳动大得多。我国已充分认识到科技与教育在经济社会发展中的重要作用,实施了科教兴国战略。要实现科教兴国,就必须尊重知识,尊重人才,尊重精神劳动所创造的巨大价值。

总之,在社会历史进程中,随着生产力持续发展,产业结构不断升级,社会分工必然出现重大变化,劳动在支持人类社会存在和发展的过程中,其自身也在不断地发展着,突出表现为以体力劳动为主转变为以脑力劳动为主、以直接劳动为主转变为以间接劳动为主、以有形劳动为主转变为以无形劳动为主和以物质劳动为主转变为以精神劳动为主的发展趋势。这种趋势从当今发达国家白领递增、蓝领递减以及当今世界各国对科技人员的需求迅猛增加就可见端倪。这种发展趋势带来了劳动内涵与外延的相应变化,使更大范围的劳动者成为价值创造者。沿着这个大趋势,劳动将随着劳动生产力的提高,把人类带入一个使人全面发展、劳动充满创造性的时代。而这个时代的到来则是不可抗拒的历史必然,也是劳动发展的必然。

二、马克思主义劳动观

（一）马克思主义劳动观的内涵

马克思认为，"全部人的活动迄今都是劳动"。劳动是马克思思想体系中的核心观念，是马克思主义理论研究的基础。马克思把劳动比喻成整个社会围之旋转的太阳，劳动是人类生存的本质，人类的发展过程就是劳动的发展史。马克思主义对于劳动的论述，主要体现为劳动本质论、劳动价值论以及劳动解放论。

卡尔·马克思

1. 劳动本质论

"人的本质"是什么，一直是困扰哲学界的一个重要命题。马克思主义认为劳动形成人的本质，人的本质是一切社会关系的总和。

第一，劳动创造了人本身。恩格斯在《劳动在从猿到人转变过程中的作用》一文中，详细描述了劳动在人类从猿进化为人的过程中的作用。会使用和创造劳动工具把人类社会与猿群世界区分开来。劳动使人学会直立行走，并且创造了语言。

> 劳动是人类的本质活动，劳动光荣、创造伟大是对人类文明进步规律的重要诠释。
>
> ——习近平

第二，劳动创造了人类生活。马克思、恩格斯在《德意志意识形态》中明确地指出："全部人类历史的第一个前提无疑是有生命的个人的存在。"而这"有生命的个人"之所以能够存在，最主要的是因为他们能通过自己的劳动来创造和生产物质生活资料。因此，"第一个需要确认的事实就是这些个人的肉体组织以及由此产生的个人对其他自然的关系"。劳动的过程就是人通过自身的劳动作用于自然的过程，是人的本质力量与自然之间的一种物质交换过程，正是"通过实践创造对象世界，改造无机界，人证明自己是有意识的类存在物，就是说是这样一种存在物，它把类看作自己的本质，或者说把自身看作类存在物。"

第三，劳动是一切价值的创造者。马克思认为"劳动是一切价值的创造者。只有劳动才赋予已发现的自然产物以一种经济学意义上的价值"。恩格斯在《自然辩证法》中也同样有着明确的表述："其实，劳动和自然界在一起它才是一切财富的源泉，自然界为劳动提供材料，劳动把材料变为财富。但是劳动的作用还远不止于此。它是一切人类生活的第一个基本条件，而且达到了这样的程度，以致我们在某种意义上不得不说：劳动创造了人本身。"因此，劳动是人类创造物质和精神财富的活动。

最后，劳动创造了社会关系。劳动不仅创造了人与自然的关系，劳动还形成了人与人之间（即"劳动资料的占有和使用关系，劳动的分工和协作关系，劳动产品的交换、分配和消费关系等"）以及人与主观意识之间的关系，而这些关系构成了人类社会的基本关系。社会是人类劳动的产物，是劳动活动的展开形式，也必将随着劳动的发展而发展。

2. 劳动价值论

劳动价值论是马克思关于劳动创造商品价值及商品生产、交换遵循价值规律的理论,它详细阐述了商品经济的本质和运行规律。

第一,生产商品的同一劳动划分为具体劳动和抽象劳动,具体劳动创造商品的使用价值,抽象劳动创造商品的价值。而具体劳动与抽象劳动是生产商品劳动的两种形态,是同一劳动的两个不同方面,不是生产商品的两次劳动。

第二,抽象劳动内在的属性是生产商品过程中人类脑力或体力的支出(人类的一般劳动),其外在的属性则是生产商品创造价值的劳动,其抽象劳动创造的价值则是商品经济社会特有的经济特征。马克思认为,在一切社会状态下,劳动产品都是使用物品,但只是历史上一定的发展时代,也就是生产一个使用物品耗费的劳动表现为该物的"对象的"属性,即它的价值的时代,才使劳动产品转化为商品。

第三,抽象劳动内化为商品的价值,外化为商品的交换价值。正如马克思所述:"我们实际上也是从商品的交换价值或交换关系出发,才探索到隐藏在其中的商品价值。"这种体现着商品生产者之间平等交换劳动的社会关系正是以抽象劳动为内核。

3. 劳动解放论

劳动解放论是从劳动本质论和劳动价值论中得出的对科学社会主义的深刻表述,认为劳动的发展过程推动了人类发展史当中在自然和社会两方面的不断解放。劳动解放首先是人类的智力的提高过程,是劳动工具的改进与经济形态的创新,而不是一种简单的政治行为或者政权的归属问题。其次劳动者解放程度是衡量社会文明的尺度和标准,对于劳动与劳动解放程度的促进或者倒退、保护或者破坏等等,直接反映出社会的政治体系与制度模式的优劣。总之,劳动者解放是全人类的共同使命,一切社会制度都必须遵从于和致力于劳动者的社会解放。

延伸学习

习近平的劳动观

1. 树立什么样的劳动观念?

人类是劳动创造的,社会是劳动创造的。劳动没有高低贵贱之分,任何一份职业都很光荣。

——2016 年 4 月 26 日,习近平在知识分子、劳动模范、青年代表座谈会上的讲话

我们的根扎在劳动人民之中。在我们社会主义国家,一切劳动,无论是体力劳动还是脑力劳动,都值得尊重和鼓励;一切创造,无论是个人创造还是集体创造,也都值得尊重和鼓励。全社会都要贯彻尊重劳动、尊重知识、尊重人才、尊重创造的重大方针,全社会都要以辛勤劳动为荣、以好逸恶劳为耻,任何时候任何人都不

能看不起普通劳动者,都不能贪图不劳而获的生活。

——2015 年 4 月 28 日,习近平在庆祝"五一"国际劳动节暨表彰全国劳动模范和先进工作者大会上的讲话

必须牢固树立劳动最光荣、劳动最崇高、劳动最伟大、劳动最美丽的观念,让全体人民进一步焕发劳动热情、释放创造潜能,通过劳动创造更加美好的生活。

——2013 年 4 月 28 日,习近平来到全国总工会机关,同全国劳动模范代表座谈并发表重要讲话

2. 如何对待劳动?

梦想属于每一个人,广大劳动群众要敢想敢干、敢于追梦。说到底,实现中华民族伟大复兴的中国梦,要靠各行各业人们的辛勤劳动。现在,党和国家事业空间很大,只要有志气有闯劲,普通劳动者也可以在宽广舞台上展示自己的人生价值。

——2016 年 4 月 26 日,习近平在知识分子、劳动模范、青年代表座谈会上的讲话

一切劳动者,只要肯学肯干肯钻研,练就一身真本领,掌握一手好技术,就能立足岗位成长成才,就都能在劳动中发现广阔的天地,在劳动中体现价值、展现风采、感受快乐。

——2015 年 4 月 28 日,习近平在庆祝"五一"国际劳动节暨表彰全国劳动模范和先进工作者大会上的讲话

劳动模范和先进工作者、先进人物不仅自己要做好工作,而且要身体力行向全社会传播劳动精神和劳动观念,让勤奋做事、勤勉为人、勤劳致富在全社会蔚然成风。

——2014 年 4 月 30 日,习近平在乌鲁木齐接见劳动模范和先进工作者、先进人物代表,向全国广大劳动者致以"五一"节问候

我国工人阶级要增强历史使命感和责任感,立足本职、胸怀全局,自觉把人生理想、家庭幸福融入国家富强、民族复兴的伟业之中,把个人梦与中国梦紧密联系在一起,始终以国家主人翁姿态为坚持和发展中国特色社会主义作出贡献。

——2013 年 4 月 28 日,习近平来到全国总工会机关,同全国劳动模范代表座谈并发表重要讲话

(二)马克思主义劳动观的当代价值

1. 有助于培养热爱劳动的美德

马克思说过:体力劳动是防止一切社会病毒的伟大消毒剂。脑力劳动者参加一些体力劳动,晒晒太阳,活动筋骨,是有利于身心健康的。向社会提供劳动,获得自己生活的权利,是光荣的生存方式。树立正确的劳动观,坚持劳动正义感,在社会上广泛传播正能量,有助于促进我国社会的和谐发展,是实现中华民族伟大复兴、全面实现共产主义事业的推进器。

2. 是通向成功实现理想的必由之路

青春是用来奋斗的。劳动是财富的源泉,也是幸福的源泉。再宏伟的目标、再美好的愿景,只有靠脚踏实地的诚实劳动、勤勉工作,才能一步步变成现实。全面

建成小康社会,进而实现中华民族伟大复兴的中国梦,必须依靠知识,必须依靠劳动,必须依靠广大青年。广大知识分子、广大劳动群众、广大青年要紧跟时代、肩负使命、锐意进取,把自身的前途命运同国家和民族的前途命运紧紧联系在一起,努力为实现共同理想和目标而团结奋斗。

3. 有助于形成积极向上的就业创业观

很多人在毕业就业过程中容易形成眼高手低的择业观念,出现不能胜任工作等问题,只有树立正确的劳动观,才能形成积极向上的就业观和创业观。正确的劳动观能够培养劳动者优良的品质,帮助劳动者积极就业。正确的劳动观能够帮助劳动者正确认识社会劳动分工的本质,消除劳动歧视,建立劳动平等观,促进劳动者积极基层就业,加强锻炼,为以后的发展奠定良好基础。正确的劳动观能够培养劳动者吃苦耐劳的劳动精神和创新精神,促进劳动者的自主创业。

> 劳动是世界上一切欢乐和一切美好事情的源泉。
> ——高尔基

4. 可以使生活丰富而充实

"劳动是世界上一切欢乐和一切美好事情的源泉。"这是高尔基对劳动的诠释,也是劳动的真谛。劳动是一笔难得的人生资源和财富,人生的绚丽和精彩都是在不断劳动并勇于创造的过程中书写出来的。劳动能使我们消除不必要的忧虑,帮助我们摆脱过分的自我注意,使生活丰富而充实。劳动的成功与成果,可使我们认识到自己生存的价值,从而对生活充满信心。

5. 有助于促进自身全面发展

作为社会主义建设者和接班人,我们的全面发展对实现中华民族伟大复兴的中国梦有着重要作用。合格的社会主义建设者和接班人本质上是"以劳动实现中国梦"的劳动者,我们要做辛勤的劳动者、敬业的劳动者,更要做具有创造性的劳动者。树立正确的劳动观,有利于我们在劳动中增强体魄、磨炼意志、提升人格品质,实现以劳树德、以劳增智、以劳健体、以劳育美的目标。

同步练习

做第 220 页练习 1.1:讲述劳动者的故事

主题二　劳动创造世界

劳动是社会财富的源泉,也是幸福的源泉,我们收获的任何社会财富归根结底都由劳动创造。人类生产的任何产品都是劳动、生产工具、劳动对象这三种基本要素共同作用的产物。在现代财富的生产过程中,是人的劳动在对其他生产要素,其中包括机器、设备以及知识、管理、信息等要素进行启动、粘连和整合,使其能相互有机地配合工作,实现有序正常的生产运作。

> 劳动是一切幸福的源泉。
> ——习近平

劳动教会了我们生存,创造出我们所需要的物质财富,从劳动实践中学习和运用社会积累的生产和生活技能,是人类的生存生活之本。同时,在劳动中,我们又培养了自食其力的本领、尊重劳动人民的情感和崇尚劳动创造的精神。

一、劳动创造财富

马克思认为，全部人的活动迄今都是劳动，人的全部活动及其成果，都是人的本质力量的表现和确证。正是在改造对象世界中，人才真正地证明自己是类存在物。也就是说，劳动的发展也就是人的本质力量的发展和人的创造力的发展。

（一）劳动创造财富的内涵

1. 劳动创造物质财富

劳动是创造物质财富的基础。任何物质财富的创造都离不开勤恳的劳动，劳动者在劳动过程中不断积累经验，提高生产技能和改进生产工具，推动了整个社会生产力的发展、生产关系的变化以及整个社会由低级向高级的发展。正是因为劳动创造，我们才拥有了历史的辉煌；也正是因为劳动创造，我们才拥有了今天的成就。美好生活离不开物质财富做支撑，而拥有更丰富的物质财富需要劳动。在电视政论片《劳动铸就中国梦》里，我们看到了最平凡的基层劳动者的劳动风采。抄表工王炳益，十年如一日地在莽莽大山里重复走着同一条路，为乡村里家家户户用上稳定可靠的电力而努力；安哥拉中国建设者，"80后"女孩李慧星，不仅为安哥拉铁路建设尽己所学，还在中安两国人民心中架起了一座友谊的桥梁……正是因为有他们这样朴实无华的劳动者，在不同的岗位上展现着劳动者的勤奋与真诚，我们的祖国才能蒸蒸日上；也正是因为无数在自己岗位上付出汗水和智慧的劳动者创造的一个个奇迹，祖国改革开放的步伐才会如此快捷和沉稳，一路高歌猛进。

人民开创历史，劳动创造未来。长期以来，中国工人阶级和广大劳动群众挥洒辛勤汗水，不断创造伟大契机，为实现中华民族伟大复兴而不懈奋斗。如今，我们站在"两个一百年"奋斗目标的历史交汇点上，每个人都应辛勤劳动、诚实劳动、创造性劳动，在全面建设社会主义现代化国家新征程中创出新的更大奇迹。

2. 劳动创造精神财富

劳动是精神财富取之不尽、用之不竭的源泉。人们在劳动中丰富了思想，收获了快乐。一方面，在劳动者为了实现一定物质资料的生产而进行的劳动实践过程中，产生了精神财富的物质基础，同时也形成了精神财富的认识动力。例如，自然科学就是在劳动者进行生产劳动实践的基础上产生并发展起来的。另一方面，财富是由劳动直接创造的，劳动实践积累了丰富的生产经验，构成了人类精神财富的原料和半成品。劳动之所以能够发挥如此巨大的作用，是因为其本身就属于有目的的生产实践，劳动者在创造物质财富的过程中凝结了大量的智慧，创造出了多种形式的精神财富。不管时代如何变迁、社会如何进步，劳模精神、工匠精神、愚公移山精神、钉钉子精神等，最终都将汇聚成民族精神和时代精神，转化为推动社会发展、实现人民群众对美好生活向往的奋斗动力。

> 劳动一日，可得一夜的安眠；勤劳一生，可得幸福的长眠。
>
> ——达·芬奇

（二）劳动创造财富的形式

古语有云："民生在勤，勤则不匮。"劳动是创造社会物质财富和精神财富的基础，而积极劳动更是实现国家富、财用足、百姓暖衣饱食之根本。中华民族是一个勤于劳动、善于创造的民族。几千年来,劳动者依靠积极劳动,开拓了祖国的大好河山,创造了不可胜数的物质财富和绵延不绝的精神文明。从中国古代的四大发明造纸术、印刷术、指南针、火药,再到如今的高铁、扫码支付、共享单车、网购等;从社会主义革命和建设时期的雷锋精神、铁人精神再到新时代下的工匠精神、劳模精神……这些不同历史时期所创造的不同社会财富,都表达了同样的主题——积极劳动。积极劳动作为中华民族优秀的传统思想,早已编写在民族的基因中,延绵至今。

在当今时代,随着社会经济的发展,劳动形态发生了巨大变化。新技术、新产业、新业态的出现,创新了劳动创造的形式,鼓励了广大青年创造性劳动,特别是让大学生的劳动形态也变得不再传统单一。如今,随着就业市场的变化,兼职和灵活就业也正在被更多人接受。智联招聘发布的《2020 雇佣关系趋势报告》中提到,2020 年就已有超过七成白领对灵活就业表示期待与认可。在当下,很多人当起了"斜杠青年",下了班开网约车、当代驾,业余时间开网店、当主播,见缝插针创作文案、做视觉设计……新业态创造新机遇,整个社会的就业观念正在改变,这群"身兼多职"的年轻人正在用他们的亲身行动践行积极劳动的核心理念。

习近平总书记在全国教育大会上指出:"要在学生中弘扬劳动精神,教育引导学生崇尚劳动、尊重劳动,懂得劳动最光荣、劳动最崇高、劳动最伟大的道理,长大后能够辛勤劳动、诚实劳动、创造性劳动。"古人云:"一粥一饭,当思来处不易;半丝半缕,恒念物力维艰。"回望过去,多少辉煌的成就,在埋头苦干中铸就;多少豪迈的跨越,在挥汗如雨中实现;多少伟大的梦想,在胼手胝足中变为现实。奋进路上,我们所取得的劳动成果来之不易,因此必须倍加珍惜。

在新时代,我们要以马克思主义劳动观和习近平关于劳动教育的重要论述为指引,以劳动模范为榜样,通过诚实劳动、勤勉工作为社会创造更多的财富,争做表率、争做示范、走在前列。劳动没有高低贵贱之分,做工是劳动、务农是劳动、教书是劳动、美化环境也是劳动。习近平总书记曾指出:"全社会都要贯彻尊重劳动、尊重知识、尊重人才、尊重创造的重大方针,维护和发展劳动者的利益,保障劳动者的权利。要坚持社会公平正义,排除阻碍劳动者参与发展、分享发展成果的障碍,努力让劳动者实现体面劳动、全面发展。全社会都要热爱劳动,以辛勤劳动为荣,以好逸恶劳为耻。"

如果说积极劳动是创业,那么珍惜劳动成果就是守业,都说创业容易守业难,确实如此。所谓的"富不过三代"也多是因为很多人不能珍惜劳动成果。克勤克俭是每个人该有的样子,我们广大青年要葆有劳动热情,自觉养成劳动习惯,积极参加劳动实践,守卫我们的劳动财富,我们唯有真正认同劳动创造财富,真正懂得珍惜劳动成果,才能切实让劳动在全社会蔚然成风,才会使劳动最光荣、劳动最崇高、劳动最伟大、劳动最美丽成为一种风尚。

二、劳动创造美好生活

(一)劳动创造人类文明

1. 劳动创造物质文明

人类通过自己的劳动创造出了一个气象万千、纷繁复杂且不断变化的社会有机体——人类社会。从总体上来看,人类社会首先表现的是一个庞大的物品体系,除了具备最基本的属性——满足人类的吃、喝、住、穿、用、行等需求外,还体现为人类自身生存于其中的物质联系、人类同自然界的内在关系,以及人类在生活资料形式的变化过程中不断改变自己所需的生活资料,进而促进了人类生产力发展进步的物质成果。其次是生产工具形式的不断变化,从粗糙的石器、木棍起始,发展至金属工具阶段,再跨入大型机械与互联网及智能时代,每一次物质成果发生质的变化,都会展现出物质文明的进步,夯实人类生存与发展的基础。劳动促进了物质文明的发展,改进了人类的生活条件,提高了人类的生活品质。

2. 劳动创造精神文明

劳动创造的物质成果是人类情感与价值需求得以表达和实现的物质载体,但在物质成果和物质文明本体上还承载着一个价值世界,建构和形成了社会生活中的伦理关系、风俗习惯、价值观念、意识形态、情感诉求等,真实反映出一定时代的社会面貌、社会结构、运行机制。劳动生成的精神文明,常常体现于文化方面的诗歌、舞蹈、音乐等;政治方面的国家与地方政策制度、国家法律法规、地方相关规定等;生活方面的风俗习惯、交往礼仪、道德风尚等,这些都成为人们活动的动机与取向,成为人们有着"求美"与"求规"活动的内在尺度。"仁爱孝悌、谦和好礼、诚信知报、精忠报国、克己奉公、修己慎独、见利思义、勤俭廉政、笃实宽厚、勇毅力行"的传统美德,展现了人类社会物品体系与价值世界交织的图景,彰显了劳模精神、劳动精神、工匠精神的要义。

(二)劳动推动社会进步

1. 劳动促进工具演变

在原始社会,人们通过对自然界中大大小小的石头进行敲打、加工,使石头逐渐成为当时最重要的劳动工具。尔后,劳动者为了提高劳动效率,在劳动中思考如

微课:

劳动创造
美好生活

何改进现有劳动工具的材质、形状、结构、功能,随着青铜器到铁器再到机器等劳动工具的不断演变,每一次变革都引发了生产方式的变革,促进了生产力的提高。伴随劳动工具使用性能的提升,劳动效率大大提升,导致社会形态发生了变化,人类由此完成了从原始社会、奴隶社会、封建社会到资本主义社会和社会主义社会并存的演变。

但是,封建社会之前的人类社会处于无动力工具时代,当机器出现并投入使用时,才开创了人类社会的有动力工具时代,人类的生产力得到空前发展,人类社会进入到更快、更高的发展阶段。尤其是机器的创造和使用,使大量人口从商品生产劳动中脱离出来,转为社会生产管理者,大量脱离了体力劳动的人员,投入到创造新劳动工具的活动中,加快了现代科学技术的发展,而随着人工智能技术的开发和应用,智能机器时代正向人类走来。

2. 劳动形成社会分工

人类要想世代生存下去,就必须反复不断地进行产品生产,而在不断生产的过程中,由于产品生产流程的需要,不可避免地要进行不同人员之间的分工与协作,使得一个产品的生产成为一个完整的过程,因此,劳动是促成生产分工的核心要素。

3. 劳动推动科技进步

劳动生成的物化成果与科技成果在人类社会进程中起到"推手"和"迭代"的作用。18 世纪中叶以来,人类历史上先后发生了三次工业革命,从中也可以看出劳动推动科技进步的端倪。

第一次工业革命(18 世纪 60 年代—19 世纪中期) 1765 年,哈格里夫斯在劳动中发明了手摇纺纱机,虽然仍用人力作为动力,但纺织效率提高了 40 倍以上,由此揭开了工业革命的序幕。1785 年,瓦特在劳动中制成了改良式蒸汽机,机器开始取代人力,大规模的工厂化生产逐渐取代个体手工业劳动,人类社会由此进入了蒸汽时代,机器大生产在给人类生活带来翻天覆地变化的同时,也影响了劳动形态的变化与发展。第一次工业革命是人类发展史上的一个伟大奇迹,标志着农耕文明向工业文明的过渡。

第二次工业革命(19 世纪下半叶—20 世纪初) 电力、钢铁、铁路、化工、汽车等重工业兴起,石油成为新能源,并促使交通迅速发展,世界各国的交流更为频繁,并逐渐形成一个全球化的国际政治经济体系。

第三次工业革命(20 世纪四五十年代至今) 随着第二次世界大战结束,全球信息和资源交流变得更为迅速,大多数国家和地区都被卷入到全球化进程之中,世界政治经济格局进一步确立,人类文明的发达程度达到空前的高度。

人类即将迎来第四次工业革命(图 1-2)。第四次工业革命是以互联网产业化、工业智能化、工业一体化为代表,以人工智能、清洁能源、无人控制技术、量子信息技术为主的全新技术革命。这是一场全新的绿色工业革命,它的实质和特征就是大幅度提高资源生产率,经济增长与不可再生资源要素全面脱钩,与二氧化碳等温室气体排放脱钩。它是以绿色要素投入为特征的跃迁,新金融、新基建、新产业、新服务等将不断涌现,将发展出丰富多样的科技形态,将改变我们今天所知的世界,也将让我们的生活更加绚丽多彩。

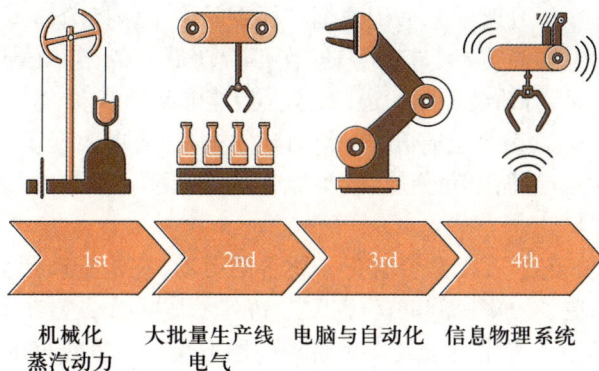

图1-2 四次工业革命

4. 劳动创造社会文化

人是劳动的主体,劳动是人的存在方式,作为劳动主体的劳动者利用劳动资料把自己的活动传导到自然物质上。在这一工程中,人的活动借助劳动资料对自然物质发生作用,自然物质因此发生变化,成为适合人需要的、改变了形态的另一种自然物质。当劳动与劳动对象有目的地结合在一起,劳动物化成果就转变成了人的物质用品,而劳动也就创造了社会文化。

人生活在自然中,在生产、生活过程中就必须处理好人与自然的关系。出于这种本能需要,人们记录猎物的数量、农作物种子的数量、农作物灌溉的用水量、禽畜养殖数量,产生了数学;人们适时播种、浇水、收获,开始探究四季变化,产生了天文学;人们建造房屋,缝制衣服,做出可口的饭菜等,产生了建筑技术、纺织技术、烹饪技术等。同时,人生活于社会之中,必然要与社会、他人打交道,要处理好人与社会、人与他人之间的关系。人类进行相互交流,产生了语言文字;人类劳动时喊号子减轻体力与精神压力,产生了音乐;人类定居之后确定土地归属、所有权等,产生了法律、制度;人类要协调好内部关系并保持内部团结协作,要处理好与其他族人的关系,避免战乱,求得和平的生存环境,产生了伦理、制度和军事学;随着生产力发展,人的自我意识日益显现,对人与自身心灵的关系有了明确意识,时常体会到自身渺小和命运难以捉摸,人类追求心灵安定,寻找精神寄托,产生了心理学、宗教、哲学;人类在穿着、食品、居住环境上追求美感,产生了美学,如此等等。

由此可见,虽然不同民族有不同的文化特征与特性,但他们都要协同人与自然之间的关系、人与社会的关系、人与他人的关系及人与自身心灵之间的关系。其本质属性正如马克思指出的,在生产活动中,"生产者也改变着,炼出新的品质,通过生产而发展和改造着自身,造成新的力量和新的观念,造成新的交往方式、新的需要和新的语言"。

三、辛勤劳动、诚实劳动和创造性劳动

> 劳动最光荣、劳动最崇高、劳动最伟大、劳动最美丽。
>
> ——习近平

习近平总书记强调："要在学生中弘扬劳动精神，教育引导学生崇尚劳动、尊重劳动，懂得劳动最光荣、劳动最崇高、劳动最伟大、劳动最美丽的道理，长大后能够辛勤劳动、诚实劳动、创造性劳动。"劳动创造历史，劳动开创未来，劳动改变了我们的生活。因此，我们在劳动中应遵循辛勤劳动、诚实劳动、创造性劳动的劳动品德和劳动观念。

（一）辛勤劳动

辛勤劳动是"苦干"，指勤劳且肯于吃苦的劳动，它是推动社会发展的不竭动力。辛勤劳动创造了中华民族的辉煌历史，铸就了新中国成立70多年来的伟大成就。我国广大的劳动者用自己的双手推动中国取得了举世瞩目的伟大成绩，赢得了举足轻重的国际地位，在科技日新月异、国际竞争日趋激烈的今天，广大劳动者的辛勤劳动、奉献与奋斗，更关系到国家和民族的未来，关系到亿万中国人民的光荣与梦想。无论科技进步、知识更新到何种程度，辛勤劳动依然是我们每个人实现梦想必须依靠的途径。展望未来，实现中华民族伟大复兴的中国梦，同样离不开全体中国人民的辛勤劳动。如今，我国正处于新时代中国特色社会主义时期，社会不断发展，经济稳步向前，人民的生活水平也越来越高，但是距离人民对美好生活的需求还有很大差距，要缩短差距必须依靠全国人民的辛勤劳动和共同奋斗。作为新时代的青年，我们更应该牢固树立"以辛勤劳动为荣，以好逸恶劳为耻"的观念，并将之落实到实际行动上，用自己的劳动为中华民族的伟大复兴添砖加瓦。

（二）诚实劳动

诚实劳动是"实干"，指在各种法规、各项政策允许的范围内所从事的各种有益于社会发展的体力和脑力劳动。如从事工农业生产、商业服务、科研和文教卫生工作，以及社会咨询、信息传播等等。同时，诚实劳动又是指劳动者以主人翁的态度对待劳动的一种道德规范。它具体表现为：每一个有劳动能力的人都应该把为社会而劳动看作自己应尽的职责和神圣的义务，尽己所能地从事劳动；在劳动中发扬首创精神，不墨守成规，不满足现状，善于吸收各时代、各民族、各国的优秀元素，敢于在前人、他人成果的基础上努力学习，掌握最新的科学技术，使用最先进的科技装备。诚实劳动应该是每个劳动者所必须具备的优良品质。当今社会，人们的思想和文化都呈现出多元化、多样性的特点，诚实劳动就显得更为重要。只有通过诚实的劳动，才能改变自己的命运；也只有具备诚实的品质，才能真正体会生活的意义和获得他人对我们发自内心的尊重。一个诚实的劳动者，必定于己无愧，于人无损，于国有益。

（三）创造性劳动

创造性劳动是"巧干"，指通过人的脑力劳动萌发出技术、知识、思维的革新，从而高效提升劳动效率、产生出超值社会财富或成果的劳动。创造性劳动是建立在开放性思维和挑战性实践的基础之上的，创造性劳动不是靠激情、靠运气、靠蛮干，而是要以扎实的学识和技能为其逻辑支点的。创造性劳动就是一种巧干，这种巧干，在具体的生产实践中能起到事半功倍，甚或以一当十的经济效益。当下，我国的制造业十分发达，我国已经成为制造业大国，但较一些发达国家如美、德、日，在核心技术、关键零部件及产品质量方面仍有一定差距，一线制造工艺还不够精细，技术还不够严谨，数据还不够充实。要使中国真正成为制造业强国，当代工人的创造性劳动是须臾不可或缺的，创造性劳动乃是新时代劳模的使命，这种使命感又与践行社会主义核心价值观相契合，创造性劳动充分体现出当代工人的敬业精神。

◎ **同步练习**

做第 221 页练习 1.2：反思劳动创造意识

主题三　做新时代的劳动者

一、新时代劳动与社会的关系

（一）新时代劳动的社会化

劳动社会化是一个与生产力发展相联系的概念，是指个体生产者分散进行的劳动转变为由劳动协作与社会分工联系起来的社会化劳动的过程。这种社会化必然要求生产过程中各种职能的专业化，要求把分散的、孤立的、在从事这一生产的每个作坊中各自重复着的职能，变为社会化的、集中在一个新作坊的、以满足整个社会需要为目的的职能。

> 劳动创造世界。
> ——马克思

劳动社会化的本质是生产力的发展和社会化，劳动发展过程就是劳动社会化的过程，劳动的社会化过程就是社会分工不断深化发展的过程。劳动社会化的最终结果是实现真正的社会化劳动，实现作为劳动主体的人的本性的真正复归。新时代的劳动社会化必将进一步促进社会经济的发展与进步，推动社会现代化进程。

新时代劳动社会化的内容主要包括以下三方面。

第一，生产资料使用的社会化。生产资料由单人分散使用变为多人共同使用，以达到节约生产资料的目的。

第二，劳动操作过程的社会化。劳动操作过程日益分解，不同部分由不同的专业人员负责，从而使最终产品成为许多人共同完成的、名副其实的社会产品。

第三，劳动成果的社会化。劳动的目的不仅是满足劳动者个人的需要，而且是满足他人、市场和社会的需要。

因此，作为即将步入社会的栋梁，大学生应该以身作则，参与社会活动和义务劳动，跟紧时代步伐，成为一名合格的新时代劳动者。

（二）新时代劳动者的社会化

劳动者社会化强调人作为劳动者的身份，是与劳动者的特定岗位以及特定劳

动环境相联系的,是一个面向工作、面向具体劳动岗位的社会化过程,只有在具体的工作、劳动岗位中,才能完成劳动者的社会化过程。具体而言,劳动者社会化指的是将一个社会人转变成一个合格的劳动者,使其在适应一定的社会和时代文化,适应工作环境的同时,掌握所需要的劳动技能,遵守劳动纪律。

微课:

做新时代的
劳动者

1. 新时代劳动者社会化的内容

（1）通过劳动培训学习和掌握实际工作岗位所需的知识、技能及能力 具体包括:① 技能范围的扩大和熟练程度的提高;② 对劳动组织、工作岗位的整体生产劳动的理解。

（2）了解和学习劳动规范,融入企业文化 具体包括:① 了解、遵守和吸收劳动规范的过程;② 熟悉公司的特定工作环境,尽快了解公司的文化环境并融入公司文化中。

（3）适应人际关系,完成角色转变 具体包括:① 迅速适应工作环境;② 迅速定位和发挥其社会角色的作用。

2. 新时代劳动者社会化实现途径

（1）学习和掌握一个职业应当具备的知识和技能 2020 年 11 月 24 日,习近平总书记在全国劳动模范和先进工作者表彰大会上的讲话中提到,在即将进入的"十四五"时期,在向第二个百年奋斗目标进军的第一个五年,我们应当"努力建设高素质劳动大军",因为"劳动者素质对一个国家、一个民族发展至关重要。当今世界,综合国力的竞争归根到底是人才的竞争、劳动者素质的竞争"。要成为新时代的劳动者,首先必须掌握一定的劳动技能。在新时代,劳动者"要继续学先进赶先进,自觉践行社会主义核心价值观,用劳动模范和先进工作者的崇高精神和高尚品格鞭策自己,焕发劳动热情,厚植工匠文化,恪守职业道德,将辛勤劳动、诚实劳动、创造性劳动作为自觉行为"。"要适应新一轮科技革命和产业变革的需要,密切关注行业、产业前沿知识和技术进展,勤学苦练、深入钻研,不断提高技术技能水平。"很多人在进入劳动组织并成为正式人员之前,已经通过家庭及学校等的教育,获得了一定的劳动技能和职业知识。但是要成为一名真正的劳动者,仍须经过一段时间的劳动培训。实际工作岗位所需的知识、技能及能力,通常只有通过在实际或近似实际劳动情境及工作实践中,与具体的设备、生产流程进行接触及与工作团队进行技术交流才能真正获得。大学生在日常学习中要注意个人职业生涯规划的问题,有针对性地明确自己的劳动责任,有针对性地学习和掌握职业所需的知识、技能及能力。

> 青春啊,永远是美好的,可是真正的青春,只属于这些力争上游的人,永远忘我劳动的人,永远谦虚的人。
>
> ——雷锋

（2）了解和学习劳动规范,融入企业文化 任何劳动组织都有一整套制约劳动者行为的习俗、惯例、公约、制度,保证劳动组织正常运行,这就是劳动规范。在工作环境中发生的所有事情,如工作和休息、分工和协作、承担职责和行使职权等,都应在一定的劳动规范制约下进行。对于新进入组织的劳动者来说,都有一个从了解、抵触、遵守到吸收劳动规范的过程。只有顺利完成从理解到自觉遵守的这一过程,劳动者才能在组织中生存和成长,真正成为劳动组织的一员。劳动规范是企业文化的组成部分,而企业文化是企业内部具有高度凝聚力的团队精神。每个公司的文化环境是不同的,也就是说,每个公司都有自己独特的公司文化,这表现为公司的员工具有共同的价值观、共同的行动准则和目标,并且公司具有自己的独特管理方法、行为准则以及共同学习的榜样。对于新劳动者来说,他们不仅应该熟悉公司的特定工作环境,而且应该尽快了解公司的文化环境并融入公司文化中。

(3)适应人际关系,完成角色转变 在学习劳动技能、劳动规范并融入公司文化的同时,劳动者还应当学会正确处理人际关系,实现角色转换,正确定位和发挥自己社会角色的作用。社会角色是指与一定社会地位和身份相一致的一整套权利、义务的规范和行为模式,是人们对具有特定身份的人的行为期望,它构成了社会团体或组织的基础。个人在家庭中扮演家庭的角色,在学校里扮演学校的角色。当个体走向劳动岗位时,同样也面临一个角色的定位问题。而在这一过程中,个体对社会环境的适应与调节不仅包括社会性的内容,也包括心理性的内容。特别是对于刚从学校毕业进入劳动岗位的学生而言,这一过程相当复杂且漫长。对于进入劳动岗位的新劳动者而言,他们需要强大的社会适应能力,不仅要掌握广泛的知识和技能,而且要迅速适应工作环境,迅速定位和发挥其社会角色的作用。大学生往往存在学习能力较强而社会交往能力较弱的问题,可以在学习之余多参与社会生活实践,锻炼人际交往能力,培养逐步社会化的心理意识,这有助于个人完成社会化定位,顺利完成个人角色的转变。

二、新时代大学生的劳动教育

劳动对人的全面发展有着重要作用和价值,新时代背景下,我们要以劳树德、以劳增智、以劳强体、以劳育美,实现人的全面发展,以此助力中国梦。

1. 以劳树德

道德认知,是人们对社会道德规范和意义的感知和理解,是对善恶、荣誉、义务、良心等的判断,它为人们的行为选择提供指南。在现实中,部分大学生在社会公德、职业道德等方面存在道德认知偏差与谬误。同时,部分大学生未能正确使用网络工具,沉迷网络、缺乏网络自律等问题亟待解决。纠正大学生的偏差行为,关键是改善大学生的道德认知,尤其是让学生加深对劳动精神、劳动观念的体会,把准劳动教育价值取向,树立正确的劳动观,崇尚劳动、尊重劳动,切实认识到劳动创造美好人生、劳动创造美好生活的道理。在新型冠状病毒肺炎疫情严重的日子,不少大学生作为志愿者,奋战在抗疫一线,用实际行动为身边

的同学树立了榜样,传递着当代大学生的道德品质和社会价值。通过这种无私奉献的劳动,当代大学生不断绽放自己的青春风采,在劳动中相互扶持、相互帮助、相互影响,在自我价值和社会价值的相互交融中,提高了当代大学生的整体道德认知水平。

道德行为,是衡量人们道德品质的重要标志。道德行为是内部活动和外部活动相互协调的过程,一方面,内隐的道德认知以及道德情感、道德意志等都需要与外显的道德行为相一致,并且通过道德行为展现出来。因此,评价个体是否具有道德,最直接的方式是对其道德行为进行直观评判。另一方面,对道德行为的亲身实践也必然能增进个体的道德认知。大学生可通过走进农田、工场、家庭、社区,为社区服务、为家庭服务、为自我服务,养成良好的劳动习惯,培养吃苦耐劳、勤俭朴素的优良作风。总之,劳动实践中体现出的道德行为是最有说服力的。

2. 以劳增智

> 劳动教育的目的,在谋手脑相长,以增进自立之能力,获得事物之真知,及了解劳动者之甘苦。
>
> ——陶行知

当今世界正处在大发展、大变革、大调整时期,新一轮科技革命和产业革命正在重构全球发展版图,以互联网、大数据、人工智能为代表的现代科学技术正深刻改变着人类的生产、生活、思维和学习方式。这都要求当代大学生要在增长知识见识上下功夫。习近平总书记在纪念五四运动 100 周年大会上强调,青年是苦练本领、增长才干的黄金时期。新时代中国青年都要珍惜韶华、不负青春,努力掌握科学文化知识和专业技能,努力提高人文素养,在学习中增长知识、锤炼品格,在工作中增长才干、练就本领,以真才实学服务人民,以创新创造贡献国家。

苏霍姆林斯基说过,能力和才干的源泉就在学生的手指尖上。滋养创造性思维的涓涓小溪,是从手指发源的,手的动作愈老练、灵巧,手同劳动工具的协同动作愈灵活,这种协同动作所必需的活动愈复杂,智慧的创造力量就愈出类拔萃。

— 延伸学习 —

杜威的"教育即生活"和 陶行知的"生活即教育"

约翰·杜威是美国著名的实用主义哲学家、教育学家,杜威作为美国进步主义运动的代表,首次提出了实用主义教育思想,并倡导"教育即生活"。在他的《民主主义与教育》中,杜威提出:"教育是生活的必须。"教育是一种培养人的社会活动,是一种特殊的生活方式,从一开始就源于生活,在生活中发展,并以促进生活水平的提高为目标。杜威的"教育即生活"认为教育必须依赖于生活并改善现实生活,通过教育来使儿童获得更好的发展,具备构建美好生活的知识和能力。

陶行知在经过多年的教育实践探索中继承了杜威的"教育生活理论"并对其进行了革新和创造,提出了具有中国特色的"生活教育理论"。他主张"劳动即生活""生活即教育""社会即学校""教学做合一"。这一生活教育理论在他所创办的晓庄乡村师范学校中得以实践。陶行知认为，要先能做到"社会即学校"，然后才能讲"学校即社会"；要先能做到"生活即教育"，然后才能讲到"教育即生活"。这样的学校才是学校，这样的教育才是教育。

【分析】杜威的"教育即生活"以及陶行知的"生活即教育"思想对我国当前劳动教育发展具有一定的启发意义。生活中有教育，寓教育于生活。"教育即生活"和"生活即教育"思想都强调教育与生活之间的关系，并主张把二者统一起来。

陶行知

3. 以劳强体

进入新时代，中国从体育大国向体育强国稳步迈进。体育强则中国强，国运兴则体育兴。身心健康是促进人的全面发展的必然要求。体育的主要目的是使学生掌握体育运动的知识和技能，强健体魄，健全心灵，促进身心健康发展。国家体育总局发布的《2014年国民体质监测公报》中指出：大学生身体素质继续呈现下降趋势，视力不良检出率仍然居高不下，继续呈现低龄化倾向，各年龄段学生肥胖检出率持续上升。国家卫生健康委员会发布《中国青少年健康教育核心信息及释义（2018版）》，就肥胖、近视、网络成瘾、人际交往等青少年主要健康问题和影响因素进行了总结和梳理后得出，引起肥胖、近视等身体健康问题和网络成瘾、人际交往等心理健康问题的主要原因与不劳而获、坐享其成等不良劳动价值观有必然联系，不良价值观对青少年的健康成长造成了不利影响。青少年是祖国的未来，民族的希望，其身心健康事关重大。

劳动是强健体魄的有效途径，劳动本身就是"动手实践、出力流汗"的活动。劳动伴随着人类进化史，正是在劳动的过程中，古猿发展了四肢和大脑，进化成直立行走的万物之灵——人类。劳动伴随着个体成长史，使得人的肌肉得到锻炼、新陈代谢过程得到改善、心脏机能达到更高水平、肺活量增大，从而促进血液循环，调节脑力活动，改善神经系统，维持神经系统、消化系统、循环系统、呼吸系统的平衡和发展。

4. 以劳育美

美是纯洁道德、丰富精神的重要源泉。没有美的滋养的人生，必然是单调、干涸的人生。如果青少年的精神世界没有童话歌谣和大自然的云彩、花朵、鸟叫、虫鸣，如果青少年没有艺术爱好和艺术修养，就不可能全面发展。劳动实践本身就是美的表达，体力劳动有力量之美，脑力劳动有智慧之美。劳动创造美好的人生和生活，劳动提供了美的来源。老舍的《茶馆》《骆驼祥子》，常香玉的《花木兰》《红灯记》，这些杰出作品的灵感都来自作者的生活劳动。不仅如此，一线民众的劳动生活也创造着我们身边的美。当代大学生要敢于创造、充满激情，善于学习新事物，通过劳动创造出美好的事物，创造属于自己的美好生活，不断深化对美的感悟。

美好的事物应该被共同分享、广为传播。大学生通过劳动创作的作品包含着美的意蕴，他人欣赏作品时，也收获了美的真谛。新时代背景下，中国制度之美、文化之美、人性之美值得被推崇、传播。当代大学生要有自信心，勇于用中国话语讲述中国故事，传播中国之美。中国劳动人民用智慧汗水造就的中国之美是令人艳羡和值得自豪的。传播美，是为了交流互鉴、共同进步，从而收获美的真谛。正所谓"各美其美，美人之美，美美与共，天下大同"。

同步练习

做第 222 页练习 1.3：反思劳动教育

拓展案例

"最美搬运工"——美在奋斗中

几年前，一位香港搬运工曾走红网络。别被"搬运工"三个字骗了，这不是一位憨厚大叔，而是一名清秀的姑娘！她笑起来还有点腼腆，干起活来却风风火火、利利索索，大包小件拖起就走，据说，200 kg 的货对她早已是小菜一碟。这和她娇小的身影形成强烈反差，大家纷纷称她为"最美搬运工"，她就是朱芊佩。

在走红网络以前，朱芊佩已经从事搬运工作 8 年了。搬运工作十分辛苦，刚开始，很多同行认为她不能胜任这份工作，但朱芊佩认为搬运工作简单又快乐，是她理想的工作，于是她不断锻炼和努力，终于找到了属于自己的生存与发展空间。工作中，她朴素的面容、矫捷的身手和充满正能量的工作状态，不由得让人敬佩。她接受采访时说的两句话，尤其让人佩服："有汗出有粮出，就没有什么问题。""我不可以倒下，因为我倒下就没有人撑我。"这两句话加在一块，其实就是陶行知先生那首著名的《自立歌》："滴自己的汗，吃自己的饭，自己的事自己干。靠人，靠天，靠祖上，不算是好汉。"跨越时空、遥相呼应的两段话，都体现出一种自强不息的奋斗理念。

践行奋斗理念，首先要建立主体性，把实现人生目标的希望寄托在自身。其次奋斗在于行动。我们要从自己的条件出发，找准前进的方向，靠努力铲除前进路上的障碍，不空想，不等待，方能实现人生的目标。

（资料来源：《人民日报》，2018 年 5 月 28 日，有删改）

【分析】劳动能够创造美好生活，能够化解危机。一个勤于劳动、善于劳动的人不论从事什么性质的工作都能够创造属于自己的美好生活；反之，如果一个人没有劳动的意识和理念，总想着依靠运气和他人的帮扶过生活，那么他将一事无成。当代大学生是祖国的未来，是民族的希望，一定要树立"劳动创造美好生活"的正确理念。

实践项目

做第 254 页项目 1：
劳动体验——养成劳动习惯

［1］马克思、恩格斯著,《共产党宣言》,湖南人民出版社,2021年版

导读:1848年2月,共产主义运动的先驱马克思和恩格斯共同撰写的《共产党宣言》悄然问世。170年前,伴随工业革命的滚滚车轮,蒸汽机的轰鸣声淹没了无产者的苦难诉求,也唤醒了他们带着自己的政治要求大步走上历史舞台。马克思、恩格斯冲破思想的桎梏,写出划时代巨著《共产党宣言》,这是人类思想史上一次"壮丽的日出",开辟了共产党人的精神原乡,擎起了全人类解放的一面光辉旗帜。

［2］［英］查理·达尔文著,《物种起源》,重庆出版社,2005年版

导读:在本书中,达尔文重点阐述和论证了高等生物是由低等生物逐渐演变而来的进化论思想,并提出了以自然选择、适者生存为基础的生物进化学说。《物种起源》的问世,第一次将生物学建立在完全科学的基础之上,颠覆了自然历史的基础学说。它不仅使人类对自身的认识发生了质的飞跃,也让人们知道生命和物种来源于大自然;同时,它为社会哲学提供了一个全新、独特的思维空间,为现代生物科学奠定了坚实的理论基础。

［3］中央党校采访实录编辑室著,《习近平的七年知青岁月》,中共中央党校出版社,2017年版

导读:该书是一本系列采访实录,被采访人既有曾与习近平一起插队的北京知青,又有曾同他朝夕相处的当地村民,还有当年同他相知相交的各方面人士。这些受访者通过自己的亲身经历,用真实的历史细节讲述了习近平当年"苦其心志,劳其筋骨,饿其体肤,空乏其身"的历练故事。阅读本书,可以从小故事中读出大道理,从真情怀中感受大担当,从奋斗史中汲取大智慧。

课后评估

扫码做评估1.2:自测一下对本模块内容的掌握程度

模块二
劳动分工与劳动组织

学习指南

劳动作为人的第一需要,是人类社会赖以产生、存在和发展的基础。劳动不仅创造了人本身、生产资料和生活资料,同时也在生产人类的一切社会关系,劳动是人类社会存在的基础。人类自出现社会分工以来,以劳动力为对象的社会分工与协作、劳动组织与管理等部门相继出现,劳动不再是单个人的体力或脑力的支出,而是有组织、有分工、有协作、具有复杂关系和形态、内部构造细密的人类社会生产系统。

本模块包括劳动者和人力资源开发、社会分工和劳动组织、人工智能时代的劳动三部分,希望通过系统学习,学生可以多维度地了解社会分工、劳动组织、劳动就业、未来工作世界等问题,促进劳动认知和适应未来工作能力的提升。

学习目标

知识:

1. 深入理解劳动者和劳动力的含义
2. 总结劳动者社会化和人力资本的概念
3. 了解劳动产业分工和现代劳动组织

能力:

1. 可制定自己作为劳动者的素质提升途径
2. 可列举人工智能时代劳动的新特征
3. 灵活运用班组的管理细节内容于实习实训中

态度与价值观:

1. 积极关注社会分工和产业分工中的机会
2. 积极应对人工智能时代对劳动的新要求
3. 有意识为高质量就业做准备

教学建议

1. 首先通过导入案例,让学生对劳动者建立感性认识;接着通过课前自测,了解学生对劳动分工及劳动组织的理性认识;在教学环节中,通过对劳动者与劳动力、劳动者素质与人力资源开发的讲解，让学生对未来人工智能时代劳动世界的图景建立印象；通过总结案例，引发学生对未来劳动世界的思考；最后通过课后自测，掌握学生的学习效果。

2. 实施混合教学模式时，需要引导学生正确地完成平台注册，实现在线自主学习、线下积极参与互动的良好氛围。在共享本课程教学资源的基础上，不断丰富习题库、活动库、案例库的校本内容。

案例导入

"华为人"：一个企业劳动者社会化的过程

华为是如何将一批又一批刚刚走出校门的"学生娃"打造成符合华为企业价值观的劳动者的呢？华为的新员工经历了怎样的蜕变呢？

从 2012 年开始，华为对新员工入职培训进行了大刀阔斧的改革，将授课式培训、网络化授课方式全部取消，运用"721"法则进行员工培训，即能力提升的 70% 来自实践、20% 来自导师的帮助、10% 来自课堂学习。华为新员工入职培训分为三个阶段，即入职前的引导培训、入职时的集中培训、在岗实践培训，在岗实践培训是三个阶段的重点。这三个阶段大约需要 3 个月的时间。

> 劳动是人类存在的基础和手段，是一个人在体格、智慧和道德上臻于完善的源泉。
> ——乌申斯基

引导培训：导师先行

华为的校园招聘一般安排在每年的 11 月，把拟录用的大学生提前分配到各个业务部门，在毕业生还未进入华为之前，给每个人指定一名导师。

为了能更好地管控大学生还未入职所带来的风险，华为要求员工导师每个月必须给自己负责的大学生打一次电话，了解他们的个人情况、精神状态、毕业论文的进展、毕业离校安排等。如果毕业生确实想进华为，在这个过程中导师会给他们安排一些任务，让其提前了解岗位知识，帮助他们做好走向工作岗位的思想准备。

集中培训：植入文化基因

这个阶段主要围绕学习华为的企业文化包括规章制度的设立等来展开，周期是 5~7 天，而且全部新员工都要到深圳总部参加培训。

新员工白天跑步、上课，晚上开辩论会，还要演节目、写论文等。培训内容主要是学习企业文化，要求新员工能讲清楚为什么公司会出台相应的政策和制度，它反映出的文化、价值观是什么。

华为的新员工在此阶段还要做几件事：一是要学习两篇文章。一篇是华为总裁任正非的《致新员工的信》，他将华为的文化和对新员工的要求全部融入其中；另一篇是任正非亲点的《把信送给加西亚》，文章讲述了一名士兵信守承诺，穿过重重障碍将信按时送给加西亚将军的故事。二是观看电影《那山，那人，那狗》。电影讲述的是一个老乡村邮递员退休后，带着第一天接替自己工作的儿子走那条已走了二十多年的邮路的故事，影片倡导的敬业精神正是华为追求的价值观。三是看三本书:《黄沙百战穿金甲》《下一个倒下的会不会是华为》和《枪林弹雨中成长》,并写读后感。

实践培训:深入一线

员工要在华为导师的带领下,在一线真实的工作环境中锻炼和提高自己。当然对不同岗位的新员工,培训的内容和方式是有很大差别的。要派往海外的营销类员工,必须先在国内实习半年到一年,通过这些实践了解公司的流程,掌握工作的方式方法,熟悉业务。对于技术类员工,公司会先带他们参观生产线,了解生产线上组装的机器,让他们看到实实在在的产品和生产流程。研发类员工在上岗前需要做很多模拟项目,以便快速掌握一门工具或工作流程。

【分析】从劳动社会学的视角来看,华为新员工的培训过程,是实现华为企业劳动者社会化的过程。我们从学校毕业进入职场,从一名学生成为一位职业人,并具备承担特定的职业角色的能力和意识,是一个渐进的学习过程。这个过程就是劳动者的社会化。

华为新员工培训“721 法则”,通过引导培训、集中培训、实践培训三个阶段,使新入职的员工从学生角色向“华为人”转变。这个转变过程不仅仅包含职业技能培训,更重要的是对于华为企业价值观的传输,使新员工迅速了解、接纳、认同企业价值观,最终实现向华为所需要的员工的职业角色转变。

课前评估

扫码做评估 2.1:自测一下对本模块内容的了解程度

主题一　劳动者和人力资本开发

我国当前的物质财富和精神财富都是广大劳动者的劳动成果,都是由各行各业的劳动者创造的。我国劳动者分工不同,地位平等,都为社会主义现代化建设做贡献,都应得到承认和尊重。我们作为新时代的劳动者,更应在劳动中发现广阔天地,体现人生价值,在创新中把握美好未来。

> 劳动是财富之父,土地是财富之母。
>
> ——威廉·配第

一、劳动者与劳动力

(一)劳动者

所谓劳动者,就是在一定的社会分工体系下,具有一定的劳动能力,处于一定的劳动岗位,遵循一定的劳动规范,有目的地、相对持续地从事或向他人提供有价值物品与服务活动的社会人。劳动者是在一定的社会分工体系下进行劳动的,其劳动活动既受到社会分工体系的制约,又是社会分工体系的有机构成部分。作为劳动者,必须具有一定的劳动能力,任何人只有在达到一定的生理和心理成熟度,具有相当的体力与智力以后,才能成为劳动者。

（二）劳动力

马克思在《资本论》第一卷给劳动力下的定义是:人的身体即活的人体中存在的,每当生产某种使用价值时就运用的体力和智力的总和。对于劳动力这个概念应注意:第一,劳动力是人所特有的一种能力,自然界的任何能力,甚至计算机所表现出来的人工智力,都不能叫作劳动力。第二,劳动力是人在劳动中所运用的能力,也即生产使用价值时的能力。第三,劳动力存在于活的人体中。第四,劳动力是人在劳动中运用的体力和智力的总和。

在我国,劳动力人口主要是指有劳动能力和就业要求的劳动适龄人口,包括从事社会劳动并取得劳动报酬或经营收入的在业人口和要求工作而尚未获得工作职位的失业人口。

（三）劳动适龄人口

劳动适龄人口有一定的年龄上限和下限,我国将16周岁定为劳动年龄的下限,将法定退休年龄作为劳动年龄的上限,16岁以下参加劳动者即为童工。但也并非所有的"劳动适龄人口"都是劳动力,劳动力在劳动经济领域专指"劳动适龄人口"中的经济活动人口,包括就业人口和失业人口。不从事经济活动人口包括:现役军人,在校学生,从事无报酬的家务劳动者,丧失劳动能力的病残人员和其他闲散人员等不属于劳动力的范畴。劳动年龄的上限和下限不是永远不变的,随着生产的发展、文化教育水平的提高和对劳动力质量要求的提高,劳动年龄的下限会向后推移。随着人的体力劳动的减轻和寿命的延长,劳动年龄的上限也会做出相应调整。

延伸学习

失业的含义及度量

失业是指有劳动能力并愿意就业的劳动者找不到工作的一种社会现象。其实质就是劳动者与生产资料相分离,劳动者不能与生产资料相结合进行社会财富创造,从而失去了获得劳动报酬的权利。

失业者是指凡是统计时被确定为有工作能力,但没有工作,且在前4周内曾做过专门努力寻找工作,但没有找到工作的人。

现在市场经济国家对失业的界定还包括暂时被解雇、正等待恢复工作的人,以及正等待到新工作岗位报到且等待时间在30天之内的人。如美国,失业者是指16岁以上非制度限制,不工作但能够获得工作并且（1）在过去的4周内进行某种求职活动;（2）暂时被解雇并等待重新就业;（3）一直在寻找工作但暂时生病;（4）在30天内正等待到新工作岗位报到的劳动者。

失业最基本的衡量指标是失业率,是指失业人数占劳动力总数的百分比。失业率 = 失业人数 /（就业人数 + 失业人数）*100%。

二、劳动者素质

（一）劳动者素质的构成

劳动者素质是指从事劳动或者能够从事劳动的人的体力因素、智力因素和品德因素的有机结合，主要由三方面的内容构成：

第一，劳动者的体力。体力是人体活动时所能付出的力量，表现为人的筋骨肌肉力量、灵敏度和感官能力。

第二，劳动者的智力。智力是人认识客观事物并运用知识解决实际问题的能力，通常表现为人的生产经验、思维能力、文化知识、专业知识、劳动技能等。一定时期劳动者的智力，既是生产力发展的结果，又是生产力进一步发展最强大的推动力量。

第三，劳动者的思想品德。人是活的有意识的物，劳动者的思想品德直接关系到劳动者的劳动热情和劳动积极性。

上述三方面内容互相联系，有机结合，构成劳动者素质。其中，体力是劳动者从事劳动的物质基础，丧失了体力的人也就丧失了作为劳动者的基础条件，无从发挥其智力。任何体力的发挥，总包含着一定的智力内容，历史上的劳动者都是具有一定智力的劳动者。劳动者的思想品德则是决定其体力和智力增进和运用状况的主观因素。

（二）提高劳动者素质的途径

第一，提高劳动者的体力水平，包括与健壮体魄有关的全过程。如优生、优育、体育、劳动保护以及衣、食、住、行等。

第二，提高劳动者的智力水平，即不断总结劳动者的直接生产经验，进行间接的科学知识的学习。如进行劳动教育、文化教育、专业教育，进行实践经验的总结等。

第三，提高劳动者的思想品德。包括进行政治教育、精神鼓励和物质鼓励等。

现代化的生产对劳动者的智力、劳动者的科学知识水平要求越来越高，劳动者在生产过程中智力支出所起的作用越来越大，智力支出比例也越来越大。劳动者劳动能力的大小，主要取决于他所掌握并能运用的科学技术知识的多少，因此，教育是提高劳动者素质的根本途径。

三、人力资本开发

（一）人力资本的含义及特点

人力资本是一种与物质资本相对应的资本形式，它表现为能为任何人带来永久性经济收入的能力和知识等。人力资本具有两个基本属性：

第一，人力资本是寓寄在劳动者身上的一种生产能力。人力

> 所有智力方面的工作都要依赖于兴趣。
>
> ——皮亚杰

资本是通过劳动者所具有的知识、技能、资历、工作经验与熟练程度表现出来的。即人力资本表现为劳动者的生产能力，与劳动者不可分割，以劳动者的生命和健康为基础。

第二，人力资本是无法转让或继承的。由于人力资本与其所有者具有不可分割性，其生产能力永远寓寄在所有者身上，会随着投资的增加进行积累。

从人力资本的含义和特点中可以看出，人力资本的价值不能像物质资本一样可以在静态下以货币形式加以计量，其价值只能在动态情况下即在人力资本的使用过程中通过对劳动者的工作绩效进行评价来确定，即劳动者是异质的。劳动者会因为人力资本情况不同而拥有并表现出不同的生产能力，即劳动者在劳动过程中表现出的知识、技能、工作经验和熟练程度是不同的。

（二）人力资本投资的主要形式

人力资本的形成，特别是人力资本存量的增加，主要依靠人力资本投资。人力资本投资主要有以下形式：各级正规教育、职业技术培训、健康保健和劳动力流动。

1. 教育投资的成本与收益

教育是最主要的人力资本投资。这种形式的投资形成和增加了人力资本的知识存量，表现为人力资本构成中的普通教育程度，即用学历来反映人力资本存量。从投资的主体看，可以分为宏观和微观两种教育投资。宏观教育投资是指一个国家和政府及其他团体组织花费在国民教育上的支出；微观投资是指家庭和个人花费在教育上的支出。下面只从微观教育投资的角度分析教育投资的成本与收益。

（1）**教育投资的成本**　教育人力资本投资费用包括直接成本和间接成本两部分。直接成本又称为现实成本，以上大学为例，包括支付学杂费、书本费和其他一些费用，但不应包括全部的住宿和伙食费用，因为即使不上大学也会发生这些费用，但直接成本中应当包括那些高出不上大学的生活成本的费用。间接成本又称为机会成本，是指高中毕业后不上大学直接参加工作获得的收入。

（2）**教育投资的收益**　教育投资的收益是一种未来的收益，在微观上表现为家庭或个人的货币收入增加，福利状况和工作条件改善，生活质量提高。当然还有一些非物质因素，比如社会地位或声誉的提高，拥有较大的职业机动性及精神生活更加充实等。

案例分析　　　　　　　　　　　　升学还是工作

近年来，很多大学生为是继续深造还是参加工作而艰难抉择。随着大学毕业生就业越来越困难，一些大学生怕找工作难而选择升学，希望高学历能够增强他们在市场上的竞争力；另一些学生则认为，现在是市场经济，用人单位看重的是个人能力，而不是学历高低，而且迟早都要走向社会、走向市场，与其推迟，不如尽早面对。

【分析】升学到底值不值得呢？我们可以用经济学的"成本收益理论"进行分析：如果升学，那么，付出的成本是缺乏社会实践经验，获得的收益是系统地解决问题的思路和能力；如果选择工作，成本就是工作中的学历限制，收益是工作中的经验积累和人脉等。选择之前要考虑这两种情况中哪种能够使自己长期受益。因此，就大学生而言，要客观准确地认识自己，全面地了解自己的优点和缺点，毕竟对个人来说时间是宝贵的资源，具有稀缺性，所以要在充分认识自己的天赋条件、个体偏好的基础上选择是否升学。

2. 培训的成本与收益

职业技术培训投资是人们为获得与发展从事某种职业所需要的知识、技能与技巧所发生的投资支出。这类投资方式主要侧重于人力资本构成中的职业、专业知识与技能存量。其表现是人力资本构成中的"专业技术等级"。同样，通过了解职业技术培训规模、人力资源的各类专业技术等级结构状况，可以方便地比较和鉴别一个国家或地区在某一特定时期人力资本的现有规模。

（1）培训的成本　企业中职业技术培训的成本因培训的性质、内容、种类等不同而不同。主要包括以下几个方面：

一是受训者所需的直接货币成本以及培训活动所需的物质条件。比如需要支付参加培训者的工资及聘请教师的费用，支付租用培训场地和培训设备的费用等。

二是实施培训的机会成本。比如参加培训的员工迫于学习压力，常常不能全力工作，进而给企业正常生产和工作带来一定损失，便是培训的机会成本。

三是利用机器或有经验的员工从事培训活动的机会成本。比如有经验的师傅给徒弟讲授技能，其工作效率必然受到影响，这种损失也要计算在培训成本内。

（2）培训的收益　培训的直接结果是促使企业中受训者的劳动熟练程度、劳动技能、劳动所需知识等人力资本存量的增加。最终受益表现在两个方面：

对企业而言，员工劳动绩效和劳动生产率的提高，使企业获得更多的利润，在竞争中处于更加有利的地位。

对受训者而言，最明显的收益是可以增加与劳动投入有关的福利待遇，提高选择职业的能力。

3. 健康的成本与收益

用于健康保健、增强体质的费用也是人力资本投资的主要形式，主要包括劳动者营养、服装、住房、医疗保健和自我照管、锻炼、娱乐等所需的费用，它可以由"健康时间"，或者可以用工作、消费和闲暇活动的"无病时间"组成。这方面的投资效果主要表现为人口预期寿命提高、死亡率降低。

一个国家全体国民的健康保健水平直接影响该国家劳动力数量和质量，对社会经济发展具有不可估量的作用，因此各国政府及社会都高度重视。许多国家开始把医疗保健投资定为一项基本国策。同时，随着人们生活水平的不断提高，来自家庭个人方面的保健投资也将成为消费支出的一个重要组成部分。

4. 劳动力流动的成本与收益

劳动力流动费用本身并不能直接形成或增加人力资本存量,但是,通过劳动力的合理流动,宏观上,可以实现人力资本的优化配置,调整人力资本分布的稀缺程度;微观上,可以使个人的人力资本实现最有效率和最获利的使用。所以,它是实现人力资本价值和增值的必要条件。

劳动力流动,是指劳动者根据劳动力市场条件的差别,在地区之间、行业之间、产业之间、职业之间和岗位之间的自愿选择和迁移。劳动力流动是劳动力商品化的结果,是劳动力追求价值最大化的直接表现,因此,也是人力资本投资的一种形式。通常,以劳动力流动的地域和职业特征为依据,我们可以将劳动力流动分为工作岗位之间的流动、职业之间的流动、地域之间的流动、地域和职业同时流动四种情况。

(1)劳动力流动的条件   劳动力流动的必要条件如下:

第一,劳动力的个人所有权。劳动力能够自主决定或自由支配自己的劳动,不受政策等非经济方面因素的限制,如农村劳动力向城市迁移和流动,不受城市居住权的限制。

第二,不同地区和工作之间存在经济福利方面的差异。导致劳动力流动的原因很多,但经济原因是最主要的。不同地区和工作之间的就业机会、就业条件、报酬等方面的差异,是导致劳动力流动的主要原因。

第三,社会对劳动者就业给予充分的自主权。比如在计划经济条件下,较少发生劳动力流动;但在市场经济条件下,政府和企业只是给劳动者提供就业机会,劳动者如果不满足现在的工作条件和报酬,就会产生强烈的流动意愿。

第四,社会分工所造成的劳动技巧和工作能力的专门化。市场条件下劳动力和生产资料是相分离的,劳动者不能独立决定做什么、如何做、做到什么程度。这种分工使劳动者失去对自身劳动的控制,从而成为迫使劳动力流动的社会强制性因素。

如果一个社会或地区具备上述四个条件,劳动力就会呈现出较高的流动性,如果只具备其中一两个条件,那么只会出现有限的劳动力流动。

(2)劳动力流动的成本与收益   劳动力流动所涉及的成本主要包括:交通费、搬家费、劳动力流动过程中所放弃的收入、离开家庭和朋友所带来的心理损失、资历和养老金的损失等。

劳动力流动的收益主要是劳动力流入后重新找到的工作岗位给其带来的预期收入等。

> **同步练习**
> 做第 223 页练习 2.1:各国劳动年龄人口规定的调研

主题二　社会分工和劳动组织

在现代社会中,大多数劳动者都从事一定的职业,承担一定的职业角色。那么什么是职业?这些形形色色的职业从何而来?影响我们获得职业和改变职业的原因又是什么？为了厘清这方方面面的问题，让我们先从与职业密切相关的社会分工说起。

一、职业与社会分工

（一）社会分工与职业划分

社会分工是职业划分的依据与基础。社会分工决定着职业的划分，社会分工越精细，职业的种类也就越多。因而，社会分工的发展决定和制约着职业的发展。伴随科学技术的发展、生产工具的改进和生产的社会化，社会分工越来越精细，专业化程度越来越高，职业的划分也越来越精细。

在人类社会初期，社会分工主要是建立在年龄、性别基础上的劳动分工。成年男子外出打猎、捕鱼、作战、制作工具；妇女们则负责采集、从事家庭劳动；老人们指导或参与制造劳动工具和武器；孩子则协助妇女劳动。劳动分工极其简单，也没有职业的出现。一个成年男子今天既可以去狩猎，也可以去捕鱼，明天还可以去伐木，没有固定从事的专门工作，因而也无从谈职业了。

伴随着生产力的发展，人类征服自然的能力不断提高，社会分工不断扩大，不同的劳动者开始从事不同的社会劳动，承担着相应的较为稳定的专门化的职责。人类历史上经历了三次大的社会分工，第一次是畜牧业从农业中分离出来，一部分人专门从事畜牧业，人类出现了职业。其后在漫长的历史进程中，手工业和商业也先后独立，完成了第二次和第三次社会大分工，职业成了普遍的社会现象。

（二）职业与职业分类

1. 职业的内涵

由社会分工的发展决定和制约的职业的发展历程，我们可以看到职业的基本内涵。第一，职业是劳动者能够稳定地从事并赖以生活的工作。这就意味着，并非所有的工作都能成为职业。某项工作只有能够吸引劳动者长期稳定投身其中，并且成为其经济生活的来源，才是职业。第二，职业是劳动者在社会分工体系的某一个环节上稳定地从事工作而获得的职业角色。也就是说，一般劳动者只有固定从事某项工作，才能获得一种职业角色，成为职业劳动者。

2. 职业分类

伴随着社会经济的发展和科技水平的提高，职业的种类不断增加。2008年国际劳工组织通过的《国际标准职业分类（2008）》把职业分为十大类：管理者；专业人员；技术和辅助专业人员；办事人员；服务与销售人员；农业、林业和渔业技工；工艺和相关行业工；工厂、机械操作与装配工；初级职业；武装军人职业。2015年新修订的《中华人民共和国职业分类大典》则将我国职业归为八大类：国家机关、党群组织、企业、事业单位负责人；专业技术人员；办事人员和有关人员；商业服务业人员；农、林、牧、渔、水利业生产人员；生产、运输设备操作人员及有关人员；军人；不便分类的其他人员。

微课：

职业与社会分工

（三）职业地位与职业声望

1. 职业地位

职业地位指不同职业依据其本身的社会结构功能所占据的客观社会位置。它是每个劳动适龄范围内正常工作的劳动者所担负的某种社会角色所处的客观位置。在中国古代，职业分类有"士农工商"一说，而且存在着显著的社会地位差异。"万般皆下品，唯有读书高"，"士"的社会地位显然要高于"农工商"，而商人的职业地位在中国古代社会通常是比较低的。那么，在现代社会，是否还存在这种职业间社会地位的差异呢？我们如何看待职业地位的差异？

事实上，不同职业的人依然有不同的职业地位。客观上，不同的职业拥有的社会资源是不同的，而职业社会地位资源往往只向从事这项职业的人开放。

2. 职业声望

职业社会地位通常以职业声望的形式表现出来，它反映了人们对职业社会地位高低的主观评价。职业声望会影响到劳动者的职业选择，人们往往会尽量选择职业声望较高的职业，规避那些职业声望低的职业。

职业声望是人们对不同职业的价值评价，是社会成员对各种职业主观态度的综合。影响职业声望的因素是多样的，主要有：

（1）职业的社会功能　指的是特定职业在社会中的作用，对于国家社会发展所发挥的影响。一个职业的社会作用较大，该职业群体的社会地位、职业声望就比较高。

（2）职业的社会报酬　指的是从事该职业能够给从业者带来的政治、经济、文化等方面的权利、收益和机会。职业的社会报酬越高，通常其职业声望也就越高。如我们在看待职业声望高低的时候，通常要考虑职业带来的收入、福利、权力、升职等方面的收益，收益越大的工作，我们往往会认为是"好工作"，职业声望往往越高。

（3）职业的自然状况　指的是职业本身的工作环境、劳动条件、安全系数，以及该职业的劳动强度、技术复杂程度等。在这些方面占优势的工作，人们对其评价往往比较高。

（4）职业本身的要求　指的是入职的基本条件，职业所要求的受教育程度、技能训练水平、工作经验以及劳动者拥有的资质和证书。通常情况下，入职的要求越高越严格，职业的声望也越高。

（5）职业对于家庭、人际交往的影响　在评价一个职业的社会声望时，人们还会考虑到该职业对于婚姻、恋爱、家庭以及人际交往的影响。

（6）单位的性质　劳动者所在的单位或劳动组织的所有制性质，也会影响到人们对职业地位的评价。我国目前的企业按所有制可以分为央企、国企、集体、私企、外资、合资等多种性质，在不同时期，不同性质的企业对劳动者的吸引力不同，在职业声望评价体系中的位置也就会发生变动。

尽管在现代社会，职业间依然存在社会地位的差异，由此带来的职业声望也有高低之别。但职业没有贵贱之分，我们要尊重每一位普通的劳动者，珍惜每一份辛勤的付出，争做时代的最美奋斗者。

二、职业流动

职业流动是社会流动的重要形式,它是指劳动者从一种社会地位的职业向另外一种社会地位的职业的变动。职业流动是社会流动的重要形式,是劳动者在不同职业之间变化的过程。

（一）职业流动的类型

按照不同的标准,我们可以将职业流动分成不同的类型。

1. 水平流动与垂直流动

职业的水平流动是指劳动者在同一地位等级或同一声望等级的职业中,从一种职业流动到另一种职业。也就是这一种流动并未造成职业声望、职业等级的变化,当然社会地位也没有发生变动。

职业的垂直流动则与之相反,是指劳动者在不同地位等级或社会声望的职业间流动,同时产生了社会地位的差异。垂直流动又叫上下流动,包含两个方向:一个是向上职业流动,即从社会地位等级低的职业流动到社会地位等级较高的职业;一个是向下职业流动,即从社会地位等级高的职业向社会地位等级较低的职业流动。

2. 代际流动与毕生流动

代际流动是指两代人之间的职业流动。也就是说,子女是承继父母的职业层级,还是脱离父母的职业层级流动到其他职业层级。职业的代际流动反映的是亲子两代职业层级之间的相关性,即父母的职业层级与子女的职业层级之间是否有很大的关联。

毕生流动指的是在劳动者个人的整个职业生涯中,他的职业地位水平流动和垂直流动的状况。在职业生涯中,我们并不总是从事一种职业,也并不总是处于一种职业地位。即使是在同一职业中,职业地位的流动也是常见的现象。如刚工作的一个普通文员,经过努力,成长为部门经理。这种情况下,职业没有发生变化,但是职业地位在不断上升,这也是职业流动的一种表现。

3. 结构性流动与个别性流动

结构性流动指的是那种影响社会职业结构变化的大规模的职业流动。职业结构流动通常与科学技术的发展和生产力的进步紧密关联在一起。如,改革开放以来,大量农民涌入城市,逐步成为当下产业工人的主体。再如伴随着互联网的普及,共享经济、平台经济迅猛发展,越来越多的劳动者进入这一领域,正在加速整个社会职业结构的深刻变化。而个别性的流动是劳动者自身因素引起的职业地位的变动,对整体职业结构的变化并无显著的影响。

搬运夫和哲学家的原始差别比家犬和猎犬之间的差别小得多,他们之间的鸿沟是由分工造成的。

——马克思

（二）职业流动的社会结构原因

影响职业流动的原因,包含着两个大的方面。一个是劳动者个体因素,包括劳动者的性别、年龄、爱好、人格特征、身体状况等。

另外一个则是社会结构因素,主要包括以下几点。

1. 宏观的社会结构

一个社会的社会结构是开放还是封闭的,会直接影响到职业的流动。改革开放前,我国是一个较为稳固的城乡二元的社会结构,城市和农村之间职业流动的途径是有限的。而改革开放以后,城乡二元的社会结构逐渐松动,城乡职业间的流动性开始增强。

2. 产业结构的变化

产业结构的调整,以及新兴产业的发展,都会带来职业的流动。近年来,互联网发展带动下的平台经济、共享经济迅猛发展,一些新的职业不断涌现。与此同时,过去吸纳大量劳动者的建筑业、制造业对年轻劳动者的吸引力则逐渐下降。

3. 人口变迁因素

一个国家人口的增长率以及人口结构也会对职业流动产生深远的影响。一般情况下,社会人口的出生率降低或者死亡率提高的时候,个人向上流动的机会就增加,反之则会减少。

4. 受教育程度

在现代社会中,教育成为获取社会地位、改变社会阶层的一个重要因素。受教育的程度成为区别职业收入、待遇的一个重要标准。同时,教育还影响到职业流动的方向和机会,影响着个人职业流动的愿望。

当然,除了这些社会结构因素以外,家庭背景、婚姻和生育模式,以及地方文化、风俗等社会因素,也都会影响到职业流动。

延伸学习

产业、行业、职业的关系

产业、行业、职业三者之间既有相同点,联系密切,又有区别。产业、行业、职业都是社会分工的产物,是社会生产力不断发展的必然结果。这是它们在本质上的共同点。在社会发展中,随着新技术的出现,产生了新产品及相应职业的从业人员。随着新产品的生产及相应从业人员数量的不断扩张,新的行业逐渐形成。当新行业发展到一定规模时,就会与其他相关行业进行整合,依据发挥作用的程度并入或形成新的产业。

产业的着眼点是生产力布局的宏观领域,体现的是以产业为单位的生产力布局上的社会分工,产业由行业组成。行业的着眼点是企业或组织生产产品的微观领域,体现的是以行业为单位的产品生产上的社会分工,行业由企业或组织组成。职业的着眼点是组织内工作人员的具体工种,体现的是以人为单位的劳动技能上的社会分工。产业(行业)的分类依据是经济活动的同质性,而职业分类的依据是工作性质的同一性,前者属于生产活动领域,后者属于人力资源开发领域。

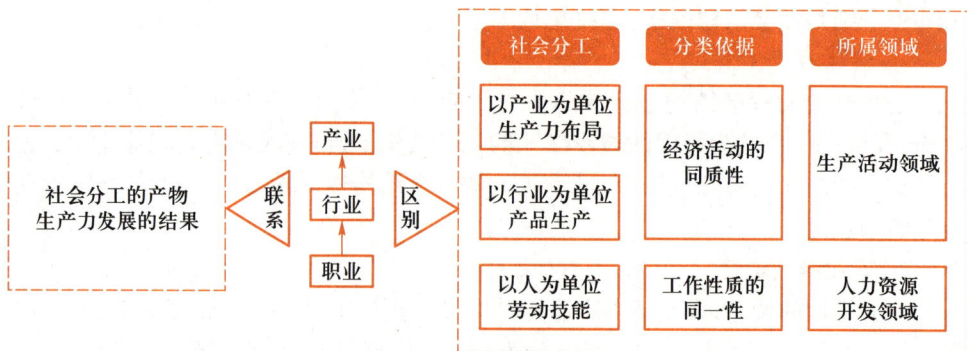

社会分工	分类依据	所属领域
以产业为单位 生产力布局	经济活动的 同质性	生产活动领域
以行业为单位 产品生产		
以人为单位 劳动技能	工作性质的 同一性	人力资源 开发领域

社会分工的产物
生产力发展的结果 ——联系—— 产业 / 行业 / 职业 ——区别——

三、劳动组织

（一）劳动组织概念

劳动组织的含义有两种，一种是广义上使用的劳动组织概念，一种是狭义的劳动组织概念，我们在这里只涉及狭义概念。

狭义的劳动组织基本上是生产力的概念。在生产力各个基本因素中，劳动资料和劳动对象对于劳动者来说都是客体，唯有劳动者自己是主体。而劳动组织就是研究如何把劳动的主体力量合理地组织起来，更好地发挥其作用。由于在生产力的结构中，劳动者是能动的因素，其他生产力要素都是由劳动者来运用和推动的，因而劳动者因素如何很好地组织成为一个整体，对于生产力的影响无疑是很大的。

（二）现代的劳动组织

现代的劳动组织概念侧重于强调其组织性，认为劳动组织是一种集生产和管理于一体的有机体。我们认为劳动组织就是在合理的劳动分工的基础上，保证在安全生产和文明生产的条件下，使所有人员能协调地工作，有效地利用人力和物力资源以及工作时间，是一个以劳动者为主体的由劳动者、劳动资料和劳动环境三项要素组成的有机系统。所谓科学劳动组织即运用科学的方法组织生产活动，达到"人、机、环境"的最佳结合，既要提高企业劳动效率和经济效益，又要为劳动者身心健康和体力智力全面发展创造条件，其包括劳动组织形式、轮班形式、劳动组合等方面。

（三）企业基层劳动组织——班组

1. 班组的地位和作用

企业是一个典型的组织。我们参加工作，走进企业，实际上就是走进了一个组织，其中第一站就是班组。现代企业管理结构一般都是三角形样式，基本上可以分为三层：高层、中层、基层。高层"动脑"，属于决策层；中层"动口"，属于管理层；基层"动手"，属于操作层。班组就是企业的基层组织。企业的生产活动都在班组中进行，班组工作的好坏直接关系着企业经营的成败。具体分析，班组在企业中的地位和作用如下：

（1）**生产经营活动的基本单位**　企业生存的目的和意义在于追求利润。班组是最基本的生产单位，它直接创造利润。所以企业要降低成本、提高劳动生产率，首先就要从班组抓起。

（2）**企业最基层的管理单位**　管理是否深入到基层是衡量管理水平的指标之一。班组是企业最基层的管理单位，直接面对每一个员工，企业的文化、规章制度和精神风貌最终要通过班组贯彻到每个员工，然后通过员工的工作业绩反映出来。因此企业只有将管理深入到班组这一个层次，才能焕发生机。

（3）**提高职工素质的基本场所**　企业通常都会把培养人才当作自身的使命，培养人才是为了创造更大的价值。如果没有一支认真负责、精益求精的员工队伍，想创精品、树名牌，就很难。而企业人才培养的最主要场所就是在现场、在班组、在一线。所以从效益角度来看，班组培训比高级人员培训更直接、见效更明显。

（4）**生产流程的衔接要素**　在企业的生产经营活动中，每一个班组都是其中的一个环节。很多现场的问题都较简单，只需要依一定的原则在班组间沟通协调就可解决，只有解决问题才能激发团队的创造力。

2. 企业班组的特点

企业班组具有：结构小、管理全、工作细、任务实、群众性等特点。

① 结构小——班组为企业最基层单位，结构最小，不能再分。

② 管理全——管理生产、安全、质量、劳动纪律等，麻雀虽小，五脏俱全。

③ 工作细——班组工作非常具体，需要耐心、细致。

④ 任务实——企业所有管理内容最终都要落实到班组。

⑤ 群众性——班组成员是企业最基层的员工，班组活动是群众性很强的活动。

◎ **同步练习**

做第 224 页练习 2.2：劳动能致富吗？

主题三　人工智能时代的劳动

一、全球化 4.0 时代的到来

（一）"全球化 4.0" 到底是什么

今天，我们的生活圈、工作圈都已经不再局限于某个城市、地区或者某个国家。经济全球化，世界一体化，无论你是否愿意，都要在这个越来越紧密联系和相互影响的地球村里共话未来。对劳动世界的思考自然要在这个大背景下进行。

从公元 1500 年的大航海时代开始，全球化一直都在推动

> 学习是终身的职业，在学习的道路上，谁想停下来就要落伍。
>
> ——钱伟长

着整个世界的交融和共同进步。如今，信息化、智能化技术进一步增进了世界的互联互通，全球 24 小时不间断的金融市场，越来越广泛的投融资、贸易往来、技术合作、文化交流让全球化不断深入，国家间也借助数字和虚拟系统进行联通，世界经济论坛创始人施瓦布称之为"全球化 4.0"时代。这个时代，商品生产会更便捷地随着劳动力价格的区域差异而变迁产地，资本带着劳动在全球漫步，聚集或者分散开未来劳动的力量，即便个别国家筑起所谓高大的贸易壁垒，也难以阻挡经济、技术全球一体化的浪潮，谁也无法控制信息互联对每个角落的渗透。

全球化 4.0 时代是人类发展的新阶段。它突出的数据化、共享性，为我们创建更公平、公正、平等的世界提供了基础条件，同时，也将全球共同面临的问题毫不隐讳地展露出来。如：如何确保数字创新和技术支柱的安全可靠；如何对人工智能和基因编辑等新兴技术确定原则，并确保这些技术以必要的道德原则和价值论证为依托；如何面对"工作"概念的异化、工作的未来和人力资本发展，等等。

（二）未来劳动世界的技术关键词

进入 21 世纪以来，我们的工作和生活都可以放进"云端"，数据成为新工业时代的"石油"，货币只剩下数字概念，纸币则越来越"稀缺"甚至可以没有，而一部小小的手机，已经拥有了原来一屋子电器的功能。这里我们先来认知一下近几年的热点技术名词，它们构成了未来劳动世界的关键技术和理念，彰显着人类智慧和创造性劳动的无限魅力。

1. 人工智能（Artificial Intelligence，AI）

AI 似乎就是新时代、新技术的代名词，它每天都在为人类社会制造惊喜。从学理上讲，人工智能是计算机科学的一个分支，研究开发用于模拟、延伸和扩展人的智能的理论、方法、技术及应用系统的技术科学。从 1950 年"人工智能之父"图灵提出计算机可以"思考"、有智能开始，计算机迷们就一直在探索计算机如何帮助甚至替代人类进行"工作"和"思考"。20 世纪 90 年代，AI 再度盛行，复制并提高了模式识别和预测方面的人类智能水平。此时，"深度学习"（利用多层次方案提升机器学习、统计推断和实现最优化的算法）的规律不断被挖掘和应用，使得人工智能技术得到快速发展，开发出包括机器人、语言识别、图像识别、自然语言处理和专家系统等科技产品，成为人类智慧的"容器"。21 世纪，计算理论进一步发展，加之量子技术、网络技术、生物工程与计算机四大资源体系的有力支撑，借助大量的数据资料，计算机进入后深度学习阶段，人工智能技术迅猛发展，重点研究如何使计算机做靠人的智力才能做的工作，智能芯片、智能安防、智能社交、智能交通、智能教育、智慧医疗、智能家居、智能电子商务、智能制造，人工智能在各个行业全面爆发，大范围地利用自动机模拟人的思维过程也指日可待。人工智能是未来科技发展的战略制高点，也将是国家竞争力的核心来源。

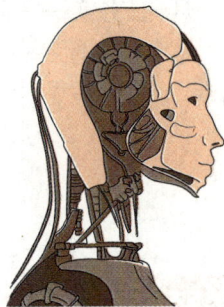

2. 大数据与云计算（Big Data & Cloud Computing）

大数据是互联网发展到现阶段的一种现象，对整个经济和社会有着巨大的影响力，因此很多人也将这个时代称为大数据时代。维克托·迈尔·舍恩伯格及肯尼斯·库克耶在《大数据时代》中将"大数据"定义为不用随机分析法（抽样调查），而采用所有数据进行分析处理的数据。IBM指出大数据的5V特点：Volume（大量）、Velocity（高速）、Variety（多样）、Value（低价值密度）、Veracity（真实性）。数据是信息时代的基本产物，但瞬间的海量数据只有经过特殊的处理才有价值，正是数据处理技术的发展，为这些庞大数据的收集和使用提供了物质基础。因此，大数据与云计算等数据处理和存储技术难以分开而论。数据科学将成为一门专门的学科，为新时代社会、经济和各类组织的发展提供理论动力和有效工具。

大数据在5G时代会进一步发挥出其优势，也成为人工智能进一步发展的重要支撑。借助大数据工具，人们的劳动过程和内容将发生显著变化。如当前教育互联网企业已经在试用大数据采集与分析前提下的个性化教学，从"阅卷机器"到教学指导，帮助教师和学生实现更有针对性地教与学。大数据在企业客户信息收集、营销趋势判断和企业战略设计领域已经在发挥着重要的作用。未来数据管理将成为企业、政府等组织的核心竞争力，谁拥有真实的、高质量的数据，谁就有了制胜的先机。至此，"数字经济时代"的华章已然开启，数据将成为我们劳动岗位的基本要素，如同空气一样，无处不在。

3. 区块链（Block Chain）

区块链起源于比特币（一种P2P形式的虚拟的加密数字货币），作为比特币的底层技术，是通过去中心化和去信任的方式集体维护一个可靠数据库的技术方案，它是通过自身分布式节点进行网络数据的存储、验证、传递和交流的。它就像一个大型网络记账簿，任何人任何时间都可以采用相同的技术标准加入自己的信息，形成自己的完整的账本，并延伸区块链。区块链技术被认为是互联网发明以来最具颠覆性的技术创新，它依靠密码学和数学巧妙的分布式算法，在无法建立信任关系的互联网上，无须借助任何第三方就可以使参与者达成共识，以极低的成本解决了信任与价值的可靠传递难题。

从本质上讲，它是一个共享数据库，存储于其中的数据或信息，具有"不可伪造""全程留痕""可以追溯""公开透明""集体维护"等特征。基于这些特征，区块链技术奠定了坚实的"信任"基础，创造了可靠的"合作"机制，具有广阔的运用前景。区块链技术的诞生让虚拟货币（数字货币）在网络上的使用（交易）有了更大的可信性，构建起新型互联网金融体系，买方和卖方可以直接交易，大大节约了交易费用。而人工智能则帮助区块链电子商务平台实现更深度的自动学习和更科学的分布式算法，优化用户与平台间的交互。"人工智能"与"区块链"叠加在一起，整个世界可能会转移到一个去中心化的基础结构上，二者也将是电子商务公司最基础的功能。

4. 绿色与生态

绿色的概念目前早已超越了农业、食品范畴,而是包含了一切生产领域中的环保、节能、健康、高效、可持续等内涵。无论是工业产品还是基础设施,无论是生产过程还是产品结果,无论是原材料还是能源动力,绿色是市场监管的重要指标,也是可以一票否决的硬指标。"绿色"也因此从标准变成了能够实现这个标准的若干技术。世界共同的家园问题、人类未来的生存环境问题是全世界的共同责任,这决定了我们的劳动模式和劳动工具、劳动材料等都得符合环保的要求,实现绿色生产经营。工业领域的产业导向和运营模式,因此在发生着颠覆性的转变。如汽车产业,很多国家公布了禁售或者禁用内燃机汽车的时间表:德国在 2030 年前淘汰内燃机汽车,英国、法国将在 2040 年停止销售常规汽油和柴油小型汽车及货车,荷兰、挪威、印度等国也有 2025—2030 年禁售传统燃油车的计划,中国同样在制定燃油车退出时间表,由此新能源动力汽车成了必然的选择。绿色在逼停一切非环保产业,也由此派生出新的产业和就业岗位。

"生态"与绿色互为因果,紧密相连,和谐的生态是人类社会和自然界达成一种可持续、可循环的良好状态。近些年,人们将原属生物领域概念运用到一些非生物领域,作为目标和原则去遵守。由此衍生出生态链、生态修复、生态文明、生态伦理、生态入侵、生态道德标准等包含社会性要素的概念。生态文明是人类追求的目标,以生态文明、生态理念、生态模式及时协调解决人类社会发展中的生态因子矛盾和社会因子矛盾,促进组织和周边区域的生态环境建设,建立起良好的生态系统,让人类赖以生存的自然环境和社会环境得到有效的保护和发展,这是人类社会未来的劳动环境,也是组织和个体的行动原则与底线。

5. 5G

当前,炙手可热的 5G 已经步入了商用之路,也是让人憧憬的新技术。从 1G 到 5G,网络信息传输的能力强大到一眨眼一个 T 的数据资料就可以传输完毕。5G 技术的意义绝不限于传输能力是它前身 4G 的百倍,更重要的是它驱动的移动互联网和万物互联将深刻影响社会经济,特别是物流、供应链领域,将以资源共享、体系共生、生态共荣的供应链智能平台方式出现,实现资源的高效匹配。5G 从服务人到服务行业,将加速许多行业的数字化转型,赋能产业升级,催生新兴业态,尤其在应用端会越来越简单,进入的资本门槛也越来越低,会给服务业、商业流通等领域创造出很多新的就业机会。

5G 商用将通过容量、可靠性、时延、带宽和效率五个方面的价值驱动力,在影响人际沟通之外,极大改善机器与人、机器与机器之间的沟通。5G 将对未来的科技板块或者下一轮信息产业的发展影响巨大,尤其体现在智慧交通、智慧城市、云办公等领域,将催生根本性变革。在中国,5G 将作为重要的网络工具,进一步支撑人工智能、大数据分析以及云计算领域的发展。5G 是万物互联的基石,AI 是万物互联网的助推器,二者作为新时代的生产力,将带来整个社会生产方式的改变和生产力的提升。

（三）组织新特征

新的时代，虽然人的个性化、自由度越发膨胀，但其社会属性还是会让我们与各种组织有千丝万缕的联系，在一定程度上对组织依赖或依附。了解未来组织的核心特征，跟上时代步伐，也是驰骋职场的必要准备。

1. 组织生命体

在量子时代，人们的思维不断深挖事物的本质，找寻企业与时代相适应的规则，于是发现企业等组织也是一个生命体，遵循着出生时谨慎前行、繁盛时傲然矗立、衰老时郁郁寡欢、死亡时沉寂无奈的整个生命过程的一般规律。达尔文的进化论提出的生命体的自然法则"物竞天择，适者生存"同样适用于组织生命体。各领风骚数十年已然是了不起的组织了，百年长青的组织必然有特殊的基因支撑。在当前及未来变化莫测的环境中，检验组织生命力的是以学习能力为根基的应变能力。所以，变革是保持生命活力的唯一法则。无论你的过去多么辉煌，未来都充满了变动和新的竞争机会，一旦孤芳自赏地停滞下来，就会错失良机且难以翻盘，就如诺基亚，并没有做错什么，但已然在市场竞争中输得惨痛。

作为生命体的组织，保持与环境实时交换能量和信息，保持组织生命细胞（员工个体和班组）的活跃，才是最优的设计和管理。随着当代个体价值的崛起和市场的快速变化，需要组织为个体提供价值实现平台和导引，需要植根于以共享价值为基础的新管理范式，要把"我"转变成"我们"。

2. 跨界互联

这是一个并非对手比你强，而是你可能连对手是谁都不知道的时代。新技术的发展和新产品的快速更迭给了企业不可名状的威胁和危机四伏的压力，因为随时会有你不知道的竞争对手横空出世，打得你措手不及。这就是任何组织都无可阻挡的跨界竞争。跨界互联是一种资源整合的新运营模式，也是赢者通吃的市场战略，还是未来组织不得不防的潜在威胁。

未来十年被称为"跨界打劫的时代"，竞争对手在行业之外，就如中国移动的对手是腾讯的微信，尼康是被高像素的智能手机打败；而华为已经做好了无人驾驶汽车的生产准备；百度早就布局好了人工智能全体系，与互联网平台对接；海尔跨界医疗健康领域，构建健康产业的链群生态……各种组织的边界正在打开，更便利、更关联、更全面的商业模式借助 5G、AI 等新势力，以前所未有的速度在各个领域进行着颠覆性的变革。行业的门槛在技术的革新面前没有任何阻碍，资本在追逐着新技术，界限被随时打破。用跨界交叉、联手市场、共享技术来寻求自保或者共赢，成了未来组织不得不面临的选择。而组织的交叉融合给劳动界带来超多的岗位和技能新组合，新的职业也因此而诞生。

无论生态组织，还是跨界联合，显现的都是组织之间的边界逐渐消弭，组织间的合作越发紧密，社会呈现非群体化的趋势。企业为了维持自身与环境的平衡，需要强化合作意识、共融意识，以团体智慧赢得共同发展，全球一体化进程将会更加深入和快速。

（四）劳动世界的新"劳动者"

案例分析　　　　　　　　　　　　　"5G＋智能银行"粉墨登场

2019 年 7 月 10 日,由中国移动与中国建设银行共同研发的"5G＋智能银行"在京开业,首批落户清华园、中粮广场和长安兴融中心三个网点。智能银行里找不到一个保安和引导员,取而代之的是一台人脸识别机,通过内置的摄像头完成人脸注册以及实名认证;大堂里更找不到一个柜员,取而代之的是懂你所要的智慧柜员机;"大堂经理"则是一位会微笑说话,还会嘘寒问暖的仿真机器人——小龙女。在智能银行,你无须带卡,只需在人脸识别后,对着它说话,就可快捷办理转账业务;如果遇到程序烦琐的业务,还有远程工作人员通过视频帮你办理。总之,技术和机器在替代人进行服务。

5G 银行没有人,但有趣。智能银行设计融合了 VR/AR、物联网、智能家居、机器人、生物识别、全息投影、人工智能等新科技,将金融、社交、生活等场景相连接,能够提供 300 余种常见的快捷金融服务,实现好用、好看、好玩的金融服务。银行网点成了体验空间、对话空间和娱乐空间的"共享社区"。

【分析】新技术对人工的替代近些年来风起云涌,金融信息化从 20 世纪 90 年代就已开始,互联网金融改变了金融的生态,互联网思维对传统银行的逻辑产生巨大挑战。支付方式的变革,现金业务骤然减少,迫使很多银行网点都在"关门",大量的 ATM 机逐渐被冷落。比尔·盖茨曾说过"如果传统银行不改变的话,他们就是 21 世纪一群要灭亡的恐龙。"出乎大多数人的预料,这一天来得如此之快。银行科技的大发展,是柜员、大堂经理的迟暮,大量的裁员已经在过程中;那么其他领域的智能化渗透和技术更新、工艺变革,给劳动世界带来的冲击也必然不会小。未来,会是机器人的天下吗?

银行的大变革,仅仅是今天社会变化的一个缩影,机器人、智能化、黑灯工厂正在从实验室和制造业工厂走向大众视野。从机器人快递、机器人服务员、机器人电工、自动焊接机器人,到机器人"记者"、机器人"钢琴手"、机器人"会计"、机器人"医师"、机器人围棋赛手,甚至是智能保姆,太多人类的体力和脑力劳动正在被高度模拟人类智慧和技能的机器人所代替。而即将到来的 5G 时代,智能化又将如何挑战未来? 无处不在的机器人会是工具还是主宰者?

我国政府意识到新的技术工人转型迫在眉睫,不仅投巨资用于培训新技能工人,也在积极调整职业教育体系,以新学徒制度和新工科设置,培育未来智能时代的劳动者。当然,面对新的劳动环境和生存现状,劳动者主动适应、积极调整自己也是必不可少的条件。总之,在智能化面前,人类必须坚持价值理性,不能为了换取力量而放弃意义;也要以制度和法令,让技术在界限内服务人类。

二、人类劳动在智能化时代呈现新特征

未来社会,很多传统的人类劳动会逐渐被替代或者改变内容,这是不可回避的历史进程。和人类历史上任何一次技术革命带来的改变一样,智能化时代的劳动者也必然要经历变革的阵痛,但最终人类一定能够适应新的环境和技术条件,让劳动本身重新找到合适的定位和社会价值。

(一)劳动是人类的需要

劳动对人以及人类社会的意义,马克思早有论述:劳动是人的第一需要,劳动创造了人本身,是人类生存和发展的基础,是推动历史前进的动力。劳动创造了财富,创造了世界,创造了文明;劳动促进人的成长与发展,是人类美好生活的源泉。人是从劳动中诞生的,也是在劳动中发展的,没有劳动,人类也将无以存在。因此,人类无论处于什么时代都是需要劳动的,只是在不同时期会以不同形式展开。

在未来社会,即便人类的智慧创造出很多自动化机器人或高智能化机器人,作为人的劳动依然是不可或缺的,只是这时候的劳动与以往的传统劳动会有较大不同:一是劳动配合技术的发展,需要更多的现代新知识和信息化技能;二是劳动的创造性特征更加显著;三是劳动的人文情怀越发浓厚;四是劳动技能的复合、交叉是一种趋势。当然,劳动的形式和内容的变化,不会影响人的劳动本质就是体力和智力的共同付出,只是未来劳动环境对人的整体素质要求更高了。

(二)人在未来劳动中的作用不可替代

在现实世界中,虽然有的机器人确实超越了人类能力很多,但机器人并非十全十美,与人类还是有相当的距离。机器人毕竟是受控制的机器,其功能的实现需要编程人员和机器操控人员持续地改进,不断修复程序中的漏洞错误,这需要有非同寻常的意志力、知识能力、动手能力,而这些只有灵活的、有更强学习能力和变通能力、思考力的人才具有。

因此,即便在人工智能非常普遍的时代,人类同样需要劳动。再者,人工智能的效果和效率也要靠人类劳动来操控和把握。人机协同、智慧劳动根本还是要依靠人,人的灵活应变性以及无法估量的潜在智慧,都是机器所无法比拟的。人类社会的发展无论何时都离不开人的劳动,劳动者的主导地位也是不容置疑的,否则,人类社会将会消亡。

智能机器人事实上是在解放劳动力,作为人类体力和脑力的延伸与异化,替代人类完成各种高、难、险、脏、重的劳动。所以,人类与人工智能这一助手不是对立的双方,而是互补长短的新伙伴,人作为地球上最能动、最智慧的生物,主宰的地位是不会被改变的。

(三)人的劳动形式的分化

1. 岗位极化

新的技术环境下,从事常规性和非常规性工作的职业群体将进一步划分为操作性和智力性两类。岗位极化是指在基于技能、任务划分的劳动分工中,中等

微课:

智能化时代
的人类劳动

技能需求的岗位减少或被替代,高技能需求和低技能需求岗位数量增加,岗位分布呈现中部压缩、两极增长的状态。岗位极化出现的直接原因是自动化对常规性、程序性任务的替代。岗位极化也显现出自动化、计算机化对劳动中操作性及部分智力性工作的替代效应,向技能的两端流动。其中,高技能更强调技术的全面掌握和熟练应用,低技能也不是简单的重复性工作,同样是变通基础上的技术应用。

2. 人机合作

未来劳动世界,几乎所有的领域都表现为机器(含计算机与软件)与人工并行。在制造业领域,工业机器人反倒是主要"劳动者",而人类在少量的劳动里只作为设计者、控制者、维修人员参与其中。在服务产业领域,人工智能则成为劳动者最得力的助手,承担各类或精细或复杂的体力与智力劳动。人类在人工智能领域的发展既打造了自己的帮手,又不得不面对这个帮手挤占了原有就业岗位的窘境。在智能替代或浸润的过程中,虽然会有失业的痛苦和改变的不适,但人工智能和人类并不是对立关系,而是必然的人机融合关系。人工智能擅长重复、计算,速度高、模仿能力强,但却难以拥有人的个性化、趣味性、真实感,更难以拥有人的智慧大脑带来的随机应变的能力。变通是人类与机器最大的能力差,以变通去适应,以学习来改变,这一直是人类与自然和技术共同进步的明智选择。

3. 劳动的专业性和技能性越发强悍

台湾著名的生涯研究专家吴芝仪坦言,如此技术革命大潮中,未来深不可测。"十年后的工作有八成还没有被发明出来"并非玩笑。国内劳动经济专家冯喜良认为未来劳动世界的劳动分工将更加精细,劳动者主要是靠自身的专业谋取更自由的劳动环境。未来,在充满技术和知识的作业环境中,每一个专业领域都必然深奥而复杂,要想适应未来的劳动需求,需要有社会认可的专业长项(技能),即通晓该领域的前沿与系统知识体系以及掌握必备的专业技术技能。

4. 人类劳动在智能化新时代更具有创造性、复合性和交叉性

智能时代,任何的事物都被知识、智慧、信息化等所包围,但凡可学习的都是可复制的,唯一难以复制的就是人类的大脑。正是人脑的存在,让人类劳动具有无限的创造性、多变性、灵活性。我们可以把之前的经验和知识进行复合、融合,交叉出来意想不到的新产品、新谋略,这就是开创性,是人类独有的、无法被替代的巨大能力。虽然计算机技术一直在试图破译"超级大脑"的思维逻辑和创造性,但是人脑本身才开发了不到4%,且人脑作为有机生命体,一直是在不断进步和变化的。

5. 劳动者的智力支出越来越多

机器人的高度发展,会承担绝大多数的急难险重等各种重体力、高难度操作,尤其是重复性的劳动和特别精准的作业。人类劳动则朝着"体力支出越来越少、智力支出越来越多"的方向发展,以创造性、创意产业为主,以服务人类更惬意的生活为主,以不断开发研制更高端、智能的劳动工具为主。借助技术给人类社会带来的福祉,非生产性劳动、非物质生产劳动、非重复性劳动比例会逐步增加,未来智力活动更普及、更丰富,以智力劳动为核心的人类劳动将扑面而来。

6. 人类劳动呈现更多的乐生性

劳动作为谋生手段还将持续很长的时间，但这不妨碍劳动日益凸显出浓厚的"乐生性"特点，即劳动带给劳动者一种愉快幸福的感觉，劳动不再都是痛苦的、感到很消耗、很无奈的。这种乐生性源于劳动选择的自由度在增加，人们可以真正按照自己的兴趣、爱好和特长去选择职业；也源于令人痛苦的劳作岗位都已经由机器人和计算机来完成了。

总之，未来劳动世界将对现有的系统重新洗牌，这是必然的过程。由此，那些固守过去的组织和个人非常容易被淘汰，而敢于突破、勇于变化的，才可能站稳脚跟。未来劳动内容将会越来越丰富，形式越来越富于变化；劳动者的流动性越来越强，自主自由劳动会越发普遍；劳动主体的作用不是淹没在机器体系中，而是越来越突出，主宰劳动方式、劳动内容以及劳动工具的是具有高智力、高技术的人才。

三、未来劳动世界预测与应对

（一）未来劳动世界的职业变动预测

人工智能、数字经济、经济全球化的冲击，让未来的劳动世界充满了变革的原动力。从目前各个国家的研究结果看，与当前相比，农业生产部门受的影响较小，制造业部门劳动者受人工智能替代效应的影响，大量转移到服务业领域，在美国尤其是转向医疗保健和社会援助服务领域。而对于职业岗位的影响，不仅涉及数量和任务性质的变化，还会因为替代和创造效应，造成岗位极化并加速岗位上的人机合作。

1. 即将被智能机器替代的职业

世界银行发布的《2016年世界发展报告：数字红利》认为，发展中国家 2/3 的工作岗位容易被自动化所取代，麦肯锡全球研究院也在《未来的工作：自动化、就业和生产力》报告中预测，当前的工作中有超过一半会在 2055 年左右自动化。容易被替代的岗位多是工作重复性强、技术技能较容易掌握、常规性突出的一般岗位，而变动性强、重复性小、更需要创新能力和灵活应变能力的岗位不容易被人工智能替代。另外，更需要感情投入才能胜任的岗位，也是替代性较小的（图 2-1）。

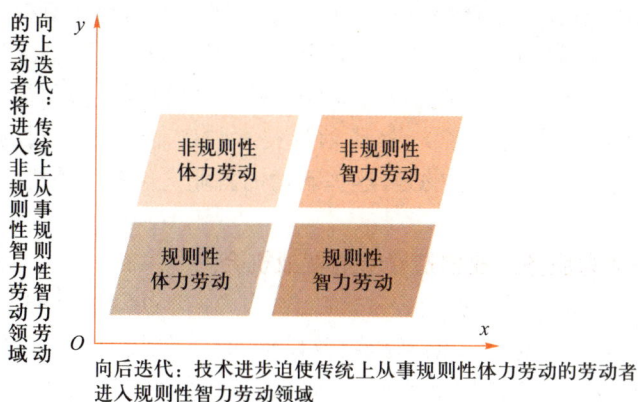

图 2-1　未来工作世界

对此，麻省理工学院教授迈克斯·泰格马克在《生命3.0：人工智能时代人类的进化与重生》中概括指出：需要与人互动并使用情商的、工作涉及创造性及更聪明的解决方案的，或者在不可预测的环境下工作的职业，相比而言会越发安全，如教师、护士、医生、牙医、科学家、企业家、程序员、工程师、律师、社会工作者、神职人员、艺术家、美发师和按摩师等。电话销售员、收银员、货车司机、烘焙师和厨师，还有卡车、公交车、出租车司机等，这些职业就可能被智能机器人所取代。律师助理、信用分析师、信贷员、会计师和税务师这些原本需要一定脑力劳动的工作，虽然不会完全被人工智能取代，但大多数工作任务将被自动化，因此所需的人数会越来越少。所以，他得出结论说：那些高度重复、结构化以及可预测的工作，看起来过不了多久就会被机器自动化。

2. 基础的衣食住行等服务行业是最大的就业领域

虽然世界变幻莫测，技术更迭一代又一代，但是人类作为生命体赖以存在的需要还是不能缺少，支撑我们日常生活的衣食住行等传统产业有着足够的刚需。这些也是未来就业岗位的最大吸纳行业。其中，机器人等器械是帮手，却无法全面替代人类。如吉列刀片历经上百年，依然活跃在我们的经济领域，因为这种"胡子工程"是一种不可回避的刚性需求；再比如油盐酱醋行业，也是万变不离其宗，人类的餐桌上这些调味品无可替代，企业发展与竞争着力点只需市场细分更明确。沃尔玛连续五年高居500强第一，也说明了传统生活必需品（服务）行业的市场号召力。传统领域的岗位能力需要在未来也会与以往不同，机器人同样会大面积地替代重复性作业，剩余的岗位工作内容会发生大变化，但岗位职责中一定会有"通过创新创造带来良好的客户体验"的新要求。创新有颠覆式创新和维持性创新，前者是全面否定或者替代之前的产品和技术，后者是不断地改进和完善。这个世界需要轰轰烈烈改变时代的技术，更需要那种不显眼之处的技术创新，因为只有创新才能不断满足人们追求完美和幸福生活的需要。传统的消费品行业市场宽阔，企业的生存空间来自坚持不断地满足消费者需要，而其中最大的便利和最优质的服务都需要精细劳动、创新劳动所适用的岗位。

3. 新产业的崛起带来新的就业需求市场

新产业、新业态伴随生产技术的进步和新消费需求的到来而有着广大的市场前景，因此也催生出新的就业领域。尤其是人工智能的兴起、机器人的应用将创造更多的高端就业机会，这可能包括：工业数据科学家、机器人协调员、工业工程师、模拟专家、供应链协调岗位、系统设计、信息技术、3D辅助设计、现场服务工程师、销售与服务人员等。值得注意的是，这些新增的就业岗位专业性极强，需要大量的知识和技能储备。

4. 创意产业和服务产业创造着新的就业机会

追求幸福生活是人类的本能。未来社会，当人们解决了温饱问题，自然会追求更高品质的生活，因此包括文创、旅游、教育培训（此处指非中小学学科培训）、文化、服务等产业也有极大的发展空间，会带来新的就业机会。2018年麦肯锡研究院也报出一组职业预测数字：在印度和中国，到2030年，岗位需要增幅最大的是教育工作者和医护人员；另外，职业经理人和创意类、培训产业和技术工程师、律师、科学家等专业人士都有超过 50% 的需求增幅。尤其是未来，全球老龄化问题日益严重，老年服务产业、老年制品产业方兴未艾，加之人们对健康的追求越来越迫切，服务老年人的产业以及大健康产业都将是很大的新就业市场。

5. 闲暇时间充裕带动就业结构调整

由于机器人和现代技术的广泛应用，社会生产力大大提高，人们的闲暇时间也将越来越多。自主时间用于兴趣劳动或者学习，都将非常普遍。这种意义上的劳动，不再是为生存或生活所迫，而是一种自觉的需要。闲暇多了，也会伴随闲暇消费，如此，服务于这个领域的产业、行业也会繁荣起来，创造更多新的就业岗位。毫无疑问，第三产业（服务行业）在未来会更迅猛地发展，整体就业占比也会越来越高。

6. 零工经济模式渐成重要的从业模式

零工经济，劳动者以一种"自我雇佣"的形式进入劳动力市场，如创客、自由撰稿人、艺术家等特殊人士。相比传统的全职工作和固定时间、固定地点的用工模式，劳动者自主的用工模式借助互联网的便利条件会更容易流行起来。零工经济下，劳动力身份由"被雇佣"转为"自我雇佣"，对工作过程和结果有全方位的自主权和控制权，基于任务单位，劳动者以完成任务为标准来收取报酬，容易有更高的劳动质量、效率和满意度。从目前来看，零工经济可分为按需工作和众包工作两大类，借助互联网平台或者中介公司来完成需求与供给的对接。在实践中，具体呈现模式包括电商类零工经济、空间共享类零工经济、交通出行类零工经济、技能共享类零工经济等。

（二）未来劳动者应对未来劳动的素质要求

在机械化生产时代，劳动者是机器生产系统中的一个部件，呈现出去技能化特征。但人工智能时代对劳动者的要求是再技能化，拥有更多的创造能力、应变能力、解决问题的能力等。这是因为，人的灵活应变能力是机器人无法比拟的，人的情感与特殊技能在机器人时代也不能缺少，机器人的缺陷是要人来弥补的。图 2-2 展示了未来劳动者的就业风险，未来的劳动岗位，无论是原有的岗位还是新增的就业岗位，专业性都会更强，对从业者会有全新的素质、能力要求。

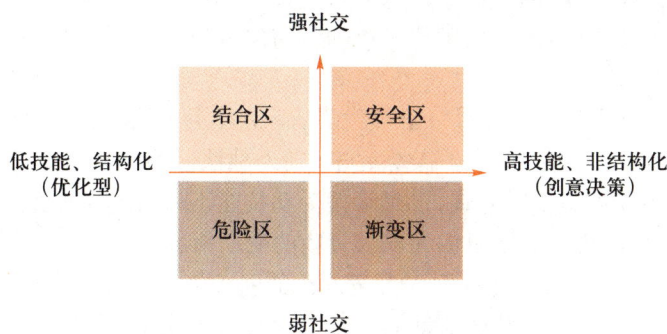

图 2-2 未来劳动者就业风险评估

1. 新素质要求

（1）拥有通用技术和常识 信息技术、数据技术，人工智能知识、互联网知识，都是未来劳动者的标配知识体系和技能。为了与时代对接，教育部重新定义了大学专业体系的新工科和新文科，加入了大量时代技术元素，以此来引领新的知识体系的传播。

（2）随时随地随人随事学习 学习的能力不是指掌握知识和技能，而是指认知世界、理解世界的能力。在今天信息爆炸、科技日新月异的时代，信息和技能永远在过时的路上，因此，任何学历、文凭和知识体系都不足以支撑整个职业生涯，自主学习成了这个时代最有用和最需要的生存能力。

（3）具有创新意识和创新思维 作为未来劳动者的素质标准，少不了创新与创造力。这就要求我们保持好奇心、想象力，勇于探究，大胆尝试新的方法和路径，应该鼓励自己，也包容他人去创造性地工作。

（4）有效沟通和团队合作 伴随技术的发展，社会的劳动分工会越来越细，专业性会越来越强，而我们面临的整体作业却是越来越复杂，彼此的协作共商必要且重要。即使是创意产业，也很依赖集体的头脑风暴，需要其他外部资源的协助。因此，良好的沟通能力、与人协作的技巧和心态，都是未来劳动者必需的。

（5）创造性解决问题能力 未来劳动中以脑力和知识为基础框架的岗位能力需求会更为普遍。创造性的工作，需要动手和动脑能力都具备的劳动者。拥有长远的目标和战略的思维、会独立思考、敢于批判质疑、能对未来不确定的问题提出解决方案的劳动者，会更受组织的欢迎。

2. 大学生获得新素质的路径

中国劳动关系学院刘向兵对当代大学生的劳动教育提出了五个目标：劳动价值观、劳动情感态度、劳动品德、劳动习惯、劳动知识与技能。这些目标是成就未来劳动者新素质的重要内容，也是引领大学生们获得未来合格劳动者通行证的行动指南。

> 劳动是一切成功的必经之路。
> ——习近平

（1）读书与行路 对于大学生而言，读书可以获得前人的间接经验、战胜困难的精神力量以及创新创造的方法技巧，这是学习进步的捷径。大学生还可以走出去观察世界、思考世界、品味世界。读书要博览，行路须慎重，要以胜任未来劳动的能力、素质目标为中心，从阅读中获得正确劳动价值观、劳动知识，从行路中培养劳动者的情怀和品德。

（2）实践与思考 走出网络虚拟世界，感受真实生活与社会，实践体验不可少。而想要获得动手能力，除了操练起来，别无他法。亲力亲为地实际体验或努力，是一种更为深刻的学习方式，也是掌握劳动技能不可略过的必经之路。唯有劳动实践才能培养出良好劳动习惯和深入骨髓的劳动情感。

大学生要勤于思考，学会质疑，要培养自己的创新、批判性思维。在互联网信息泛滥的时代，我们被各种碎片化的信息干扰，常常难以进入深度思考状态。因此，如何避免自身陷入信息海洋，也是需要思考的问题。这里的思考还包括对个人职业定位的思考,要尽早了解自己的兴趣所在、优势所在,确定目标和方向,并为自己的职业理想早做准备。在未来更加多元化的劳动世界,劳动的形式和内容都会发生极大的变化,职业的选择要有足够的前瞻性和变通性,也切忌为了眼前的利益而放弃自己的兴趣与特长。选择是有成本的,要三思而行。当然,在你还无法准确定义自己的职业时,先打造好自身的综合素质,将来的择业也只是时间问题。

（3）以匠人之心做事　工匠精神是一种细致而微的精神,是一种认真负责的精神,是一种持续精进的精神,是一种价值观的体现,是一种劳动者应有的职业道德。只有发自内心的认同,才会在行动中处处体现。现代社会和未来世界,人们越来越有条件享受精致美好的生活,对细节完美的要求也会越来越高,会更追求高品质带来的愉悦。因此,未来的劳动者也要踏实做事,丢弃"差不多就行"的自我放逐,跟自己较真,不断完善自我,像匠人般持续精进。工匠精神本质上是对职业的敬畏和对工作使命感的坚守,它与功利主义无缘。做事先做人,做人先修心。工匠精神为我们指明了这样的职业标准和行动方向——精业、精心、精品。

（4）以开放之心赋能　未来的世界万物万事互联互通,在给个体更大自由的同时,也增强了彼此的依赖与共生关系,每个人在服务他人的时候也会得到别人的服务。因此利己主义者不仅会令人寸步难行,也可能导致失去很好的就业机会和成长机会。封闭从来都与落后相连,迎接未来就要打开心胸,开放自己,放眼世界,瞄向未来,以获得实际的能力、能量为重心,多与外界交流,汲取各家之长,融汇各学科精要,加强学习和锻炼。

（5）以责任之心修品　对国家和社会的责任,是青年最不能忽略的品行,以责任之心真诚对待人与事,才能成为国之栋梁。在数据信息无处不在的未来,诚信的记录可随时随地生成,因此大学生应本分做人,把诚信放在首位,用诚实劳动来获得踏实回报,这也是必要的品德修养。未来社会,更强调合作、协作,因此悦己达人才是为人处世之道。

为了提高未来劳动者的整体素质,国家人社部和教育部特别制定了一系列人才培育计划,无论是高职高专院校还是普通高校,都要积极地引领教育资源向人的综合素养、实用劳动能力和现代科学知识拥有方面倾斜,包括良好的职业道德和价值观念的培育。决定一个国家或者组织兴衰的关键在于人、人才,未来劳动世界,更是人才决定胜负的世界。作为未来的劳动者和国家的建设者,你是否已经在观念意识上准备好了？你是否也在思索应该怎样拥有适应未来的知识和能力,才能立于未来劳动世界呢？

同步练习

做第 226 页练习 2.3：机器换人,动了你的岗位吗?

未来已来，你准备好了吗？

在未来时代，也就是人工智能时代，人类的生产方式可能会发生根本变化。人工智能有可能完全取代人类的许多工作，同时，新的替代性的生产性就业工作和岗位可能不足，现在职场上相当大的一部分劳动者有可能完全失去他们现在的工作和岗位。

连世界上非常著名的顶级财经杂志《财富》现在都开始说这样的话了：过去的革命总会创造出新的更好的工作。而自动化革命，则会打破这个模式，所有的工作都会自动化，不再需要人类。

这恐怕就是许多人认为：未来大多数劳动者会完全失业，社会将产生一个庞大的无用阶级的依据。尽管我仍然认为，这种观点从大历史观的角度看，是完全错误的。因为，毕竟人类的劳动在发生重大变化。

我认为，我们现在必须有这样的一种新的基本认识：随着生产力的高度进步，人类劳动正面临新的解放。所有能够被人工智能和智慧机器所完全取代的劳动和工作，它们本来就是不应当由人类从事的。为什么不应当由人类从事？这个道理极其简单：因为只要它们可以由人工智能和智慧机器取代，这样的劳动就一定不是独立性、自主性、创造性的劳动。这种劳动就是异化的，就应当由机器去从事。

那么，人类应当从事的劳动和工作是什么样子的呢？那就是人类所独有的、任何人工智能和智慧机器都不可能模仿或掌握的。

由于迄今为止人工智能和智慧机器的一切活动，都是建立在数码和编程的基础上的，所以，严格地说，人工智能和智慧机器的工作范围，已经被限定在了可数码化和可编程化的领域中。所有可数码化和可编程化的劳动或工作，它们有一个共同特点：它们都是规则性的、规范化的、程序化的。我们把它们叫作规则性劳动，包括规则性体力劳动和规则性智力劳动。这些劳动都可以由人工智能和智慧机器去承担。但是，人类的活动中，除了可数码化、可编程化的那一部分之外，还大量存在不可数码化、不可编程化的另一部分。我们把它们叫作非规则性体力劳动和非规则性智力劳动。由于人类活动的不完备性和人工智能本身的不完备性，决定了两者都有各自的活动领域。

（资料来源：陈宇著，《想象后天》，中国劳动社会保障出版社，2018年，有删改）

【分析】在未来时代、在智能时代，当人类完全不必再从事那些单调的、枯燥的、操作性的、程序性的工作之后，那些充满想象力、充满生命活力、代表人类未来自由生活和自由发展的需求的工作将被大量创造出来。所以，智能时代绝对不可能是创造庞大的无用阶级的时代。智能时代的到来是人类获得真正解放的时代的到来。人从此开始从事真正应该由他从事的工作和劳动,人类从此应该过上人类应该过的生活。

实践项目

做第 256 页项目 2:

工具使用——感受技术进步

阅读导航

[1] 黄继伟编著,《华为工作法》,中国华侨出版社,2016 年版

导读:很多企业家渴望打造一个华为式的公司,希望拥有华为人那样的员工;很多上班族也想要像华为人一样工作,想要像华为人一样做出出色的成绩。那么,华为人究竟是怎样工作的呢?

本书立足于华为公司的实际情况,从华为发展过程中的案例、华为人的经验与任正非本人的言谈出发,着重讲解了华为公司的目标管理、工作执行、工作原则、工作态度等情况,从中提取和整合相关的工作法则、实际的操作方法,然后通过相关理论的解读与分析来进行扩展,从而帮助读者更好地理解和掌握华为人的工作方式以及工作态度,并且使他们从中获取工作的经验。

[2] 陈宇著,《想象后天》,中国劳动社会保障出版社,2018 年版

导读:本书以"四基石"(宇宙、生命、理性、文明)和"五重天"(前天、昨天、今天、明天、后天)作为经纬线,为鸟瞰人类的历史和未来提供了一个全新的顶层框架和宏大视角。在"宇宙创立规则、生命编写故事、规则表达理性、故事演绎文明"的紧密互动中,推演和揭示了人类可预见的未来。在时代巨变和世界转型中,对后天的想象力将决定你明天的格局,决定你通向未来的路径,最终还将决定你在全球文化交融和人类命运共同体的新版图中的位置。但这种想象力不仅来源于你对今天的把握,还来源于你对昨天的记忆和对前天的追思。

[3] 李开复、王咏刚著,《人工智能》,文化发展出版社,2017 年版

导读:人工智能已经来了,而且它就在我们身边,几乎无处不在。我们真的知道什么是人工智能吗?我们真的准备好与人工智能共同发展了吗?我们该如何在心理上将人和机器摆在正确的位置?我们该如何规划人工智能时代的未来生活?

人工智能不仅是一次技术层面的革命,未来它必将与重大的社会经济变革、教育变革、思想变革、文化变革等同步。人工智能可能成为下一次工业革命的核心驱动力,人工智能更有可能成为人类社会全新的一次大发现、大变革、大融合、大发展的开端。

课后评估

扫码做评估 2.2:自测一下对本模块内容的掌握程度

模块三

劳动法规与劳动权益

学习指南

　　按照劳动制度所反映的内容,我们把劳动制度分为三大类,即劳动就业制度、劳动工资制度、劳动保障制度。近些年来,随着《中华人民共和国劳动合同法》(以下简称《劳动合同法》)、《中华人民共和国就业促进法》(以下简称《就业促进法》)、《中华人民共和国劳动争议调解仲裁法》(以下简称《劳动争议调解仲裁法》)、《中华人民共和国社会保险法》(以下简称《社会保险法》)等相继实施,我国逐渐形成了以《中华人民共和国宪法》(以下简称《宪法》)为依据,《中华人民共和国劳动法》(以下简称《劳动法》)为基础,《劳动合同法》《就业促进法》《劳动争议调解仲裁法》《社会保险法》为主干、相关法律法规为配套的劳动保障法律体系。而其中《劳动合同法》与我们的就业息息相关,它以完善劳动合同制度,明确劳动合同双方当事人的权利和义务,保护劳动者的合法权益,构建和发展和谐稳定的劳动关系为目的,值得我们每个人充分理解并学会灵活运用。

　　本模块共分为劳动关系与劳动法规、劳动合同与劳动权益、劳动安全与劳动保护三部分,希望学生们通过学习能够熟悉相关的劳动法律、法规,并能运用法律知识解决劳动关系中的实际问题,明确在劳动关系中自己的权利与义务,切实维护自身的权益,做一个知法、守法、懂法的好公民,也为自己以后进一步走向社会、更加从容地迎接未来正式的职场劳动打下坚实基础。

学习目标

知识:

　　1. 学会运用法律手段应对、解决劳动者在职场中所要面对的相关法律问题

　　2. 了解《劳动法》和《劳动合同法》中保护个人权益的基本内容

　　3. 了解劳动禁忌,识别安全标志

能力：

1. 可完成劳动合同签订并规避各种风险

2. 可识别各类常见的就业陷阱和类推解决职场中劳动争议

3. 能灵活运用疏散逃生的方法实现自救与互救

态度与价值观：

1. 培养学习相关法律法规知识的兴趣和良好的职业道德

2. 借鉴劳动争议处理中的措施从而保护个人权益

3. 增强职场安全意识，积极提升应对能力以便为他人提供帮助

教学建议

1. 首先通过导入案例，让学生对法律对劳动者权益保护，建立感性认识；接着通过课前自测，了解学生对劳动相关法律法规的理性认识程度；在教学环节中，建议运用案例教学法，组织小组讨论，了解劳动合同如何保护个人权益，发生劳动争议如何正确处理，如何增强职场安全意识；最后通过课后自测，掌握学生的学习效果。

2. 实施混合教学模式时，需要引导学生正确地完成平台注册，实现在线自主学习、线下积极参与互动的良好氛围。在共享本课程教学资源的基础上，不断丰富习题库、活动库、案例库的校本内容。

案例导入

法律为劳动保驾护航

高明大四求职中看到 A 企业的招聘启事如下。

招聘公司人力资源管理专员一名，要求：男性，大学本科以上学历，形象良好，身体健康。高明向 A 企业投递了简历，并且经过笔试、面试，最终被录用。在签订劳动合同时，A 企业拟定的合同内容包括：合同期限为 2 年，试用期为 6 个月；工资为每月 5 000 元，试用期工资为 3 000 元；合同期限内高明不能辞职，如果辞职需要向 A 企业支付 20 000 元违约金；A 企业有权根据经营的需要解除劳动合同，并不需要向高明支付经济补偿等。高明觉得合同内容存在问题，但迫于找工作的压力与用人单位签订了劳动合同。在合同签订并履行 3 个月后，A 企业在未告知高明任何理由的情况下与其解除了劳动合同，高明不满意 A 企业的解除行为，决定向法院提起诉讼，但法院以劳动争议必须先提起仲裁为由裁定不予受理。请问：A 企业的哪些做法不符合法律的规定？高明能够通过哪些方式维护自身的权益？

【分析】高明经历了求职、签订劳动合同、履行劳动合同、解除劳动合同、劳动

争议解决等若干环节,几乎涵盖了劳动关系全过程。A 企业的以下做法违反了相关的法律规定:

1. 招聘启事中要求男性,是对女性的歧视,违反《就业促进法》中公平就业的规定。

2. 试用期的约定违法。试用期过长,劳动合同期为 2 年的,试用期不得超过 2 个月;试用期的工资过低,试用期工资不得低于合同工资的 80%。

3. 不能辞职的约定违法。为保障劳动力的自由流动,劳动者享有劳动合同单方解除权。要求高明辞职支付违约金的约定也是违法的,劳动合同法中允许的违约金只发生在违反服务期和竞业限制约定的情形下。

4. 用人单位解除劳动合同违法。用人单位解除劳动合同需要有法定的理由。

高明对用人单位解除劳动合同的行为不满,向法院提起诉讼却被法院不予受理,是由我国的劳动争议处理体制决定的。我国劳动争议处理包括协商、调解、仲裁、诉讼四种方式,其中协商、调解由当事人自由选择,而仲裁是诉讼的法定前置程序,也就是说劳动争议发生后是否协商、调解,当事人可以自由选择,但如果当事人想通过诉讼的方式解决劳动争议,则需要先提起仲裁程序,对仲裁裁决不服再提起诉讼。基于前述 A 企业的违法事实的存在,高明可以通过仲裁、诉讼等方式维护自身的合法权益。

课前评估 ◎

扫码做评估 3.1:自测一下对本模块内容的了解程度

主题一　劳动关系与劳动法规

劳动法律制度是调整劳动关系以及与劳动关系密切联系的其他社会关系的法律规范的总和。

将劳动关系作为法律调整的对象,通过法律制度对劳动关系进行规范的行为是社会化大生产的产物。经过几百年的锤炼与打磨,人类逐渐构建起了比较完整的、规范劳动关系的制度体系。当然,基于各国法律传统、社会现实及政策目标的不同,呈现出了不同的制度设计。就我国而言,形成了包括《宪法》《劳动法》《就业促进法》《工会法》《劳动合同法》《社会保险法》《劳动争议调解仲裁法》《中华人民共和国民事诉讼法》(以下简称《民事诉讼法》)等实体法、程序法在内的用以调整劳动关系、保护劳动者权益的法律制度体系。其中《宪法》作为国家的根本大法,是其他法律制定的依据,是制度体系的顶层设计。其他法律制度是围绕劳动关系的产生、运行、消灭、纠纷解决等各个环节展开调整的,调整的机制是对各主体间的权利义务内容进行规范,明确各主体的法律地位。

> 法律和制度必须跟上人类思想进步。
> ——托马斯·杰弗逊

一、就业促进法律制度

我国就业促进制度的主要法律渊源是《劳动法》及《就业促进法》的规定。《劳动法》第二章内容是促进就业，其提到，国家通过促进经济和社会发展，创造就业条件，扩大就业机会，还规定了反对就业歧视、禁止招用未成年工等内容。2007 年颁布的《就业促进法》专门就促进就业问题进行了系统的规定，设计了政策支持、公平就业、就业服务和管理、职业教育和培训、就业援助、监督检查法律责任等主要内容。

就业促进法律制度的宗旨是为了促进就业，促进经济发展与扩大就业相协调，促进社会和谐稳定。国家把扩大就业放在经济社会发展的突出位置，实施积极的就业政策，坚持劳动者自主择业、市场调节就业、政府促进就业的方针，多渠道扩大就业。劳动者依法享有平等就业和自主择业的权利。劳动者就业，不因民族、种族、性别、宗教信仰等不同而受歧视。国家倡导劳动者树立正确的择业观念，提高就业能力和创业能力；鼓励劳动者自主创业、自谋职业。用人单位依法享有自主用人的权利。工会、共产主义青年团、妇女联合会、残疾人联合会以及其他社会组织，协助人民政府开展促进就业工作，依法维护劳动者的劳动权利。

（一）公平就业

公平就业是就业促进法律制度的重要内容，是人人平等在就业领域的具体体现，为实现公平就业的目标，要注意以下几方面内容：

1. 政府创造公平就业的环境

各级人民政府创造公平就业的环境，消除就业歧视，是公平就业的首要要求，也是基本要求，是法律面前人人平等的具体要求，是一种对人的普遍的关注。此外，政府应当制定政策并采取措施对就业困难人员给予扶持和援助。政府对就业困难人员的扶持与援助是实质公平与实质正义的体现。

2. 用人单位践行公平就业的要求

用人单位招用人员、职业中介机构从事职业中介活动，应当向劳动者提供平等的就业机会和公平的就业条件，不得实施就业歧视。用人单位招用人员是公平就业实践的第一线，所有的制度设计最终都需要落实到用人单位的具体用人情况上来。因此，对用人单位提出的公平用人、避免就业歧视的要求具有重要的意义，也是真正实现公平就业的必然要求。

3. 不同群体的公平就业保障

（1）**妇女的公平就业保障**　国家保障妇女享有与男子平等的劳动权利。用人单位招用人员，除国家规定的不适合妇女的工种或者岗位外，不得以性别为由拒绝录用妇女或者提高对妇女的录用标准。用人单位录用女职工，不得在劳动合同中规定限制女职工结婚、生育的内容。

（2）**各民族劳动者的公平就业保障**　各民族劳动者享有平等的劳动权利。用人单位招用人员，应当依法对少数民族劳动者给予适当照顾。

（3）**残疾人的公平就业保障** 国家保障残疾人的劳动权利。各级人民政府应当对残疾人就业统筹规划，为残疾人创造就业条件。用人单位招用人员，不得歧视残疾人。

（4）**农村劳动者的公平就业保障** 农村劳动者进城就业享有与城镇劳动者平等的劳动权利，不得对农村劳动者进城就业设置歧视性限制。

（二）就业服务和管理

县级以上人民政府培育和完善统一开放、竞争有序的人力资源市场，为劳动者就业提供服务。鼓励社会各方面依法开展就业服务活动，加强对公共就业服务和职业中介服务的指导和监督，逐步完善覆盖城乡的就业服务体系。加强人力资源市场信息网络及相关设施建设，建立健全人力资源市场信息服务体系，完善市场信息发布制度。建立健全公共就业服务体系，设立公共就业服务机构，为劳动者免费提供就业政策法规咨询；发布职业供求信息、市场工资指导价位信息和职业培训信息；提供职业指导和职业介绍等服务。建立失业预警制度，对可能出现的较大规模的失业，实施预防、调节和控制。国家建立劳动力调查统计制度和就业登记、失业登记制度，开展劳动力资源和就业、失业状况调查统计，并公布调查统计结果。

（三）职业教育和培训

国家依法发展职业教育，鼓励开展职业培训，促进劳动者提高职业技能，增强就业能力和创业能力。

县级以上人民政府加强统筹协调，鼓励和支持各类职业院校、职业技能培训机构和用人单位依法开展就业前培训、在职培训、再就业培训和创业培训；鼓励劳动者参加各种形式的培训。国家采取措施建立健全劳动预备制度，县级以上地方人民政府对有就业要求的初高中毕业生实行一定期限的职业教育和培训，使其取得相应的职业资格或者掌握一定的职业技能。地方各级人民政府鼓励和支持开展就业培训，帮助失业人员提高职业技能，增强其就业能力和创业能力。失业人员参加就业培训的，按照有关规定享受政府培训补贴。地方各级人民政府采取有效措施，组织和引导进城就业的农村劳动者参加技能培训，鼓励各类培训机构为进城就业的农村劳动者提供技能培训，增强其就业能力和创业能力。国家对从事涉及公共安全、人身健康、生命财产安全等特殊工种的劳动者，实行职业资格证书制度。

（四）就业援助

各级人民政府建立健全就业援助制度，采取税费减免、贷款贴息、社会保险补贴、岗位补贴等办法，通过公益性岗位安置等途径，对就业困难人员实行优先扶持和重点帮助。政府投资开发的公益性岗位，应当优先安排符合岗位要求的就业困难人员。被安排在公益性岗位工作的，按照国家规定给予岗位补贴。就业困难人员是指因身体状况、技能水平、家庭因素、失去土地等原因难以实现就业，以及连续失业一定时间仍未能实现就业的人员。

各级人民政府采取特别扶助措施，促进残疾人就业。用人单位应当按照国家规定安排残疾人就业。县级以上地方人民政府采取多种就业形式，拓宽公益性岗位范围，开发就业岗位，确保城市有就业需求的家庭至少有一人实现就业。

二、劳动基准法律制度

劳动基准法是有关劳动报酬、劳动条件最低标准的法律规范的总称,是对劳动者最起码的劳动报酬、劳动条件等的保障。劳动基准法包括《劳动法》第4章至第7章的工作时间和休息休假、工资、劳动安全卫生、女职工和未成年工特殊保护等内容。因此,劳动基准法属于劳动法的范畴。除《劳动法》外,我国还颁布了《中华人民共和国职业病防治法》(以下简称《职业病防治法》)《中华人民共和国安全生产法》(以下简称《安全生产法》)《国务院关于职工工作时间的规定》《国务院关于修改〈国务院关于职工工作时间的规定〉的决定》《职工带薪年休假条例》《工资支付暂行规定》《最低工资规定》《女职工劳动保护特别规定》《未成年工保护特别规定》等一系列文件对劳动基准中的相关问题进行规定。所以说劳动基准法是相关规范的总称,其内容由多项具体制度共同构成。

(一)工作时间和休息休假

我国现行制度中对劳动者工作时间和休息休假问题进行规定的主要包括《劳动法》《国务院关于职工工作时间的规定》《国务院关于修改〈国务院关于职工工作时间的规定〉的决定》《职工带薪年休假条例》《全国年节及纪念日放假办法》等法律法规及其他规范性文件。上述文件相互配合,共同构建起有关工作时间、休息休假的制度体系。

1. 工作时间

工作时间指劳动者为履行劳动义务,在法定限度内应当从事劳动或者工作的时间。工作时间是劳动关系中劳动者为用人单位提供劳动的时间,工作时间的长度由法律直接规定或者由集体合同、劳动合同约定而成。延长工作时间指工作时间超出法定正常界限向休息时间的延伸,包括加班、加点两种形式。加班,指职工在法定节假日或周休日进行工作;加点,指职工在标准工作日延长时间进行工作,即提前上班或者推迟下班。

2. 休息休假

我国规定劳动者每周休息两日,用人单位应当保证劳动者每周至少休息一日。

休假是指劳动者带薪休息,是法定的劳动者免于上班劳动并且有工资保障的休息时间。我国法律规定的休假主要包括:

(1)法定节假日 法定节假日是根据国家、民族的传统习俗由法律规定的可以休假的日期。我国法定节假日主要包括元旦、春节、清明节、劳动节、端午节、中秋节、国庆节。此外,还有部分公民可以享受半日休假的妇女节、青年节、儿童节、建军节等。

(2)年休假 年休假是指劳动者每年享有的保留原职和工资的连续休假。机关、团体、企业、事业单位、民办非企业单位、有雇工的个体工商户等单位的职工连续工作1年以上的,享受带薪年休假。职工累计工作已满1年不满10年的,年休假5天;已满10年不满20年的,年休假10天;已满20年的,年休假15天。国家法定休假日、休息日不计入年休假的假期。

除此之外,休假还包括探亲假、女职工产假、职工婚丧假等。

（二）工资

《劳动法》《工资支付暂行规定》《最低工资规定》等文件均属于有关工资问题的法律渊源,为保障劳动者及时、足额获得相应劳动报酬提供了制度支持。

工资,即劳动报酬,指劳动关系中职工因履行劳动义务而获得的由用人单位支付的物质补偿。工资分配应当遵循按劳分配原则,实行同工同酬。工资应当以货币形式按月支付给劳动者本人。不得克扣或者无故拖欠劳动者的工资。国家实行最低工资保障制度。用人单位支付劳动者的工资不得低于当地最低工资标准。

延长工作时间的,用人单位应当按照下列标准支付高于劳动者正常工作时间工资的工资报酬:(1)安排劳动者延长工作时间的,支付不低于工资的150%的工资报酬;(2)休息日安排劳动者工作又不能安排补休的,支付不低于工资的200%的工资报酬;(3)法定休假日安排劳动者工作的,支付不低于工资的300%的工资报酬。

（三）劳动安全卫生

在我国规范劳动安全卫生的法律规范主要包括《劳动法》《职业病防治法》《安全生产法》《企业职工劳动安全卫生教育管理规定》等文件,前述文件从劳动安全制度的总体要求、设施建设维护、用人单位的安全卫生制度建设、劳动者的安全操作等具体要求方面建构起比较完整的劳动安全卫生制度体系,为劳动者的身心健康保驾护航。

用人单位必须建立健全劳动卫生制度,严格执行国家劳动安全卫生规程和标准,对劳动者进行劳动安全卫生教育,防止劳动过程中的事故,减少职业危害。劳动安全卫生设施必须符合国家规定的标准。新建、改建、扩建工程的劳动安全卫生设施必须与主体同时设计、同时施工、同时投入生产和使用。

用人单位必须为劳动者提供符合国家规定的劳动安全卫生条件和必要的劳动防护用品,对从事有职业危害作业的劳动者应当定期进行健康检查。从事特种作业的劳动者必须经过专门培训并取得特种作业资格。劳动者在劳动过程中必须严格遵守安全操作规程。劳动者对用人单位管理人员违章指挥、强令冒险作业,有权拒绝执行;对危害生命安全和身体健康的行为,有权提出批评、检举和控告。

国家建立伤亡和职业病统计报告和处理制度。县级以上各级人民政府劳动行政部门、有关部门和用人单位应当依法对劳动者在劳动过程中发生的伤亡事故和劳动者的职业病状况,进行统计、报告和处理。

（四）女职工和未成年工特殊保护

女职工和未成年工是从生理上处于弱势的群体,因此我国除《劳动法》的相关规定外,还颁布了《女职工劳动保护特别规定》《未成年工特殊保护规定》等文件,对女职工和未成年工的权益进行保护。

国家对女职工和未成年工实行特殊劳动保护。未成年工是指年满十六周岁未满十八周岁的劳动者。

禁止安排女职工从事矿山井下、国家规定的第四级体力劳动强度的劳动和其他禁忌从事的劳动。不得安排女职工在怀孕期间从事国家规定的第三级体力劳动强度的劳动和孕期禁忌从事的劳动。不得安排女职工在经期从事高处、低温、冷水作业和国家规定的第三级体力劳动强度的劳动。对怀孕七个月以上的女职工，不得安排其延长工作时间和夜班劳动。女职工生育享受不少于 98 天的产假。不得安排女职工在哺乳未满一周岁的婴儿期间从事国家规定的第三级体力劳动强度的劳动和哺乳期禁忌从事的其他劳动，不得安排其延长工作时间和夜班劳动。不得安排未成年工从事矿山井下、有毒有害、国家规定的第四级体力劳动强度的劳动和其他禁忌从事的劳动。用人单位应当对未成年工定期进行健康检查。

◎ **同步练习**
做第 228 页练习 3.1: 警惕"过劳死"现象

主题二 劳动合同与劳动权益

　　劳动合同是劳动者与用人单位确立劳动关系，明确双方权利和义务的协议，对劳动者而言，它是保障劳动者权益的有效武器，劳动者一旦与用人单位发生劳动争议，无论是举报投诉还是申请仲裁，没有合同为证都会带来很多麻烦。因此，建立劳动关系时应当订立劳动合同。

一、劳动合同法律制度

　　劳动合同制度是劳动法的基本法律制度，是劳动法的重要组成部分。我国劳动合同制度产生、发展到逐步健全的历程也是我国劳动力市场化实践逐步取得成效的过程。从 20 世纪 80 年代起，以劳动合同形式建立劳动关系的实践已经开始，并且该实践过程始终与国家经济体制改革的脉络相一致，在曲折中不断前行，并最终形成了独特的劳动合同制度。现行《劳动合同法》于 2008 年 1 月 1 日开始实施，是在《劳动法》的基础上对劳动合同问题进行体系化梳理与规范的法律，也是实践中处理劳动合同问题的主要依据。

> 　　法律的制定是为了保证每一个人自由发挥自己的才能，而不是为了束缚他的才能。
> ——罗伯斯庇尔

（一）劳动合同订立

　　劳动合同是劳动者与用人单位确立劳动关系、明确双方权利和义务的协议。建立劳动关系应当订立劳动合同。订立劳动合同，应当遵循合法、公平、平等自愿、协商一致、诚实信用的原则。

（二）劳动合同履行与变更

　　用人单位与劳动者应当按照劳动合同的约定，全面履行各自的义务。用人单位与劳动者协商一致，可以变更劳动合同约定的内容。变更劳动合同，应当采用书面形式。变更后的劳动合同文本由用人单位和劳动者各执一份。

（三）劳动合同解除与终止

　　劳动合同的解除包括三种具体形式：双方协商一致解除，劳动者单方解除，用人单位单方解除。用人单位与劳动者协商一致，可以解除劳动合同。劳动者单方解除劳动合同又可分为劳动者一般解除权的行使和特别解除权的行使。一般解除权是指劳动者提前 30 日以书面形式通知用人单位,可以解除劳动合同。劳动者在试用期内提前三日通知用人单位,可以解除劳动合同特别解除权是在用人单位有未及时足额支付劳动报酬等情形时,劳动者可以解除劳动合同。而用人单位单方解除劳动合同又可分为:过失性辞退、无过失辞退和经济性裁员三种情况。不同的解除情形均产生解除劳动合同的效果,但在用人单位是否应向劳动者支付经济补偿金的问题上存在差异,具体内容将在经济补偿部分进行详述。

延伸学习

解除劳动合同

用人单位解除劳动合同

《劳动合同法》第三十九条　劳动者有下列情形之一的,用人单位可以解除劳动合同:

（一）在试用期间被证明不符合录用条件的;

（二）严重违反用人单位的规章制度的;

（三）严重失职,营私舞弊,给用人单位造成重大损害的;

（四）劳动者同时与其他用人单位建立劳动关系,对完成本单位的工作任务造成严重影响,或者经用人单位提出,拒不改正的;

（五）因本法第二十六条第一款第一项规定的情形致使劳动合同无效的;

（六）被依法追究刑事责任的。

第四十条　有下列情形之一的,用人单位提前三十日以书面形式通知劳动者本人或者额外支付劳动者月工资后,可以解除劳动合同:

（一）劳动者患病或者非因工负伤,在规定的医疗期满后不能从事原工作,也不能从事由用人单位另行安排的工作的;

（二）劳动者不能胜任工作,经过培训或者调整工作岗位,仍不能胜任工作的;

（三）劳动合同订立时所依据的客观情况发生重大变化,致使劳动合同无法履行,经用人单位与劳动者协商,未能就变更劳动合同内容达成协议的。

劳动者解除劳动合同

《劳动合同法》第三十八条　用人单位有下列情形之一的,劳动者可以解除劳动合同:

（一）未按照劳动合同约定提供劳动保护或者劳动条件的;

（二）未及时足额支付劳动报酬的;

（三）未依法为劳动者缴纳社会保险费的;

（四）用人单位的规章制度违反法律、法规的规定,损害劳动者权益的;

（五）因本法第二十六条第一款规定的情形致使劳动合同无效的;

（六）法律、行政法规规定劳动者可以解除劳动合同的其他情形。

用人单位以暴力、威胁或者非法限制人身自由的手段强迫劳动者劳动的,或者用人单位违章指挥、强令冒险作业危及劳动者人身安全的,劳动者可以立即解除劳动合同,不需事先告知用人单位。

【注】

《劳动合同法》第二十六条 下列劳动合同无效或者部分无效:

(一)以欺诈、胁迫的手段或者乘人之危,使对方在违背真实意思的情况下订立或者变更劳动合同的;

(二)用人单位免除自己的法定责任、排除劳动者权利的;

(三)违反法律、行政法规强制性规定的。

对劳动合同的无效或者部分无效有争议的,由劳动争议仲裁机构或者人民法院确认。

(四)特殊劳动合同关系制度

1. 劳务派遣

劳务派遣指派遣单位(用人单位)与劳动者订立劳动合同,并与用工单位订立劳务派遣协议将劳动者派遣到用工单位劳动,劳动过程由用工单位管理,工资和社会保险费等项待遇由用工单位提供给派遣单位,再由派遣单位支付给劳动者,并为劳动者办理社会保险登记和缴费等项事务的用工制度。劳务派遣与一般的劳动关系的不同在于在劳务派遣中有派遣单位、用工单位、劳动者三方主体,因此更为复杂。三方主体的权利义务由派遣单位与劳动者之间的劳动合同及派遣单位与用工单位之间的派遣协议共同进行约定。

劳动合同用工是我国的企业基本用工形式。劳务派遣用工是补充形式,只能在临时性、辅助性或者替代性的工作岗位上实施。临时性工作岗位是指存续时间不超过六个月的岗位;辅助性工作岗位是指为主营业务岗位提供服务的非主营业务岗位;替代性工作岗位是指用工单位的劳动者因脱产学习、休假等原因无法工作的一定期间内,可以由其他劳动者替代工作的岗位。

2. 非全日制用工

非全日制用工,是指以小时计酬为主,劳动者在同一用人单位一般平均每日工作时间不超过 4 小时,每周工作时间累计不超过 24 小时的用工形式。非全日制用工双方当事人可以订立口头协议。

从事非全日制用工的劳动者可以与一个或者一个以上用人单位订立劳动合同;但是,后订立的劳动合同不得影响先订立的劳动合同的履行。非全日制用工双方当事人不得约定试用期。非全日制用工双方当事人任何一方都可以随时通知对方终止用工。终止用工,用人单位不向劳动者支付经济补偿。

在非全日制用工的情况下,小时工资标准由用人单位与非全日制劳动者双方约定,但该计酬标准不得低于用人单位所在地人民政府规定的最低小时工资标准。非全日制用工劳动报酬结算支付周期最长不得超过 15 日。

二、劳动争议处理法律制度

(一)概述

我国劳动争议处理的主要法律依据为《劳动法》《劳动合同法》《劳动争议调

解仲裁法》《民事诉讼法》《劳动人事争议仲裁组织规则》等文件。其中《劳动法》《劳动合同法》为主要的实体法依据，其内容也是解决实体问题的标准；而《劳动争议调解仲裁法》《民事诉讼法》等文件是程序法依据，为不同劳动争议处理方式的具体方式和步骤提供了依据，保障各程序的顺利进行。

劳动争议，是指劳动者与用人单位之间因劳动权利义务而产生的争议，是一种法律争议。劳动争议主要包括以下几类：因确认劳动关系发生的争议；因订立、履行、变更、解除和终止劳动合同发生的争议；因除名、辞退和辞职、离职发生的争议；因工作时间、休息休假、社会保险、福利、培训以及劳动保护发生的争议；因劳动报酬、工伤医疗费、经济补偿或者赔偿金等发生的争议；法律、法规规定的其他劳动争议。

发生劳动争议，劳动者可以与用人单位协商，也可以请工会或者第三方共同与用人单位协商，达成和解协议。当事人不愿协商、协商不成或者达成和解协议后不履行的，可以向调解组织申请调解；不愿调解、调解不成或者达成调解协议后不履行的，可以向劳动争议仲裁委员会申请仲裁；对仲裁裁决不服的，除《劳动争议仲裁法》另有规定的外，可以向人民法院提起诉讼。因此，解决劳动争议有协商、调解、仲裁、诉讼四种方式（图 3-1）。实践中这四种方式均发挥了重要作用。当然，并非每个劳动争议均须经过四种处理方式，其中协商、调解两种途径可由当事人自由选择，但如果当事人欲提起诉讼程序，则必须先提起劳动争议仲裁程序，也就是说，仲裁程序是诉讼程序的法定前置程序。

必经程序

| 协商 | 调解 | 仲裁 | 诉讼 |

图 3-1　劳动争议的处理方式

（二）调解

劳动争议调解，是指劳动争议调解组织对当事人双方自愿申请调解的劳动争议，依据法律规定及当事人间的约定，在查明事实、分清是非的前提下，通过说服、劝导等手段，促使双方当事人达成调解协议的制度。

1. 调解组织

调解组织是开展调解工作的组织机构，调解组织的设立是实现调解解决争议的前提。我国的劳动争议调解组织包括以下几种：（1）企业劳动争议调解委员会；（2）依法设立的基层人民调解组织；（3）在乡镇、街道设立的具有劳动争议调解职能的组织。企业劳动争议调解委员会由职工代表和企业代表组成。职工代表由工会成员担任或者由全体职工推举产生，企业代表由企业负责人指定。企业劳动争议调解委员会主任由工会成员或者双方推举的人员担任。

劳动争议调解组织的调解员应当由公道正派、联系群众、热心调解工作，并具有一定法律知识、政策水平和文化水平的成年公民担任。

2. 调解程序

当事人申请劳动争议调解可以书面申请,也可以口头申请。口头申请的,调解组织应当当场记录申请人基本情况、申请调解的争议事项、理由和时间。调解劳动争议,应当充分听取双方当事人对事实和理由的陈述,耐心疏导,帮助其达成协议。

经调解达成协议的,应当制作调解协议书。调解协议书由双方当事人签名或者盖章,经调解员签名并加盖调解组织印章后生效,对双方当事人具有约束力,当事人应当履行。自劳动争议调解组织收到调解申请之日起 15 日内未达成调解协议的,当事人可以依法申请仲裁。

3. 调解效力

达成调解协议后,一方当事人在协议约定期限内不履行调解协议的,另一方当事人可以依法申请仲裁。

因支付拖欠劳动报酬、工伤医疗费、经济补偿或者赔偿金事项达成调解协议,用人单位在协议约定期限内不履行的,劳动者可以持调解协议书依法向人民法院申请支付令。人民法院应当依法发出支付令。

(三)仲裁

劳动争议仲裁,是指劳动争议仲裁机构对当事人请求仲裁的劳动争议依法居中进行裁决的活动。在我国的劳动争议处理体制中,仲裁是诉讼的法定前置程序,也就是说劳动争议诉讼前必须经过仲裁程序。当然,如果当事人在仲裁后不提起诉讼则仲裁裁决将发生法律效力。

1. 仲裁组织

劳动争议仲裁委员会是依法设立的,经国家授权独立仲裁处理劳动争议案件的专门机构。劳动争议仲裁委员会的设立原则是:统筹规划、合理布局、适应实际需要,且不按行政区划层层设立。具体操作规则是:省、自治区人民政府可以决定在市、县设立;直辖市人民政府可以决定在区、县设立。直辖市、设区的市也可以设立一个或者若干个劳动争议仲裁委员会。

劳动争议仲裁委员会裁决劳动争议案件实行仲裁庭制。仲裁庭由三名仲裁员组成,设首席仲裁员。简单劳动争议案件可以由一名仲裁员独任仲裁。

2. 仲裁程序

劳动争议仲裁委员会负责管辖本区域内发生的劳动争议。劳动争议仲裁公开进行,但当事人协议不公开进行或者涉及国家秘密、商业秘密和个人隐私的除外。

劳动争议申请仲裁的时效期间为一年。仲裁时效期间从当事人知道或者应当知道其权利被侵害之日起计算。申请人申请仲裁应当提交书面仲裁申请,书写仲裁申请确有困难的,可以口头申请,由劳动争议仲裁委员会记入笔录,并告知对方当事人。劳动争议仲裁委员会收到仲裁申请之日起五日内,认为符合受理条件的,应当受理,并通知申请人;认为不符合受理条件的,应当书面通知申请人不予受理,并说明理由。对劳动争议仲裁委员会不予受理或者逾期未作出决定的申请人可以就该劳动争议事项向人民法院提起诉讼。

3. 仲裁效力

劳动争议仲裁裁决的效力有终局效力与非终局效力两种。

所谓终局效力，即仲裁裁决书自作出之日起发生法律效力。我国的劳动争议仲裁裁决是以非终局为原则，以终局为例外。仲裁裁决具有终局效力的情况主要包括：（1）追索劳动报酬、工伤医疗费、经济补偿或者赔偿金，不超过当地月最低工资标准12个月金额的争议；（2）因执行国家的劳动标准在工作时间、休息休假、社会保险等方面发生的争议。需要注意的是对于前述两类裁决仅对于用人单位具有一定的终局效力，而对于劳动者不产生终局效力，劳动者对前述仲裁裁决不服的，可以自收到仲裁裁决书之日起15日内向人民法院提起诉讼。

非终局性裁决即除前述仲裁裁决以外的其他仲裁裁决。当事人对前述终局性裁决以外的其他劳动争议案件的仲裁裁决不服的，可以自收到仲裁裁决书之日起15日内向人民法院提起诉讼；期满不起诉的，裁决书发生法律效力。当事人对发生法律效力的调解书、裁决书，应当依照规定的期限履行。一方当事人逾期不履行的，另一方当事人可以依照民事诉讼法的有关规定向人民法院申请执行。受理申请的人民法院应当依法执行。

（四）诉讼

劳动争议诉讼是法院在劳动争议双方当事人和其他诉讼参与人的参加下，依法审理和判决劳动争议案件的活动。诉讼是劳动争议处理的最后程序，与其他类型的案件一样遵循两审终审的原则。即当事人在收到一审判决书之日起15日内，收到一审裁定书之日起10日内可提出上诉请求，当事人一旦上诉即提起二审程序，二审法院的判决、裁定是终审的判决、裁定，具有终局性。

1. 仲裁与起诉

劳动争议仲裁是诉讼的法定前置程序，因此，在诉讼前必须经过仲裁程序。劳动争议当事人对仲裁裁决不服的，可以自收到仲裁裁决书之日起15日内向人民法院提起诉讼。超过15日不起诉的，则裁决书发生法律效力。一方当事人在法定期限内不起诉又不履行仲裁裁决的，另一方当事人可以申请人民法院强制执行。仲裁以当事人撤回申诉或达成调解协议而结案的，当事人无权起诉。当事人对仲裁委员会作出的仲裁裁决的部分事项不服，依法向法院起诉的，仲裁裁决不发生法律效力。仲裁裁决是针对多个劳动者的劳动争议作出的，其中部分劳动者对仲裁裁决不服提起了诉讼，则仲裁裁决对提起诉讼的劳动者不发生法律效力，对未提起诉讼的劳动者发生法律效力。

2. 诉讼结局

诉讼作为仲裁的后续程序，原则上一旦当事人对仲裁裁决不服向法院起诉，则仲裁裁决处于未生效状态。但最终的结果根据诉讼程序的进展情况分为以下几种：（1）诉讼程序以当事人申请撤诉结案，则仲裁裁决在法定期限（也就是作出后的15日）届满后生效；（2）诉讼程序以调解或者判决结案，则仲裁裁决不生效，最终具有法律效力的是法院生效的调解书或判决书。

三、社会保障制度

劳动保障制度是劳动制度的一个重要组成部分,它是国家根据有关法律规定,通过国民收入分配和再分配的形式,对劳动者因年老疾病、伤残和失业等而出现困难时向其提供物质帮助以保障其基本生活的一系列制度。劳动保障制度的主要功能是保证劳动者的职业安全,从而保证劳动者及其家庭生活稳定,保证社会安定,保证整个社会经济发展和社会进步。劳动保障制度所涉及的内容非常广泛,职工的生育保障、疾病保障、失业保障、伤残保障、退休保障、死亡保障等都是劳动保障制度的内容,其中失业保障制度和退休保障制度是劳动保障制度中两项最主要的制度。

作为社会保障体系的有机组成部分,"五险一金"到底是什么,它对于即将进入劳动力市场的大学生又有何意义呢?

(一)劳动者为什么需要社会保障

社会保障是以社会保险、社会救助、社会福利为基础,以基本养老、基本医疗、最低生活保障制度为重点,以慈善事业、商业保险为补充,是保障人民生活、调节收入分配的一项基本制度。

中国的社会保障体系是一个包含了社会救助、社会保险、社会福利、优抚安置四大法定保障体系以及慈善事业、商业保险等保障机制在内的庞大制度体系。其中,社会保险、社会救助、社会福利是该体系的基础;分别覆盖城镇职工和城市居民两大主要群体的基本养老保险基本医疗保险制度,以及最低生活保障制度为该体系的重点;慈善事业、商业保险为该体系的补充。

纵观社会救助、社会保险和社会福利三大体系,与劳动者关系最密切的是社会保险中的五大险种以及住房公积金制度(以下简称"五险一金"),它们主要覆盖那些与用人单位建立了正式劳动关系的劳动者。与此同时,灵活就业者、自我雇佣者等群体,也可以以自愿的形式加入城镇职工基本养老保险和城镇职工基本医疗保险。"五险一金"与劳动关系有着高度的关联性。

(二)"五险一金"概述

对于多数劳动者而言,在领取工资时会发现,每月的实发工资和应发工资有个较大的差额,感觉工资好像缩了水。其实,单位在发放劳动者的工资时,不仅会依法代扣代缴个人应该缴纳的个人所得税,还会依法扣除"五险一金"的费用。一些待遇较好的单位,除"五险一金"外,还给职工建立企业年金、补充医疗保险等,使"五险一金"变为"六险二金"(表3-1)。

表3-1 以"五险一金"为核心的职工社会保障体系

制度性质	强制性						非强制性	
制度类别	职工基本养老保险	职工基本医疗保险	失业保险	工伤保险	生育保险	住房公积金	企业年金	补充医疗保险
筹资	劳资双方			用人单位		劳资双方	自定	

"五险一金"是用人单位给予劳动者的若干种保障性待遇的统称，"五险"包括职工基本养老保险、职工基本医疗保险、失业保险、工伤保险、生育保险，"一金"是指住房公积金。"五险一金"构成了与劳动者关系最密切的社会保障项目，它们与社会救助、社会福利以及其他补充性保障项目共同构成了中国特色的社会保障体系。

这里要注意的是，"五险"的法律依据是《社会保险法》，强制性明显，"一金"是以《住房公积金管理条例》作为依据，其强制性相对较弱。此外，2017 年，部分试点地区将合并生育保险和职工基本医疗保险，产检费用将和普通医疗费用一同报销。2018 年 12 月 29 日，《社会保险法》进行了修改，医疗保险和生育保险合并实施，但生育保险仍然作为一个单独险种存在。合并实施后，生育保险待遇包括生育医疗费用和生育津贴，所需资金从职工基本医疗保险基金中支付，生育津贴支付期限按照《女职工劳动保护特别规定》等法律法规规定的产假期限执行。

"五险一金"与劳动者权益密切相关，为劳动者提供了最基本的生活保障和住房保障，能够使劳动者共享社会发展成果，促进社会和谐稳定，其主要用途如下（表 3-2）。

表 3-2 "五险一金"的主要用途

类别	制度项目	基础用途	派生用途
五险	职工基本养老保险	① 退休后领取养老金 ② 参保个人因病或非因工致残、死亡时的病残津贴、丧葬补助费和抚恤金	买房、买车、子女上学、落户、商业贷款
	职工基本医疗保险	① 符合国家规定的医疗费用报销 ② 退休后享受医保待遇	
	工伤保险	工伤保险待遇（如工伤职工的治疗费用、生活护理费、工亡补偿金等），劳动能力鉴定，工伤预防的宣传、培训等	
	失业保险	失业后领取失业保险金、职业培训职业介绍补贴等	
	生育保险	① 产假（98 天）生育保险 ② 生育医疗费用、生育津贴	
一金	住房公积金	买房、装修、租房都可以提取公积金	公积金贷款

— 延伸学习 —

工 伤

工伤——指职工在工作过程中因工作原因受到事故伤害或者患职业病。根据《工伤保险条例》第十四条的规定，职工有下列情形之一的，应当认定为工伤：

（1）在工作时间和工作场所内，因工作原因受到事故伤害的；（2）工作时间前后在工作场所内，从事与工作有关的预备性或者收尾性工作受到事故伤害的；（3）在工作时间和工作场所内，因履行工作职责受到暴力等意外伤害的；（4）患职业病的；（5）因工外出期间，由于工作原因受到伤害或者发生事故下落不明的；（6）在上下班途中，受到非本人主要责任的交通事故或者城市轨道交通、客运轮渡、火车事故伤害的；（7）法律、行政法规规定应当认定为工伤的其他情形。

同时，根据《工伤保险条例》第十五条的规定，职工有下列情形之一的，视同工伤：（1）在工作时间和工作岗位，突发疾病死亡或者在48小时之内经抢救无效死亡的；（2）在抢险救灾等维护国家利益、公共利益活动中受到伤害的；（3）职工原在军队服役，因战、因公负伤致残，已取得革命伤残军人证，到用人单位后旧伤复发的。

工伤认定也有排除性规定，即职工因下列情形之一导致本人在工作中伤亡的，不认定为工伤：（1）故意犯罪；（2）醉酒或者吸毒；（3）自残或者自杀；（4）法律、行政法规规定的其他情形。

同步练习
做第 229 页练习 3.2：劳动合同中的竞业禁止

主题三　劳动安全与劳动保护

劳动安全，又称职业安全，是劳动者享有的在职业劳动中人身安全获得保障、免受职业伤害的权利。通常是指在生产劳动过程中，防止发生中毒、车祸、触电、塌陷、爆炸、火灾、坠落、机械外伤等危及劳动者人身安全的事故。

生产劳动是人类社会生存和发展的基础，也是现代社会人们实现自身价值的基本途径。但是，任何生产劳动都会产生劳动安全问题，一旦疏于防范，就会发生安全事故，造成人员伤害和财产损失。因此，每个劳动者和将要成为劳动者的人都应该掌握一些必要的劳动安全知识和技能，以防患于未然。

> 没有无义务的权利，也没有无权利的义务。
> ——马克思

一、劳动安全概述

案例分析

2018年12月2日，北京市某区发生一起塔吊倾覆事故。总包单位河北某集团股份有限公司发包，北京某建设劳务有限公司承接劳务分包，租赁北京某建筑机械租赁有限公司塔吊。劳务人员在使用塔吊时，由于吊运钢筋超过额定载荷，信号工违章指挥塔吊，吊装超载作业；塔吊司机违反"十不吊"原则斜拉斜拽，塔吊力矩限制器失效，引起了塔吊的倾覆，造成1名塔吊司机死亡。

【分析】案例中，违章作业是事故的直接原因，具体包括：吊运钢筋超过额定载荷，信号工违章指挥塔吊，吊装超载作业；塔吊司机违反"十不吊"原则斜拉斜拽；2名工人不具备司索工特种作业资格；施工作业未按照规定对起重机信号工和司索工进行安全技术交底；未按照规定进行检查，未做好塔吊日常维护保养，塔吊力矩限制器失效。

微课：
劳动安全

（一）常用劳动安全制度

劳动者在生产生活过程中，应了解掌握法律法规赋予的权利、规定的义务，确保劳动过程的人身和财产安全。

《宪法》第四十二条规定，中华人民共和国公民有劳动的权利和义务。国家通过各种途径，创造劳动就业条件，加强劳动保护，改善劳动条件，并在发展生产的基础上，提高劳动报酬和福利待遇。国家对就业前的公民进行必要的劳动就业训练。

《劳动法》第五十六条规定，劳动者在劳动过程中必须严格遵守安全操作规程。劳动者对用人单位管理人员违章指挥、强令冒险作业，有权拒绝执行；对危害生命安全和身体健康的行为有权提出批评、检举和控告。

《安全生产法》第二十五条规定，生产经营单位应当对从业人员进行安全生产教育和培训，保证从业人员具备必要的安全生产知识，熟悉有关的安全生产规章制度和安全操作规程，掌握本岗位的安全操作技能，了解事故应急处理措施，知悉自身在安全生产方面的权利和义务。未经安全生产教育和培训合格的从业人员，不得上岗作业。

《职业病防治法》规定，职业病防治工作坚持预防为主、防治结合的方针，实行分类管理、综合治理。劳动者享有的七项职业卫生保护权利是：获得职业卫生教育、培训；获得职业健康检查、职业病诊疗、康复等职业病防治服务；了解工作场所产生或者可能产生的职业病危害因素、危害后果和应当采取的职业病防护措施；要求用人单位提供符合防治职业病要求的职业病防护设施和个人使用的职业病防护用品，改善工作条件；对违反职业病防治法律、法规以及危及生命健康的行为提出批评、检举和控告；拒绝违章指挥和强令进行没有职业病防护措施的作业；参与用人单位职业卫生工作的民主管理,对职业病防治工作提出意见和建议。

根据上述有关法律,劳动者享有的权利包括:参加劳动,了解工作场所和工作岗位存在的危险因素、防范措施及事故应急措施的权利;拒绝违章作业,检举违章指挥的权利;发现直接危及人身安全的紧急情况时,有权停止作业或者在采取可能的应急措施后撤离工作场所的权利,以及获得卫生保护的各项权利。劳动者应熟悉掌握法律法规赋予的权利,确保劳动过程中的人身安全。

(二) 劳动安全

案例分析   岗前培训

某啤酒厂新招聘一名女工,第一天人力资源面试合格后,让班组长对她进行培训。班组长告诉她,明天的工作将需要使用一台洗瓶机,就是清洗啤酒瓶的机械设备。首先是把啤酒瓶子摆到设备上面,合上电闸,启动设备,15分钟之后停止。班长问女职工会了吗?女职工表示会了,于是去领工作服。女工本应该穿165 cm尺寸的工作服,结果错拿了一套180 cm的工作服。第二天上岗的时候,女工碍于面子,不好意思去换工作服,就把工作服穿上。衣服很肥大,裤袖都比较长。由于前一天的维修工在维修过程中发现设备的六角螺栓丢失了,就用8号铅丝代替了六角螺栓,留下了一个安全隐患。女工在操作过程中,刀具旋转,正好把她的裤脚缠住,由于没有应急方面的知识经验和能力,女工顺手推设备,结果设备一转,就把女工拉成倒立。由于衣帽偏大,女工倒立后帽子直接脱落,自然下垂的头发随着旋转的刀具进入到设备的内部,瞬间女工也被卷入设备,造成安全事故。

【分析】该事故中,工厂安全教育、岗前培训不到位,职工安全意识差,安全防护用品佩戴不正确,安全规章制度及安全操作规程不清晰,且没有得到有效落实。以上种种共同导致了悲剧的发生。

安全生产工作的目的是防止和减少生产安全事故,保障人民群众生命和财产安全,促进经济社会持续健康发展。劳动者应熟悉掌握法律法规赋予的权利、规定的义务,确保劳动过程中的人身和财产安全。

劳动者在作业过程或生产生活过程中可能会遇到各种各样的事故,为确保劳动者的安全,需了解和掌握事故类型、预防措施及有关职业健康的知识。

二、劳动安全常识

生产安全事故是指生产经营活动中发生的造成人身伤亡或者直接经济损失的事件。职业健康是防止职业病发生,对工作场所内产生或存在的职业性有害因素及其健康损害进行识别、评估、预测和控制的一门科学。为预防事故发生,确保劳动安全,劳动者应强化安全意识,掌握安全防护措施,防微杜渐,警钟长鸣。

（一）安全应急逃生

🔲 案例分析

2013 年 10 月 11 日，北京市某购物中心麦当劳餐厅甜品操作间内的一个电动自行车蓄电池在充电过程中发生电气故障，出现火情，不到 2 分钟，整个餐厅已被浓烟笼罩。麦当劳餐厅店长和员工自顾逃命，消防中控室值班人员两次对警报消音后继续玩游戏。导致大火持续了 8 个多小时，过火面积超过3 800 平方米，火灾直接财产损失估算值为人民币 1 308.42 万元，灭火过程中2 名消防警官牺牲。

【分析】该事故中，电动车充电故障引发火情后，麦当劳餐厅店长和员工未采取灭火应急处置措施，自顾逃命；购物中心中控值班人员无安全意识，未予报警；相关负责人履行安全责任缺失，导致人员死亡及大量财产损失。

凡事预则立，不预则废。有效的应急系统和应急预案，可以把事故损失从100% 降低到 6%。因此，劳动者掌握必要的安全应急管理知识和逃生手段，对于事故发生后最大限度地减少人员伤亡和事故的损失，具有非常重要的意义。

1. 应急逃生

火灾是最为常见的事故类型之一，火灾中，很多遇难者并非被烧死，而是因有毒的烟气窒息而身亡。因此，应配备必要的防毒面具和防毒口罩。火灾发生的初期，要利用一切有效时间灭火，劳动者应学会正确使用灭火器、消火栓和喷淋系统等消防器材与装置，积极参与火灾事故应急培训和演练，提高应急方面的能力。

2. 事故应急管理

事故应急管理包括 4 个过程，即预防、准备、响应和恢复。

（1）预防 在应急管理中预防有两层含义，一是事故的预防工作，即通过安全管理和安全技术等手段，尽可能地防止事故的发生，实现本质安全；二是在假定事故发生的前提下，通过采取的预防措施，来降低或减缓事故的影响或事故后果严重程度，如加大建筑物的安全距离、减少危险物品的存量、设置防护墙以及开展公众教育等。从长远来看，低成本高效率的预防措施是减少事故损失的关键。

（2）准备 应急准备是应急管理过程中一个极其关键的过程，它是针对可能发生的事故，为迅速有效地开展应急行动而预先所做的各种准备，包括应急机构的设立和职责的落实、预案的编制、应急队伍的建设、应急设备（施）及物资的准备和维护、预案的演习、与外部应急力量的衔接等，其目的是保持重大事故应急救援所需的应急能力。对劳动者来说，开展应急培训教育和演练，提升应急技能，正确使用应急救援器材，都是应急准备工作需要关注的重点。

（3）响应　应急响应是在事故发生后立即采取的应急与救援行动。包括事故的报警与通报、人员的紧急疏散、急救与医疗、消防和工程抢险措施、信息收集与应急决策和外部求援等，其目标是尽可能地抢救受害人员、保护可能受威胁的人群，并尽可能控制并消除事故。劳动者应能够正确开展自救和互救，知道如何正确报警。比如，火警电话 119，维护治安、服务群众的报警电话 110，安全生产举报投诉特服电话 12350，医疗救助电话 120。正确地逃生和疏散也是应急响应中所必备的能力，例如，发生液氯、液氨或者煤气泄漏事故时，劳动者应切断电源，关闭阀门，戴上防毒面具和防毒口罩，站到上风向，进行堵漏。如果堵漏失败，要沿主导风向的上风向进行逃生。

（4）恢复　恢复工作应在事故发生后立即进行，首先使事故影响区域恢复到相对安全的基本状态，然后逐步恢复到正常状态。要求立即进行的恢复工作包括事故损失评估、原因调查、清理废墟等，在短期恢复中应注意的是避免出现新的紧急情况。长期恢复包括厂区重建和受影响区域的重新规划和发展。在长期恢复工作中，应汲取事故和应急救援的经验教训，开展进一步的预防工作和减灾行动。

（二）劳动安全事故责任

🔲 案例分析

某纸业有限责任公司进行生产前的检修清理工作时，1 名工人发现纸浆池内有垃圾，在清理过程中跌落池中，8 名工友发现该情况后，相继进场施救，因有毒气体浓度过高而坠池。事故造成 7 人死亡，2 人受伤。

【分析】该企业纸浆池残余纸浆沉淀，日久发酵凝固，产生硫化氢和甲烷两种有毒气体，且两者浓度均远超标准值，致毒性强，导致中毒事故。

事故企业法人代表被公安机关实施刑事拘留。对涉嫌失职、渎职的地方党委委员、安监站长、安全专干立案调查；对事故当地党委书记、镇长、应急局副局长、工信局副局长、环保局工会主席免职。

前车之鉴，后事之师。事故发生，留下经验教训的同时，需要认真仔细地分析事故的原因。只有分析事故的原因，才能对症下药，预防同类事故再次发生。事故的原因主要有直接原因和间接原因两种。

1. 事故的直接原因

事故的直接原因是指直接加害于受害人的因素。由于事故现场包含着来自人和物两方面的种种隐患，因而事故的直接原因通常是指直接导致伤亡事故的人的不安全行为或机械、物质的不安全状态。人的不安全行为、机械或物质的不安全状态主要表现如下：

人的不安全行为的产生与人的心理、生理、技术及生产环境密切相关，常表现为：操作错误、忽视安全、忽视警告；造成安全装置失效；使用不安全设备；用手代替工具操作,成品、半成品、材料、工具等物体存放不当;冒险进入危险场所;攀、坐不安全位置;在起吊物下作业或停留:机器运转时做加油、修理、检查、调整、焊接、清扫等工作;有分散注意力的行为;在必须使用个人防护用品、用具的作业或场合中忽视使用;不安全装束;对易燃易爆等危险物品处理错误。

机械或物质的不安全状态常表现为:防护、保险、信号等装置缺少或有缺陷;设备、设施、工具、附件有缺陷;个人防护用品、用具缺少或有缺陷;生产(施工)场地环境不良等。

人的不安全行为和机械、物质的不安全状态有时是相互关联的。人的不安全行为可以造成物的不安全状态,而物的不安全状态又会在客观上促成人产生不安全行为的环境条件。因此,迅速、准确地调查人的不安全行为或物的不安全状态并判明二者间的关系,是分析事故原因及确定事故责任的重要方面。

2. 事故的间接原因

事故的间接原因,是指直接原因得以产生和存在的原因。包括:技术和设计上有缺陷,如工业构件、建筑物、机械设备、仪器仪表、工艺过程、操作方法、检修检验等的设计施工和材料使用等方面存在问题;教育培训不够,未经培训,缺乏或不懂安全操作技术知识;劳动组织不合理;对现场工作缺乏检查或指导错误;没有安全操作规程或规程不健全;没有或不认真实施施工预防措施,对施工隐患整改不力等。

事故的间接原因是事故的本质原因所在。只有针对事故的本质原因制定防范措施,才能最有效、最彻底地达到预防同类事故重现的目的。因此,在进行事故分析时,不应只就直接原因做头痛医头、脚痛医脚的表面文章,而应从直接原因入手,追究事故的间接原因及本质原因。

3. 事故责任

据统计,90%以上的事故都是责任事故,在分析事故原因的同时,还应分析事故的责任,目的在于划清责任,做出适当处理,使劳动者从中吸取教训,改进工作。

对于事故的责任划分,通常有直接责任、领导责任等。

(1)因下列情形之一造成工伤事故的,应追究直接责任:

① 违章操作;

② 违章指挥;

③ 玩忽职守,违反安全责任制和劳动纪律;

④ 擅自拆除、毁坏、挪用安全装置和设备

(2)有下列情形之一的,应当追究事故单位领导者的责任:

① 未按规定对职工进行安全教育和技术培训;

② 设备超过检修期限或超负荷运行,或设备有缺陷;

③ 没有安全操作规程或规章制度不健全;

④ 作业环境不安全或安全装置不齐全;

⑤ 违反职业禁忌证的有关规定;

⑥ 设计有错误,或在施工中违反设计规定和削减安全卫生设施;

⑦ 对已发现的隐患未采取有效的防护措施,或在事故后仍未采取防护措施,致使同类事故重复发生。

党政同责,一岗双责,失职追责。事前揽责,事后无责;事前推责,事后有责。行政处罚包括警告、降级、撤职、开除等行政处分,严重的依照刑法,追究刑事责任。生产经营单位的主要负责人受刑事处罚或者撤职处分的,自刑罚执行完毕或者受处分之日起,五年内不得担任任何生产经营单位的主要负责人;对重大、特别重大生产安全事故负有责任的,终身不得担任本行业生产经营单位的主要负责人。

（3）对有下列情形之一的事故责任者或其他有关人员,应从重处罚:

① 利用职权对事故隐瞒不报、谎报、虚报或者故意拖延不报的;

② 故意毁灭、伪造证据,伪造、破坏事故现场,干扰事故调查或嫁祸于人的,无正当理由拒绝接受调查以及拒绝提供有关情况资料的;

③ 事故发生后,不积极组织抢救或指挥抢救不力,造成更大伤亡的;

④ 接到《事故隐患整改意见书》后,逾期不消除隐患而发生伤亡事故的;

⑤ 屡次不服从管理、违反规章制度或者强令职工冒险作业的;

⑥ 对批评、制止违章行为和如实反映事故情况的人员进行打击报复的;

⑦ 故意拖延事故调查处理,不按时结案的。

三、劳动保护

劳动保护是国家和单位为保护劳动者在劳动生产过程中的安全和健康所采取的立法、组织和技术措施的总称。它是指根据国家法律、法规,依靠技术进步和科学管理,采取组织措施和技术措施,消除危及人身安全与健康的不良条件和行为,防止事故和职业病的发生,以保护劳动者在劳动过程中的安全与健康。

（一）职业健康

器 案例分析 | 职业危害

某市某公司从事工艺包装盒、塑料制品、木制工艺品制造、加工,使用的胶水黏合剂中存在苯、甲苯、二甲苯等职业病危害因素,未向卫生行政部门申报产生职业危害的项目。对于接触职业病危害因素的职工,该公司未按规定为其配备符合职业病防护要求的个人防护用品,仅提供了普通的纱布口罩。该市疾控中心于2003年3月对该公司车间空气中的职业危害因素进行了检测,发现苯、甲苯等物质的浓度不符合国家职业卫生标准。2004年3月2日,该市卫生局接到疾病预防控制中心"关于王某某等人职业病诊断的报告",公司5名职工被诊断为苯中毒。

【分析】案例中,该公司对职业病防治和职业健康工作重视不够,职业卫生管理组织、制度不完善。在当地疾控中心对该公司车间空气进行检测,发现苯、甲苯等的浓度不符合国家职业卫生标准要求后,公司负责人对这一情况仍未予以足够重视,未采取有效措施确保车间内职业病危害因素苯、甲苯浓度符合国家职业卫生标准,未按规定为生产工人配备有效的个人防护用品。在健康监护方面,该公司未按规定对工人进行职业卫生知识培训和职业健康检查,未建立职业卫生健康监护档案,虽然组织职工进行了在岗期间的职业健康检查,但新职工未进行上岗前体检。

职业病是企业、事业单位和个体经济组织(统称用人单位)的劳动者在职业活动中,因接触粉尘、放射性物质和其他有毒、有害物质等职业病危害因素而引起的疾病。职业病主要包括尘肺病、噪声聋、中暑、一氧化碳中毒、苯引起的白血病、甲醛中毒等共 132 种。

职业健康是防止职业病发生,对工作场所内产生或存在的职业性有害因素及其健康损害进行识别、评估、预测和控制的一门科学,其目的是预防和保护劳动者免受职业性有害因素所致的健康影响和危险,使工作适应劳动者,促进和保障劳动者在职业活动中的身心健康和社会福利。

(二)女性劳动保护

我国参加社会生产劳动的女性人数逐渐增多,几乎涉及各个行业领域,女性劳动者已成为社会主义建设的不可缺少的力量。为保护女职工的合法权益和身体健康,减少和解决女职工在劳动中因生理特点造成的特殊困难,创造积极、健康、和谐的社会经济环境,我国对女职工实行特殊劳动保护制度。女职工的劳动保护的具体范围可以查阅《女职工劳动保护特别规定》。

(三)心理健康防护

从劳动心理学角度分析,劳动者心理健康问题是由来自不同方向的多种情况的压力源共同作用造成的,其中既有客观环境造成的压力,也有主体认知失调、情绪障碍等主观因素,概括起来主要有职业压力、社会压力、个体压力和人际关系四个方面。出现心理健康问题会导致各种各样的情绪和行为问题,一些极端的情绪和行为问题会极大地损害我们的健康,应该妥善处理。心理活动的失衡,会出现忧虑、紧张、抑郁、烦躁、消极、敏感、多疑、易怒、自卑、自责等不良情绪。其症状表现为表面上强打精神,但内心却充满困惑和痛苦、无奈和彷徨,继而对工作丧失兴趣,产生厌倦感,甚至产生轻生念头。所以我们要找到正确的渠道去消除心理上的压力,保持一个健康的心理状态。

(1)积极参加单位组织的心理培训 目前,企事业单位都十分重视对劳动者的心理健康指导,经常会组织一些心理讲座和心理拓展活动,来增强劳动者的心理抗压性和适应性,让劳动者能够尽快适应工作岗位所带来的职业压力,通过培训也可以让劳动者充满自信,迎接职业挑战。实践证明,有针对性的心理教育和训练,可以增强劳动者的意志力、自信心、抗挫折能力和自控能力。作为劳动者,要积极参加单位在不同阶段组织的心理健康培训,以提高自身的岗位适应能力和心理健康承受水平。

（2）做好自我心理调节疏导　在平时的工作中，要注意劳逸结合，合理安排好工作和休息。在遇到心理健康问题时，不将负面情绪进行放大。从心理学的角度而言，恐慌和焦虑是一种自我保护的行为，不应压抑、否定和排斥，应正面接受问题，同时寻找一些宣泄渠道，如可以向朋友或家人去倾诉、表达自己真实的情感。如果还不能缓解内心的焦虑，则可以寻求专业的心理健康医生进行疏导。

同步练习

做第 230 页练习 3.3：该不该付医疗费和伤残抚恤金？

拓展案例

多次约定试用期

2018 年 1 月，许某被北京一家外商投资企业录用，主要从事企业产品销售工作。许某上班后企业就与他签订了 1 年期的劳动合同，并约定了 2 个月的试用期，每月的劳动报酬是 5 000 元，另外根据许某的销售业绩予以提成。双方合同约满后，企业认为许某不适应从事销售工作，调整其工作岗位为仓库发货员，并与其续签了 1 年的劳动合同，且又约定了 2 个月的试用期。第二次试用期期间，许某收到了企业解除劳动合同通知书，原因是许某在试用期内几次犯错。许某感到很突然，要求企业给个说法，但企业不予理会。于是，许某只能将企业告到劳动仲裁，要求企业支付违法解除劳动合同的经济补偿金两倍的赔偿金。仲裁委员会依法予以受理。

【分析】无论是劳动合同的续订、劳动者离职后的再次招用，还是劳动者岗位发生变更，均不能成为用人单位与劳动者再次约定试用期的理由。因劳动合同法有规定，同一用人单位与同一劳动者在签订劳动合同时不能两次约定试用期。聘用许某的公司擅自约定两次试用期，并以试用期表现不符合录用条件为由单方面与许某解除劳动合同属于违法解除劳动合同，所以按照劳动合同法的有关规定，该企业应该支付许某经济补偿标准两倍的赔偿金。

实践项目

做第 258 页项目 3：
环境保护——坚持从我做起

阅读导航

[1] 黄卫伟编，《以客户为中心》，中信出版社，2016 年版

导读：企业的长期战略本质上是围绕怎么成为行业领导者、怎么做行业领导者展开的。华为从成立至今、二十几年来坚持以客户为中心，聚焦核心，不为其他利益诱惑所动，力出一孔、利出一孔，长期艰苦奋斗，终于进入了世界信息与通信技

术产业领先企业的行列。

本书是《以奋斗者为本：华为公司人力资源管理纲要》一书的续集，将从业务管理方面，揭示这一成长历程所遵循的理念、战略与机制。怎么成长为一家世界级的高科技企业？怎么管理一家世界级的高科技企业？怎么不断为客户创造价值使企业长期有效增长？这是摆在中国高科技企业面前的重要课题。本书的出版，将使读者了解华为是怎样一一应对挑战的，将有助于社会各界认识一个真实的华为。

［2］［美］泰勒·本－沙哈尔著，《幸福的方法》，中信出版社，2013 年版

导读：今天，从西方到东方，在物质极大丰富的同时，许多人却精神迷失，"郁闷"成了很多人的口头禅。你想学会获得幸福的方法吗？哈佛大学"最受欢迎的导师"泰勒·本－沙哈尔博士用充满智慧的语言、科学实证的方法、自助成功的案例和巧妙创新的编排，让你现在就能把积极心理学应用到日常生活之中。当你开始用开放的心态阅读这本书时，你就会感到人生更充实，身心更统一，当然，你就会更幸福。本书用积极心理学的最新科学研究成果和传统智慧精华，教给你提升幸福指数和获得持久满足感的方法！幸福，是可以通过学习和练习获得的。读这本书，并按书中的方法去思考和坚持练习，你便开始踏上了获得持久快乐、幸福和满足感的旅程。

［3］宋三弦等著，《我为什么不要应届毕业生》，重庆出版社，2005 年版

导读：中国就业形势面临一个最严峻的危机，大学生就业市场寒流暗涌。在各类人才招聘会上以及各网站上挂着的招聘通告栏里，近 80% 的职位只针对有工作经验者，而求职者却有 60% 是应届大学毕业生。有的用人单位旗帜鲜明——"应届毕业生免谈"。应届毕业生到底怎么了？用人单位选不到优秀学生可以选择不招，可大学生不能不就业。大学生到底被谁抛弃？本书为大学生一线招聘人员的口述实录，点评大学生就业失败个案，力图揭示"我为什么不要应届毕业生"这一社会现象的因由。

课后评估

扫码做评估 3.2：自测一下对本模块内容的掌握程度

第二篇

———

劳动实践体验

模块四

家庭劳动实践

教育部印发的《大中小学劳动教育指导纲要（试行）》明确指出,劳动教育的内容主要包括日常生活劳动教育、生产劳动教育和服务性劳动教育三个方面。其中,日常生活劳动教育要让学生立足个人生活事务处理,培养良好生活习惯和卫生习惯,树立自立自强意识;生产劳动教育要让学生体验工农业生产创造物质财富的过程,增强产品质量意识,体会平凡劳动中的伟大;服务性劳动教育要注重让学生利用所学知识技能,服务他人和社会,强化社会责任感。

家庭劳动实践模块主要包括自我服务劳动、日常家务劳动、品质生活劳动三个主题。家庭劳动也创造生活价值,使家庭生活更为便捷、舒适、整洁、温馨、美好。家庭劳动可以让我们更真切地理解家人的辛劳,增进与家人的感情。通过学习和实践掌握各项劳动的方法,可以进一步提升个人自我服务能力和为家人服务能力,养成热爱劳动的习惯,形成独立自主意识,为个人步入社会打下良好基础。

学习目标

知识:

1. 了解自我服务劳动包括的技能和家庭劳动意识建立的意义

2. 可归纳家庭保洁、家庭营养膳食制作应具备的基础知识

3. 可概述家庭照护和护理、茶艺、园艺应具备的基础知识

能力:

1. 学会科学制定提升自我服务劳动能力的途径和方法

2. 可独立完成家庭日常保洁和家常菜肴的制作

3. 可解决家庭照护中的常规问题,具备茶艺、园艺技能

态度与价值观:

1. 自觉养成自我服务的习惯,树立自我服务技能提升的意识

2. 愿意从家庭保洁劳动中体验劳动的快乐

3. 形成照护家人的责任感,提升服务他人的能力和意识

教学建议

1. 本模块要求学生在居家生活、校园生活中,自主安排学习与日常生活,主动为家人或同学分担事务,养成尊重劳动、热爱劳动的习惯。

2. 在劳动中遇到问题时,学生可借助相关人员的帮助,开展探究式学习,并通过一个简单的动手课程或技能训练,提高劳动能力,以达到学以致用的效果,促进目标的实现。

案例导入

面临退学的大一新生

从幼儿园到小学直到中学毕业,小艾都是在"无菌室"里长大的,因家庭条件优越,父母只给小艾定下一个目标——学习,对孩子一直十分溺爱,很少批评孩子。所有的衣服——从袜子到外套从不用小艾洗,整理、扫地也从没让小艾动过手。2020年新学期开始,小艾的父母把小艾送到学校报到后却接连几天频繁地接到小艾的电话,洗衣服、打饭、打水,这些小艾都不会,还说"想家""想爸爸妈妈""想回家"。因为担心女儿,夫妻俩只得驱车一两个小时来学校看望小艾,每次都带去换洗的衣物,还有小艾喜欢吃的饭菜,临走再把脏衣服带走。

这样持续了一个多月后,小艾的不适应渐渐变成了恐惧,她一回到寝室就情绪激动,有时候大哭,甚至不敢睡觉。同宿舍的室友一开始还关心小艾,后来都被她的举动吓住了,更不敢接近。小艾因没法在寝室住下去,只能住到离学校最近的宾馆。父母以为十一假期中小艾的焦虑会有所缓解,但假期里,不管谁来劝,小艾都拒绝回到学校,父母与学校老师沟通后认为,如果小艾的这种状况持续到这个学期结束还没有好转,恐怕就只能退学了。

【分析】人生活在社会中需要一定的生活自理能力,这些能力的缺失对个人未来的发展极为不利。父母的溺爱导致小艾在成长过程中缺乏基本的自我服务劳动能力,对父母依赖性强,无法独立料理自己的生活,所以无法适应学校的学习和生活,面临退学的尴尬局面。

课前评估

扫码做评估 4.1:自测一下对本模块内容的了解程度

日常劳动能力与素养要求学生在居家生活中,在具备基本的生存、生活能力的基础上,通过提高自我管理、信息处理、创新思维等能力,培养良好的劳动习惯,扩展兴趣、自我服务,从而能在更广泛的生活范围内灵活运用这些能力,以满足追求美好生活的需要。

> 滴自己的汗,吃自己的饭,自己的事自己干,靠人、靠天、靠祖上,不算是英雄好汉。
>
> ——陶行知

在居家生活中,你可以自主安排学习与日常生活,主动为他人分担事务,养成尊重劳动、热爱劳动的习惯;在进行家务、内务和卫生工作时,你可以主动接受新的劳动任务,通过一个简单的课程和技能训练,提高个人清洁、内务整理、厨艺绿化等生活技能;在完成日常生活劳动任务后,你可以根据劳动任务的不同需要,去探究、开发和生成新的信息,熟练使用自媒体工具,传递并展示劳动成果。

一、自我服务劳动的内涵

(一)概念

自我服务劳动是学生料理自己生活的各种劳动,如为自己整理床铺、打扫房间、洗涤衣物、缝补衣物、洗碗筷、抹桌椅等。它是最简单的一种日常劳动,日后不管我们从事何种生产劳动,自我服务劳动都将成为我们的义务和习惯。

宋代教育家朱熹就主张要在蒙学阶段培养儿童洒扫、清洁等生活习惯。现代教育亦普遍重视培养个人生活自理能力。

微课:
自我服务
劳动

爱劳动首先要从自我服务开始,任何一个人要培养热爱劳动的态度,都需要从小做起,从自己做起,从小事做起,在自己的事情自己做的同时,为他人、为集体服务,逐渐培养自己的责任感和社会适应能力。

(二)自我服务劳动技能

自我服务劳动技能是人人都必须具备的技能,在我国,尽管各民族、各地区人们的生活习惯有所差异,但卫生习惯、生活自理、学习自主等习惯应当是共同的。自我服务劳动技能包括洗手、洗脸、刷牙、洗脚、剪指甲、洗头、梳头、洗澡、穿脱衣服、系鞋带、铺床、叠被、洗小件衣物、洗碗筷、洗茶杯、钉纽扣、缝补衣物、晒被褥、洗外衣、叠放衣服、收拾书包、修补图书和整理学习用品等。

这类劳动项目重在养成学生自己动手的良好习惯,从而认识"劳动光荣"的道理,为从事其他各类劳动打下基础。自我服务劳动技能可促进自己进行充分的自我服务,更加独立、自主地规划自身的高职生活,解决学习生活中遇到的各种困难。

二、建立自我服务劳动意识

劳动意识是当代中国学生发展核心素养的一个不可或缺的素养,它是一个学生全面发展、全面成长的必要条件和必然要求。一个人只有从小学会料理自己的生活,长大后才能从事生产劳动。所以,中高职学生的自我服务劳动是未来从事其他劳动的基础,而家庭中的自我服务方面的劳动则是培养我们劳动意识和技能的必要手段和基本途径,可以为我们未来成长为合格公民而诚实合法劳动、创造成功生活打下基础。

(一)重视自我服务劳动有利于劳动意识和能力习惯的培养

劳动意识即爱劳动,主动参与承担劳动的思想观念;劳动能力即会劳动,掌握劳动的基本技能技巧。爱劳动一直是中华民族的传统美德。大学虽然不是义务教育,但是大学是学生在校学习的最后阶段,是大学生成长的关键时期,这一时期大学生的自我服务劳动意识主要体现在衣、食、住、行等方面。

大学生应积极参与各种自我服务劳动教育,克服自身懒惰毛病。现代戏剧之父易卜生告诉后人:你的最大责任就是把你这块材料铸造成器。可以说,一个人只有会生活,才会工作。

现在很多学生是独生子女,是父母的掌上明珠,个别学生从小被娇生惯养,怕脏怕累,什么活都不愿意干;有的学生想做,但家长不放心,什么也不让干。最终导致一些学生四体不勤,懒惰成性,既没有劳动意识也缺乏劳动的技能和习惯,连个人必备的自我服务劳动能力也没有达到基本要求,成了衣来伸手、饭来张口的书呆子,这些都直接影响了个人的身心发展。

(二)自我服务劳动是提升个人觉悟、发展自身智力的需要

一位教育家说过,个人才能和天赋的起源在自己的指尖上,正是从我们的手指淌出的涓涓细流,最终汇成了创造思想的源泉。换句话说,不动手便不利于动脑。

(三)自我服务劳动有利于培养个人对劳动人民的思想感情

一个人只有付出了辛勤劳动,才能懂得珍惜劳动成果。一个人在穿自己洗的衣服时一般会格外小心在意;走在自己拖过的地面时会尽量不留下灰尘;在用自己整理的学习用品时会尽量避免弄乱,这些都是这一道理的体现。

(四)自我服务劳动有助于促进个人意志品质的形成

劳动习惯的形成过程也是意志品质形成的过程。例如每天早晨起来自己叠被并打扫卧室,没有坚持的决心和意志力是很难做到的。再如自己洗衣服、洗鞋子、倒垃圾等劳动,没有不怕脏、不怕累的品德是不行的。这些劳动不仅锻炼了我们的动手能力,而且也可以帮助我们养成良好的意志品质。

三、提升自我服务劳动能力

提升自我服务劳动能力是提高我们自身生存能力、竞争能力和自我发展能力的基础。很难想象一味地依赖别人，把自己的命运寄托在他人身上，时时事事靠别人指点才能过日子的人，会有什么大的作为。同时，生活不能自理，样样由别人操心代劳，也是懒惰与无能的表现。虽然随着年龄的增长，我们的生活自理能力会有所提高，但自理能力不是自发产生的，它需要我们有意识地加以培养。

自我服务劳动能力需要循序渐进地形成，而不能一蹴而就，所以需要我们从一件件小事做起，要求自己去完成，去做到，去实现。

（一）从情感上真尊重

劳动最光荣是中华民族的传统美德，我们要从情感上尊重任何劳动者，比如保姆、快递员、保安、清洁工等。

（二）从行动上肯动手

自我服务劳动要自己多学多做，不能由父母或家人包办，摒弃"学习就已经够累的了，只要学习好就行了"的错误观点。要改变自己对劳动的错误态度，要求家长或老师放手让我们自己的事自己干，做一些力所能及的事。

> 人生两个宝，双手与大脑；用脑不用手，快要被打倒；用手不用脑，饭也吃不饱；手脑都会用，才算是开天辟地的大好佬，缺失了劳动教育的学校教育是一种不完整的教育。
> ——陶行知

—— 延伸学习 ——

个人整理收纳之断舍离

断舍离近几年逐渐成为一种生活理念：断掉，舍掉，离掉，物尽其用，认识自己，活在当下。那作为学生的我们该如何断舍离呢？

1. 从时间轴和关系轴看待自己和物品的关系。一个物品是否需要留在身边，不是取决于物品的价值，而是取决于作为主角的人。大部分的时间里，我们是否留住一个物品的标准是它的纪念价值，比如它很贵，它以后可能会用得上。但实际上，我们判断是否留用一个物品的标准应该是：需要、合适、舒服。时间轴是要锁定在现在的。

2. 相称原则。物品是自我的投射，相信自己配得上所选择的物品，不一定越贵越好，也不是便宜就买。

3. 替换原则。适当购置新物，如果有旧的东西跟新物同类，应替换掉旧的东西，这样心态会呈现出"用的一直都是最好的"的状态。

断舍离已经逐渐成为一种新时代的生活标志，它会令我们的人生提速，内心丰盈，过得更充实。我们也可以把这个方法应用到自我服务劳动中，尤其是在个人物品和家庭物品的断舍离问题上，可以学着按照科学的方法进行筛选，问清楚内心真实的需求，从而提升我们个人的生活质量。

（三）从提高上讲渐进

大学生可以在老师和家长的帮助下制定科学的自我服务劳动培养计划，根据不同学业阶段提出不同的自我劳动要求，逐渐增加自己能够独立完成的自我服务劳动事项。

（四）从习惯上勤训练

要想培养自己的自我服务劳动技能，就需要有一份劳动任务，如铺床、做饭、洗小件衣物等，让自己反复训练，循序渐进。同时，还可以多参与社会实践，以此锻炼自我劳动服务能力。

（五）从能力上巧学习

主动学习正确的生活自理方法。一方面在学校认真参与学校组织的生活讲座等；另一方面在家里要主动跟家长学习一些关于自我服务劳动的方法，请家长多给予指导。

自我服务劳动的过程中，如果遇到问题和困难，要学会"三步走"：第一步，自己想办法解决，锻炼自己处理事务和应对突发情况的能力；第二步，与同学交流，锻炼人际交往能力；第三步，向家长与老师求助。

同步练习

做第 231 页练习 4.1：自我服务劳动成果展示

主题二　日常家务劳动

> 锄禾日当午，汗滴禾下土。
> 谁知盘中餐，粒粒皆辛苦。
> ——李绅《悯农》

家庭是个人成长的根基，家务劳动方式对我们的健康成长有着重要的影响。每个人不论年龄大小都是重要的家庭成员，这就要求我们每个人在家庭中都应该负起该有的责任，而承担家务则是最好的方式。通过家务劳动，我们能体会父母的不易，领悟劳动的价值，感知生活的意义，从而拓展我们的生存空间。

一、家庭清洁

（一）家具清洁

家具上有了灰尘，不要用鸡毛掸之类的工具拂扫，因为飞扬的灰尘会重新落到家具上，应该用半干半湿的抹布抹除家具上的灰尘，这样才会抹干净。

对家具进行清洁保养时，一定先要确定所用的抹布是否干净。当清洁或拭去灰尘之后，一定要翻面或者换一块干净的抹布再使用。不要偷懒而一再重复使用

已经弄脏的那一面,这样只会使污物反复在家具表面摩擦,反而会损坏家具的亮光表层。此外要选对护理剂。想要维持家具原有的亮度,目前有家具护理喷蜡和清洁保养剂两种家具保养品。前者主要针对各种木质、聚酯、油漆、防火胶板等材质的家具;后者适用于各种木制、玻璃、合成木或美耐板等材质的家具,特别适用混合材质的家具。因此,若能使用兼具清洁、护理效果的保养品,便能节省许多宝贵的时间。使用护理喷蜡和清洁保养剂前,最好先将其摇匀,然后直握喷雾罐,呈45°角,让罐内的液体成分能在不失压力的状态下被完全释放出来。之后对着干抹布在距离约15厘米的地方轻轻喷一下,如此再来擦拭家具,便能起到很好的清洁保养效果。此外,抹布使用完后,切记要洗净晾干。至于带有布料材质的家具,如布艺沙发、休闲靠垫,则可以使用清洁地毯的清洁保养剂。使用时,先用吸尘器将灰尘吸除,再将地毯清洁剂少量喷在湿布上擦拭即可。

(二)家电清洁

1. 电视

液晶屏是液晶电视的核心部分,自然也是我们清洁的重点。清洁时,应使用柔软的干布沾少许玻璃清洁剂轻轻地将灰尘擦去,擦拭时力度要轻,否则屏幕会因此而损坏);不要使用酒精一类的化学溶液;不要用硬质毛巾擦洗屏幕表面,以免将屏幕表面擦起毛而影响显示效果;也不能用粗糙的布或是纸类物品,因为这类物质易产生刮痕。当您不开电视时,请关闭 LCD 屏(不要仅限于遥控器的关闭状态),以防止灰尘堆积。不要用指尖或尖锐物品在 LCD 屏幕上滑动,以免划伤表面。另外还要保持使用环境的干燥,远离一些化学药品。

2. 电冰箱

电冰箱需安排单独的电源线路,使用专用插座,不能与多个其他电器合用同一插座,否则会造成事故。正确安放电冰箱,不能距离火炉、暖气片等热源过近,同时应避免阳光直接照射,这样有利于散热;应摆放在干燥和通风良好的地方。冰箱背部应离墙 10 厘米以上,顶部应有 30 厘米以上的高度空间,四周不应该放置过多的杂物;应摆放在地面平稳的地方,否则当压缩机启动时会产生振动并发出很大的噪声,长期如此会缩短电冰箱的使用寿命;上下不应该摆放重物或过多杂物,特别是不能摆放其他电器。

3. 洗衣机

一般新买的洗衣机在使用半年后,每隔三个月都应用洗衣机专用洗洁剂清洗一次。清洁洗衣机时,要先往一条干毛巾上倒 200 ml 的米醋;然后把沾满米醋的毛巾放到洗衣机里;盖上洗衣机的盖子,按下电源键,调成甩干模式,再按下启动键;待桶的内部均匀地沾上米醋,保持 1 个小时,这样可以软化污垢;倒半袋小苏打,再倒入适量的清水,把小苏打溶解一下;洗衣机里加满水,把小苏打液倒进洗衣机里,泡 2 个小时;2 个小时以后,盖上洗衣机盖子再漂洗两次。另外要注意,平时不用洗衣机的时候,最好经常打开洗衣机的盖子,让洗衣机内部保持干燥状态;洗完的衣服应立刻拿出来晾晒,千万不要闷在里面。

如何清理鞋子上的污渍

在冬天的时候我们都会穿一双好看又保暖的鞋子,但是穿的时间长了鞋子就会变脏,那么你知道鞋子脏了应该如何清洗才好吗? 以下是清理鞋子上的污渍的小窍门。

1. 真皮皮革可用头发调理剂

皮靴相对其他鞋子更容易磨损,想要修复它不用去购买鞋油,只要用我们的发用调理剂和一个干净的抹布,轻轻摩擦皮革即可。

2. 运动鞋可用海绵擦

运动鞋也容易脏,我们可以把一块小小的海绵蘸湿然后用它轻轻地擦掉运动鞋上的污迹。

3. 麂皮长筒靴可用橡皮擦

麂皮长筒靴有一些划痕或者污渍的时候,我们可以找一个干净未使用的橡皮擦来轻轻擦拭污垢,然后我们的鞋子就能崭新如初了。

4. 雨靴可用橄榄油

雨靴是最容易弄脏的鞋子,当我们的鞋子产生一些白色印痕时可把一些橄榄油倒在干净的布上,然后以圆周运动摩擦,这样一会儿橡胶雨靴就能干净得反光了。

5. 皮革鞋可用凡士林

皮革鞋脏了后可将少量凡士林抹在干净的布上,轻轻擦拭污垢。

4. 空调

空调使用有两忌,一是忌与其他电器共用插座;二是忌在运行中改变热泵型空调的运行状态。清洗空调时可用柔软的布蘸少量的中性洗涤剂擦拭空调器,且清洗时水温应低于40℃,以免引起外壳、面板收缩或变形;室内进风过滤网应每隔20天清洗一次,室外机组也应定期除尘。

5. 饮水机

饮水机机身里的水垢,可以先排尽余水,然后再打开冷热水开关放水,取下饮水机内接触矿泉水桶的部分,用酒精棉仔细擦洗饮水机内胆和盖子的内外侧,为下一步消毒做准备。按照去污泡腾片或消毒剂的说明书,兑好消毒水倒入饮水机,使消毒水充盈整个腔体10~15分钟,但更建议从进水口倒入少许白醋或鲜榨柠檬汁,再将里面加满水保持两小时,这样就不用担心清洁剂残留对人体造成危害。

(三)居室清洁

(1)清场。将影响清洁作业的家具、工具、材料、用品等集中分类放置到合适位置。垃圾清扫后转移到室外或倒进室内垃圾桶。

（2）清洁墙面。掸去墙面浮尘。

（3）清洁窗框。先湿抹，再铲除多余物，最后用干净的清洁巾擦净。如果窗户玻璃较脏，可以顺势初步擦拭干净。

（4）清洁窗户玻璃。清洁窗户玻璃一般使用以下方法：擦窗器法、水刮法、搓纸法。

（5）清洁窗槽和窗台。首先用吸尘器吸出窗槽污垢；不易吸出的污物，用铲刀或平口工具配合润湿清洁布尝试清理，尽量使用不好的清洁布或废布；窗槽清理完毕，将窗台收拾擦净。

（6）清洁纱窗。可用水冲洗纱网，再擦净纱窗窗框，晾干后安装回去。

（7）清洁卧室、客厅、餐厅、书房、阳台。主要包括开关、插座、供暖设施、柜体、家具表面等。

（8）清洁厨房。依序为顶面、墙面、附属设施、橱柜内部、橱柜外部、台面、地面（如果厨房为清洁使用水源地，厨房地面可安排在后期进行）。

（9）清洁卫生间顶面、附属设施、墙面、台面、洁具。

（10）清洁踢脚线。踢脚线上沿吸尘，然后擦净。

（11）清洁门体。依序是门头、门套、门框、门扇、门锁。

（四）室内空气净化

室内是人们生活工作的主要场所，如果室内长期空气质量差，不但影响人们的工作效率和生活质量，还对健康和寿命有负面作用，因此越来越多的人喜欢使用空气净化器，同时，我们也可做一些力所能及的净化工作。

1. 房间通风

空气要流动才能保持清新，要适当打开门窗通风换气。如果窗户和门设在背风面，最好安装一个排气扇或是鼓风机。

2. 房间杀菌

每天打开窗帘，利用阳光中紫外线的杀菌能力，祛除室内的细菌。有条件的情况下也可以安装紫外灯，定期开灯进行杀菌，净化室内空气。

3. 房间湿度

如果室内空气非常干燥，可放置水盆和加湿器来增加空气湿度。如果室内湿度过大，可以在室内用敞口容器放置一些生石灰，或是放置一些其他无腐蚀性干燥剂，最好选择可以循环回收利用的干燥剂。

4. 房间除尘

室内要经常打扫卫生，进行除尘。如果没有吸尘器，就用除尘拖把。可以在室内养诸如滴水观音、吊兰、绿萝、海芋、橡皮树等吸附灰尘和有毒气体能力比较强的绿色植物。

5. 房间除味

我们要从细节做起，在日常生活中养成良好的习惯。大小便都要及时冲水，坐式马桶不用时要盖上盖子；卫生间和厨房有异味要开通风机，做饭、炒菜要开抽油烟机；卫生间和厨房要定期清洁消毒杀菌，防止细菌滋生或有霉味；卫生间和厨房的门窗若在卧室和厅堂一侧要尽量关闭,防止厨卫废气污染其他房间;厨卫的其他向阳门窗要尽量定期打开,晒一下太阳,自然杀菌。偶尔可以使用空气清新剂来除味,但长期来说,不建议使用空气清新剂,市场上不少空气清新剂都有一定的局限,长期使用可能有副作用。

(五)衣物洗涤

衣物水洗有准备、洗涤、过水、干燥四个步骤,下面我们将重点介绍准备和洗涤步骤。

1. 准备步骤

衣物洗涤前的准备工作是洗衣前要做好的一项重要工作,是洗好衣物的前提。洗衣前如不注意对衣物进行正确的分类,就会导致衣物洗得灰暗、不明亮,出现串色、搭色、手感僵硬等问题,甚至使完好的衣物报废。衣物洗涤前要根据各类服装不同的洗涤要求进行分类。

(1)根据面料区分水洗与干洗、手洗与机洗。

(2)按衣物颜色分类。衣物一般可分为白色、浅色、深色三类。

(3)区分褪色衣物。对容易褪色的衣物要单独洗,以免串染其他衣物。

(4)按衣物的干净程度分类。要先洗不太脏的衣物,后洗较脏的衣物,最后洗很脏的衣物。

(5)区分内衣与外衣。内衣与外衣不能放在一起洗涤。

(6)区分服装面料。丝绸、毛料衣物不耐碱,要用酸性或中性洗涤液洗涤,其他面料的衣物也要根据面料性能选用相应的洗衣粉、洗衣皂、洗涤液洗涤。

(7)区分有特殊脏污的服装。服装穿着过程中沾染上油渍、圆珠笔污渍等脏污是常见的现象,对于油污较多的衣服,要针对污渍采用专门方法处理后,再进行常规洗涤。

2. 洗涤阶段

主要是用洗涤剂溶液对衣物进行清洗,目的是把衣物上的污垢与织物分离。洗涤前一般应分类将衣服浸入清水湿润,然后浸入洗涤液内洗涤。

(1)浸泡是在洗涤之前的一个短暂过程,分清水浸泡和洗涤剂溶液浸泡。洗涤剂溶液浸泡效果好,但容易使深色和易褪色的衣物掉色。丝绸、毛料以及不太脏、易褪色的衣物不能浸泡,要直接洗涤;深色衣物只能用清水浸泡,不能放入洗涤剂溶液中浸泡;使用时间较长,脏污与织物结合比较牢固的衣物,例如床单、工作服等,在洗涤之前可浸泡,但浸泡时间不要太长,15~20分钟即可;脏污过分严重的衣物可适当延长浸泡时间,使污垢软化、溶解,提高洗涤质量。

(2)家庭中洗涤分为手工洗涤和机器水洗两种。正确选择洗涤方法和洗涤剂是提高洗涤质量的重要因素,否则会导致衣物面料、色彩受损。

手工洗涤方法有以下几种。

① 拎。用手将浸在洗涤液中的衣服拎起放下,使衣服与洗涤液发生摩擦,衣服上的污垢被溶解除去。拎的摩擦力非常小,可用来洗涤娇嫩的、仅有浮尘和不太脏的衣物,在过水时大多采用拎的方法。

② 擦。用双手轻轻地来回擦拭衣物，以加强洗涤液与衣物的摩擦，使衣物上的污垢易于除去，一般适用于不宜重搓的衣物。

③ 搓。用双手将带有洗涤液的衣物在洗衣擦板上搓擦，便于衣物上的污垢溶解，适用于洗涤较脏的衣服。

④ 刷。利用板刷的刷丝全面接触衣物进行单向刷洗的方法。一般用于刷洗大面积沾有污垢的部分，衣物的局部去渍，也常用刷的方法，只是所用的刷子是小刷子。根据衣物的脏污程度，刷洗时摩擦力可自由掌握。

⑤ 揩。揩是用毛巾或干净白布蘸洗涤液或去渍药水，在衣物的局部污渍处进行揩洗的方法。

延伸学习

清洗衣物上的笔印

对于每个人都会遇到的笔印，该如何清洗呢？首先将酒精倒在衣服上有笔印的划痕上，每一道划痕上都要均匀的覆盖上酒精，酒精要选用浓度不小于 75% 的医药用酒精。把衣服上倒了酒精的这一面向上放，尽量不要接触衣服的其他面，否则钢笔或者圆珠笔的印记颜色有可能会染到衣服的其他部分。然后用普通的洗脸盆，准备好大半盆水，接下来将满满两瓶盖的漂白水倒在清水中，注意一定要是满满两瓶盖才行。稍做搅拌，之后再加少许的洗衣粉，这个量可以自己掌握。之后也稍做搅拌，让洗衣粉能充分溶于水中。最后将衣服完全浸泡在水里，保持 20 分钟。时间到了，清洗衣服，笔印就会消失！

如果是圆珠笔痕迹而且痕迹较重，用上述方法后若尚存遗迹，可在最后用牙膏加肥皂轻轻揉搓，再用清水冲净（但严禁用开水泡）。

另外，衣物沾到圆珠笔还有一个办法解决，那就是别急着把衣服下水，而是先用汽油洗一洗沾到的部分再进行清洗。

二、家常菜制作

（一）家庭营养膳食原则

人体是由物质组成的，人体要维持生命并保持健康就必须恰当平衡地不断补充消耗掉的物质。营养是生命的源泉，健康的根本。营养是指机体摄取、消化、吸收、代谢和利用食物中的养分以满足自身生理需要的过程，而营养素是食物所提供的能被吸收及用于增进健康的营养物质。人体必需的营养素有 60 种左右，一般分为 6 类：水、蛋白质、脂肪、碳水化合物（糖）、矿物质（无机盐）、维生素，现在又把膳食纤维称为第七类营养素，其中碳水化合物、脂肪、蛋白质被称为"三大营养素"。

对于一般人群，我们可按照以下十条原则安排自己和家人的膳食。

1. 食物多样,粗细搭配

每种食物都有不同的营养素,只有最大限度地增加食物的种类,才能避免营养不良。专家建议每天每人应吃 12 种以上的食物,其中包括主食、蔬菜、水果以及畜禽鱼蛋奶等。另外,不吃谷类主食就会营养不良,影响健康。

粗细搭配不单单是建议经常吃粗杂粮,而且涉及主食的加工方式。例如:稻米、小麦不可碾磨得太精,否则谷粒表层所含的 B 族维生素、矿物质等营养素和膳食纤维等将会大部分流失于糠麸之中。建议每天最好能吃 50 g 以上的粗粮。

2. 多吃蔬果,不忘薯类

蔬菜水分含量丰富,能量低,富含植物化学物质,是人体所需微量营养素、膳食纤维和天然抗氧化物的重要来源。成人每天应该摄入 300~500 g 蔬菜,也就是说每顿饭至少要有 1~3 份蔬菜,蔬菜应尽量选择深色的。

在保证水果无污染的情况下,尽可能将果皮与果肉一起吃掉。这样可以增加膳食纤维的摄入,有助于肠道健康。同时吃水果的时间也应该选择在餐前或两个正餐之间的辅餐时间,如上午十点左右或下午三点左右。

除了蔬菜和水果,薯类食品由于膳食纤维含量高、脂肪低,也应该成为餐桌上的常客,应每周吃五次左右,比如红薯,一次可以食用一块,但注意避免油炸。

3. 每天要吃奶类、大豆

奶类营养成分齐全、组成比例适宜、容易消化吸收,除含丰富的优质蛋白质和维生素外,含钙量较高,是膳食钙质的极好来源。建议每人每天饮奶 300 g 或摄入相当量的奶制品。

大豆的营养构成相比其他杂豆有很大的区别。大豆的蛋白质可以达到 50%,氨基酸组成是比较平衡合理的,大豆含丰富的优质蛋白质、必需脂肪酸、B 族维生素、维生素 E 和膳食纤维等营养素,且含有大豆低聚糖以及异黄酮、植物固醇等多种植物化学物质。建议每人每天摄入 30~50 g 大豆或相当量的大豆制品。

4. 适量进食鱼、禽、蛋、瘦肉

鱼、禽、蛋、瘦肉等动物性食物是优质蛋白质、脂溶性维生素和矿物质的良好来源,如与谷类或豆类食物搭配食用,可以明显发挥蛋白质互补作用。建议每人每天吃一个鸡蛋,鱼肉或鸡肉 50~100 g,猪肉提倡吃瘦的。

5. 饮食清淡少油、盐

不合理的烹调油摄入量,以及高盐饮食会导致肥胖人群和高血压人群的增多。因此,做菜时应尽量清淡。建议烹调油每人每天摄入量不超过 30 g,食盐不超过 6 g。按一家三口计算,每月家庭吃油不超过半桶(5 升装),吃盐不超过 1 袋(500 g 装)。

6. 食不过量,天天运动

吃得过饱、缺乏运动是当前慢性病高发的主要危害因素,因此控制食量、增加运动势在必行。建议每顿吃七八分饱为宜,每天不能少于 30 分钟的有氧运动。驾车族尽量减少开车机会,能走路就不骑车,能骑车就不开车。

7. 三餐合理,零食适当

按适合个人的健康体重计算出每天所需要的总热量,然后再按早、中、晚三餐各 1/3 的比例摄入热量。也可按早餐 1/5、中餐 2/5,晚餐 2/5 安排一天三餐的进食量。

建议零食可在两餐之间食用,要选择富有营养的食品,如牛奶、酸奶、水果、蛋糕、肉松、牛肉干和干果等。

8. 足量饮水,少喝饮料

在温和气候条件下生活的轻体力活动成年人,每日至少饮水 1 200 mL(约 6 杯),在高温或强体力劳动条件下应适当增加。在水的选择上,建议首选白开水,碳酸类饮料尽量少喝,因为它会给人体增加多余的热量,可选择一些果汁、奶制品,如酸奶。

9. 饮酒限量,忌空腹喝

成年男性一天饮用酒的酒精量不超过 25 g,相当于白酒 50 g,啤酒 250 mL,葡萄酒 100 mL;成年女性一天不超过 15 g。最好不要空腹喝酒,切忌一醉方休或借酒浇愁。

10. 新鲜卫生,少吃剩饭

食物选择首先要新鲜、卫生。据有关调查显示,刚摘下来的蔬菜每过一天,营养素就会减半。所以在选购食物时,要选择外观好,没有泥污、杂质,没有变色、变味并符合卫生标准的食物。每次做饭菜,尽量按量做,避免吃剩菜剩饭,少吃熏制、腌制、酱制食品。

(二)家常菜肴制作方法

1. 炒青菜

材料:青菜、大蒜

调料:鸡精、盐、青蒜

做法:

(1)将大蒜、青菜分别洗净,切好备用。

(2)热锅中倒一点油,把切好的大蒜倒入油中。

(3)闻到蒜香后,将切好的青菜倒入。

(4)加水,盖上锅盖焖一会儿,大火持续 3 分钟后,放盐、鸡精进去,翻炒均匀。

(5)大火收汁后,立即出锅。

2. 麻婆豆腐

材料:豆腐切丁、牛肉切末、豆瓣酱

调料:盐、酒、干红辣椒碎、青蒜、姜末、花椒粉、水淀粉、酱油、少许糖

做法:

(1)锅内加少许菜油,大火加热,油热后依次加入豆瓣酱、盐、干红辣椒、青蒜、姜末、花椒粉、牛肉末、也可将牛肉末用上述调料腌好后一并加入,炒香。

(2)加入切成小块的豆腐,改小火,煮沸。

（3）待豆腐熟后,改大火,加入由水淀粉、糖、酒、味精、酱油调好的芡汁。待芡汁均匀附着后,关火,起锅。

（4）起锅,撒上花椒面,川味十足的麻婆豆腐就做成了。

3. 可乐鸡翅

原料:鸡翅中,可乐

调料:辣椒粉少许,孜然少许(成粒的孜然,不要粉末的)。

做法:

（1）锅里放水,等水烧开后下鸡翅,鸡翅7成熟即可,滤干水备用。

（2）油多放,用葱花和大蒜爆锅,下鸡翅,放孜然和辣椒粉,大火,炒炸,炸到皮略焦为最好。

（3）用勺子把多余的油撇出来,把可乐加进去,加盐和味精,一点水都不要放,等可乐快烧干的时候把火烧微小一点收汁。

（4）在烧可乐的同时可以用勺子把蒜末和葱末撇去。

（5）最后盛盘的时候别忘了把汁也一起盛了。

4. 宫保鸡丁

材料:鸡脯肉、炸花生米、鸡蛋、淀粉

调料:食用油、香油、酱油、料酒、香醋、精盐、白糖、味精、大蒜、干辣椒

做法:

（1）鸡肉洗净切丁,用蛋清、盐、淀粉腌拌均匀,蒜洗净切末。

（2）食用油入锅烧热,鸡丁下锅炸熟,捞起沥油。

（3）锅中留油少许,爆香干辣椒、蒜,再下入鸡丁翻炒。

（4）最后放酱油、料酒、味精、糖、醋、水、淀粉、香油炒匀并勾芡,最后加入花生米炒匀即可(花生米一定要在菜起锅前下锅,以免长时间在锅内翻炒,影响花生米的酥脆感)。

5. 鱼香肉丝

材料:瘦肉、水发木耳、胡萝卜、葱、姜、蒜、淀粉

调料:食用油、酱油、高汤、香醋、盐、白糖、鸡精、泡椒末

做法:

（1）将瘦肉洗净切成粗丝,盛于碗内,加盐和水淀粉调匀。

（2）葱姜蒜洗净切丝备用。

（3）木耳和胡萝卜切丝备用。

（4）把白糖、酱油、香醋、精盐、葱花、姜末、蒜末、高汤、鸡精、水、淀粉调成鱼香汁。

（5）锅内放油、烧至五成热油时倒入肉丝,炒散后下入泡椒末,待炒出色时,再将木耳、胡萝卜丝和鱼香汁倒入,急炒几下即可。

（三）家常主食制作

在我们的饮食中主食占有特别重要的地位,它不仅能让我们吃饱肚子,而且也能提供给我们许多身体所需要的营养价值,说到主食我们总会想到米饭,但其实主

食的种类也有很多种,它能满足不同人群对饮食的需求。在这里我们谈一下蒸米饭的基本做法和注意事项。

蒸米饭的基本做法很简单,分为两步:

第一步,将米洗干净,放入要用来蒸米饭的容器中,加入清水。

第二步,盖上盖后,放在火上或插上电即可。

蒸米饭的注意事项有以下四点:

(1)洗米。记住洗米不要超过 3 次,如果超过 3 次,米里的营养就会大量流失,这样蒸出来的米饭香味也会减少。

(2)泡米。先把米在冷水里浸泡半个小时,这样可以让米粒充分吸收水分。这样蒸出来米饭会粒粒饱满。

(3)米和水的比例。蒸米饭时,米和水的比例应该是 1∶1.2。有一个特别简单的方法来测量水的量,用食指放入米水里,水不可超过食指的第一个关节。

(4)增香。如果家里的米已经是陈米,没关系,陈米也可以蒸出新米的味道。就是在经过前三道工序后,我们在锅里加入少量的精盐或花生油,记住花生油是必须烧熟的,而且是晾凉的,只要加入少许即可。

同步练习
做第 232 页练习 4.2:厨艺大比拼

主题三　品质生活劳动

习近平在十九大报告中指出,中国特色社会主义进入新时代,我国社会主要矛盾已经转化为人民日益增长的美好生活需要和不平衡不充分的发展之间的矛盾。我国稳定解决了十几亿人的温饱问题,总体上实现小康,现在,我们已经全面建成小康社会,人民的美好生活需要日益增长,不仅对物质文化生活提出了更高要求,而且在民主、法治、公平、正义、安全、环境等方面的要求也日益增长。

> 不违农时,谷不可胜食也;数罟不入洿池,鱼鳖不可胜食也;斧斤以时入山林,材木不可胜用也。
>
> ——《孟子·梁惠王上》

健康是财富,健康是幸福。健康不仅是个人一切理想和希望实现的基座,也是家庭美好生活的稳定器。树立科学的健康理念和安全意识,建立合理的生活方式,掌握维护健康和保障安全的基本知识和技术,将会使家庭生活充满生机与活力。对于个人而言,健康的体魄,高雅的生活,和谐的家庭关系亦是品质生活的重要体现。

一、家庭照护

微课:

家庭照护指对患有严重疾病综合征身体功能失调、慢性精神功能障碍等患者提供的照护。家庭照护是老年人照护的首要形式,它的服务内容包括基本的医疗护理服务、个人照料、情感和社会支持等。

因此,我们每个人都要树立起疾病预防意识,为健康筑起防护围墙,预防疾病于

品质生活
劳动

未然,无病先防,有病早治,努力创造和谐、幸福的人生。家庭护理的主要内容有:

(1)疾病的预防,从身体状况的日常观测开始:要学会量体温、测脉搏、测呼吸、量血压等,及时了解身体的一些基本情况;

(2)常见症状的家庭护理:对于常见的发热、头痛、消化不良,学会居家护理的方法;

(3)常见疾病的家庭护理:帮助每个家庭成员掌握感冒、中暑、高血压、糖尿病等常见疾病的家庭护理方法;

(4)急性急症的家庭紧急处理:鼻出血、烧烫伤、跌倒外伤等急性急症,由于病发突然,需要掌握应急处理方法,及时做出镇定自如的处理。

(一)老年照料

孝与感恩是中华民族的传统美德,是中国人传统美德形成的基础,也是政治道德、社会公德、职业道德、家庭美德、个人品德建设的基本元素。我国孝道文化包括敬养父母、生育后代、推恩及人、忠孝两全、缅怀先祖等,是一个由个体到整体,修身、齐家、治国、平天下的延展攀高的多元文化体系。它强调幼敬长、下尊上,要求晚辈尊敬老人,子女孝敬父母,爱护、照顾、赡养老人,使老人们颐养天年,享受天伦之乐,这种传统无论在过去、现在还是将来,都具有普遍的社会意义。

1. 了解老年人的基本需要

为了更好地照料家中老人,我们需要从以下几方面来满足老年人的基本需要。

(1)食物的需要。注意老人的膳食营养,为不能自理的家中老人喂食和喂水。

(2)排泄的需要。帮助不能自理的老人进行排便、排尿,及时清除排泄物。

(3)舒适的需要。营造安静、清洁、温度适宜的休养环境。

(4)活动和休息的需要。帮助老人适当活动,并尽可能促进老人的正常睡眠。

(5)安全的需要。防止老年人跌倒、噎食、误吸、损伤,保持皮肤的完整性。

(6)爱和归属的需要。营造良好的休养环境和人际环境,促进老人的人际交往,帮助老人及时与家人联系与沟通,并给予精神上的关心。

(7)尊重的需要。运用沟通技巧,维护老年人的自尊,保护老年人的隐私。

(8)审美的需要。协助老年人维护容貌,进行衣着修饰,使其保持良好的精神状态。

2. 老年人生活照料服务内容

在协助老年人满足基本需要的过程中,我们需要为老人提供以下生活照料服务。

老年人生活照料服务内容有:个人清洁卫生服务、衣着服务、修饰服务、饮食服务、如厕服务、口腔清洁服务、皮肤清洁服务、压疮预防、便溺护理等。

(1)个人清洁卫生服务。包括洗脸、洗手、洗头(包括床上洗头)、洗脚,协助整理个人物品,清洁平整床铺,更换床单等。

（2）衣着服务。包括协助穿脱衣裤、帮助扣扣子、更换衣裤、整理衣物等。

（3）修饰服务。包括梳头、化妆、剪指甲和协助理发、修面等。

（4）做食服务。包括协助用膳、饮水，或喂饭、喂水、管饲饮食等。

（5）如厕服务。包括定时提醒老人上厕、协助如厕，使用便盆、尿壶等。

（6）口腔清洁护理服务。包括刷牙、漱口，协助清洁口腔、完成假牙的清洁保养等。

（7）皮肤清洁护理服务。包括擦浴、沐浴等。

（8）压疮预防服务。包括保持床单干燥、清洁、平整；定时翻身更换卧位，防局部受压过久，按摩受压部位增进血液循环；保持皮肤干燥、清洁，预防皮肤受伤等。

（9）便溺护理服务。包括清洗、更换尿布等。

（二）家庭护理常识

1. 生命体征测量

生命体征包括体温、脉搏、呼吸、血压，它是标志生命活动存在与质量的重要征象，是评估身体的重要项目之一。我们要掌握基础的生命体征测量方法。

（1）测量体温。协助被测家人解开衣物，有汗应擦干腋下，将体温计水银端放置于其腋窝深处贴紧皮肤，屈臂过胸夹紧，过十分钟以后取出体温计。

（2）测量脉搏。协助被测家人手臂放松，要求其手臂向上，然后我们将自己的食指、中指、无名指的指端放在其桡动脉表面，计数 30 秒。正常成人 60~100 次 / 分，老年人可慢至 55~75 次 / 分。

（3）测量呼吸。可测量脉搏后仍然把手按在被测家人的手腕上，观察其腹部或胸部的起伏，一呼一吸为一次，计数为 30 秒。

2. 换药

换药是指对创伤后或手术后的伤口及其他伤口进行敷料更换，以促使伤口愈合和防止并发症的方法，主要目的是清除或引流伤口分泌物，除去坏死组织，促进伤口愈合。换药步骤如下：

（1）要进行无菌操作，原则上要戴口罩、帽子，用肥皂及流水洗净双手。

（2）区分所需换药伤口的种类、准备所用物品。

（3）采取合适的体位，铺治疗巾。

（4）去除伤口原有的敷料。撕胶布时要由外向内，顺着毛发生长方向，外层敷料用手揭去后，顺着伤口的长轴方向将内层用无菌镊除去。

（5）伤口清洁、消毒、处理后，根据伤口的种类采用不同的换药方法。

（6）敷料覆盖伤口后，再视情况进行包扎。

二、室内绿化

随着人们生活水平的不断提高，对美的追求开始体现在各个方面、各个领域，尤其重视家庭栽培的人越来越多。学会家庭栽培，种花养花，能够放松身心、陶冶情操，增长知识，拓宽视野，它既

> 生活即教育，社会即学校，教学做合一。
> ——陶行知

是一种劳动实践,同时也是一种精神修养。通过植物栽培,可以增添室内环境的生机和活力,提高环境质量,让室内变成"绿色空间"。

室内绿植可以促进人与自然的关系和谐,对人的身心有积极影响同时,对室内空气的净化也有很大帮助。

(一)室内空间绿化布局

1. 客厅

客厅绿化主要强调浓郁盛情的接待气氛,但也要朴素大方,不宜过分复杂,应抓住主景,和家具墙面等相和谐。植物不能阻碍人们的走动路线,一般在客厅角落或沙发旁放置大型或者中型植物,也可以利用墙壁装置美观的几架,以蔓生植物等来装饰。客厅桌边可以放置盆花或者小插花例如凤梨类,竹芋类观叶植物。在朝南的窗前可以放置一两盆观花观叶植物,在阳台外可以沿屋檐悬吊色彩鲜艳的季节性花篮。

2. 书房

书房植物布置应雅致、清净、素雅。一般布置小型盆花或者山水石盆景,案头书架上都可放置常绿观叶植物,例如文竹、吊兰等,观花植物可以选用香花植物,例如米兰、水仙、茉莉等。

3. 卧室

卧室适合布置柔软小巧的植物,例如蕨类植物等,不宜摆放香花植物。

4. 餐厅

可在餐桌上布置插花,也可在大空间的转角布置大型观叶植物,如巴西木等。

5. 卫生间

切花干花或者香花植物是卫生间植物的首选。

(二)室内绿化植物配置

1. 悬垂

悬垂是把或藤蔓植物或气生性植物种植在高于地面的容器而形成的特殊配置形式,包括下垂式和吊挂式。下垂式将缠绕性和蔓生性植物植于离地的容器中,使植物从容器中向下悬垂生长。适合吊兰、天门冬等软而短的植物,下垂式可以放置于书架、柜顶或者依附在室顶。吊挂式大多使用气生植物,容器固着悬吊于墙上固定的植槽,形成壁挂种植。较多选用蕨类和兰类植物。

2. 桌摆

桌面、窗台、茶几、橱柜等室内环境都可以采用桌摆法来布置,多使用观花观叶植物。

3. 立柱、棚架、屏风

利用塑料管,木、竹、钢丝卷等材料制成立柱,使攀缘植物依附其上,形

成绿柱、棚架或屏风等装饰室内,常用植物有绿萝、海芋等。

4. 壁画、镶嵌

可将容器的概念扩大到墙壁上,利用植物与墙面上的浮雕、灯饰或者玩具等装置,形成有一定意境的景墙。

5. 组合盆栽

组合盆栽指一个花盆或者花器中有三种以上的观赏植物,将他们的形、色、姿、韵有机结合起来供人欣赏。

6. 水生植物配置

水生植物可采用水面配置、潜水配置、深水配置三种方法。

7. 盆景

盆景指以树木、山石等为素材,经过艺术处理和精心培养,在盆中再现大自然神貌的艺术品。盆景被人们称为"盆中有景,景中有画"。

8. 山水盆景

山水盆景又称山石或水石盆景,有旱景、水景和水旱景之分。山水盆景的造型有孤峰式、重叠式、疏密式等。

9. 树桩盆景

树桩盆景,简称桩景,泛指观赏植物根、干、叶、花、果的神态、色泽和风韵的盆景,一般选取姿态优美、株矮叶小、寿命长、抗性强、易造型的植物。

10. 插花

插花是指切取植物可供观赏的枝、叶、芽、花、果、根等材料,插入一定的容器中,经过一定的技术和艺术加工,组合成的精美、富有诗情画意的花卉装饰品。插花分为瓶式插花、水盆式插花、花篮式插花。花器包括花插、花泥、插花筒。插花艺术的风格有西洋式插花——也称密集型插花,其特点是构图比较规整对称,色彩艳丽浓厚,花材种类多,用量大,表现出热情奔放、雍容华贵、端庄大方的风格;东方式插花——有时也称为线条式插花,以我国和日本为代表,选用花材简练,以姿和质取胜,善于利用花材的自然美和所表达的意境美,并注重与季节的配合。

同步练习

做第 233 页练习 4.3:从排雷英雄到生活强者

拓展案例

推荐给孩子们的家务清单

作为家庭的重要成员,我们平均每天做家务的时间应至少为 1 个小时,不同年龄段的家务清单如下:

6~12 岁:扔垃圾箱;拿取东西;挂衣服;使用马桶;洗手;刷牙;浇花;整理玩具;喂宠物;睡前铺床;饭后把盘碗放到厨房水池里;把叠好的干净衣服放回衣柜;把

脏衣服放到脏衣篮。

12~15 岁：不仅要熟练掌握前几个阶段要求的家务，并能独立到信箱里取回信件；铺床；准备餐桌；饭后把脏的餐具放回厨房；把洗好烘干的衣服叠好放回衣柜（学校和家庭教给孩子如何正确叠不同的衣服）；自己准备第二天要穿的衣服；收拾房间（会把乱放的东西捡起来并放回原处）。

15~18 岁：不仅要熟练掌握前几个阶段要求的家务，并能打扫房间；做简单的饭；帮忙洗车；吸地擦地；清理洗手间、厕所；扫树叶，扫雪；会用洗衣机和烘干机。

18 岁以上：不仅要熟练掌握前几个阶段要求的家务，并能换灯泡；换吸尘器里的垃圾袋；擦玻璃（里外两面）；清理冰箱；清理炉台和烤箱；做饭；列出要买的东西的清单；洗衣服（全过程，包括洗衣、烘干衣物、叠衣以及放回衣柜）。

【分析】家务劳动可以培养孩子的独立自主精神。有些同学从小做家务的时间少，或者说根本没有学做家务。这和父母的教育观念有关：父母一直注重孩子的智力开发，却忽视了孩子作为一个独立的人的需要，缺乏对孩子生存技能的培养，致使我们中的一些人缺乏责任心。现在通过学习我们已经认识到我们是家庭当中的一分子，有责任和义务做一些力所能及的家务劳动，因此，要从现在起，从日常生活劳动中培养我们的责任心和自豪感。

实践项目
做第 260 页项目 4：
家庭照护——关爱家人健康

阅读导航

[1][清]朱用纯著,《中华国学启蒙经典——朱子家训》,中国少年儿童出版社,2017 年版

导读:《朱子家训》,又名《治家格言》,全文 524 字,以"修身""齐家"为宗旨,集儒家做人处世方法之大成,思想植根深厚,含义博大精深。通篇意在劝人要勤俭持家安分守己,将中国几千年形成的道德教育思想,以名言警句的形式表达出来,被历代士大夫尊为"治家之经",清至民国年间一度成为童蒙必读课本之一。其中一些警句,如"一粥一饭,当思来处不易;半丝半缕,恒念物力维艰""宜未雨而绸缪,毋临渴而掘井"等,在今天仍然具有教育意义。

[2]《全媒体青少年科技教育活动资源大全》编写组编,《全媒体青少年科技教育活动资源大全》,上海科技教育出版社,2021 年版

导读:为满足广大中小学校开展包括跨学科教育、创客教育等新兴教育模式在内的丰富多彩的科技活动的需求,本书编者组织全国各地的科技教育专家,对优秀的青少年科技教育活动项目进行归纳、整理、提炼和总结,将其中有代表性的活动资源汇集成书。注重突出对科技教育资源的实践性和应用性。本书为"十三五"重点

图书，根据《全民科学素质行动计划纲要实施方案（2016—2020年）》的文件精神，汇集上海乃至全国近20年的科技教育发展和成果积累，顺应信息技术与科技教育的全方位融合带来的社会发展潮流，为更多的中小学校提供丰富的科技资源。本书亦是一本工具书，共收集了近400个活动项目，以条目式呈现，分为理化、生物、环境保护、天文气象地理、模型、科技影像、跨学科活动、现代技术、创造发明等9篇，对这9个领域内的科技教育活动资源进行了精心整理，集聚了各领域内具有代表性的内容。

［3］张志强等编著，《家庭自医自救手册》，中国林业出版社，2003年版

导读：生活中常会突发一些因疾病、事故引起的意外情况，如果不及时处理，就有可能给人生带来抹不去的阴影。自救是人的一种本能，但这种本能如果没有正确的救护知识武装，可能会适得其反。本书从如何自我保护出发，收集、整理、编写了大量的涵盖日常生活中许多领域的预防和应变措施，通俗易懂，便于普通人掌握。

课后评估

扫码做评估4.2：自测一下对本模块内容的掌握程度

模块五

学校劳动实践

学校的劳动实践可以培养学生的集体荣誉感和高度的责任感,培养其热爱劳动、珍惜劳动成果的优良品质和良好的卫生习惯,可以帮助学生积极有效地适应未来社会的挑战,增强其生存、生活、学习的实际本领。

本模块包含校园清洁和垃圾分类、义务劳动和勤工助学、专业服务和创新劳动三部分内容。主要围绕学校这个场景,构建学生可参与的劳动实践,通过这些劳动实践,厚植学生的劳动情怀,引导学生崇尚劳动、尊重劳动,懂得"劳动最光荣、劳动最崇高、劳动最伟大、劳动最美丽"的道理。

学习目标

知识:

1. 了解校园环境美化的内容和垃圾分类常识
2. 理解公益劳动和勤工助学的概念、意义、内涵
3. 了解专业服务、科技活动和创新创业劳动

能力:

1. 能按照学校室内、休闲空间和走廊的清洁要求与操作流程进行清洁,可实现垃圾分类
2. 能遵照公益劳动和勤工助学的要求,参加力所能及的劳动
3. 可运用个人技能参与创新创业劳动

态度与价值观:

1. 积极参加校园清洁与环保行动,养成崇尚劳动的观念
2. 高度认同公益劳动和勤工助学对个人发展的作用
3. 愿意积极提升个人专业服务能力和创新创业能力

教学建议

指导同学们在校内实训,校外实习,社会兼职或创业实践工作中,主动培养生产性劳动技能与素养:

(1)在工作中增强职业基本意识,你可以——

在生产劳动实践中,培养规则意识、质量意识、效率意识、责

任意识、安全意识、环保意识和包容意识。

（2）在协作的劳动环境中，你可以——

与组织内部横向部门和组织外部相关部门共同制订合作计划；与他人协同工作，处理合作过程中的矛盾，完成合作任务；保持各方工作进度方面的协调，改善与人合作的方式，以促进合作目标的实现。

（3）面对问题的时候，你可以——

在问题的主要特征清楚、解决问题的途径较多、可利用的资源条件不熟悉的情况下，要明确指出问题所在，并提出解决问题的基本思路；制订解决问题的计划并付诸实施，并不断调整、改进解决问题的方案。

案例导入

人人都是"自律咖"

"马上就能回归热爱的岗位了，有点儿迫不及待。在这个特殊时期，更应该全方位呵护我们的'家'，首先需要合理有序分工……"西北师范大学大四学生赵文萍这个"楼长"人未到心先到，提前为整栋楼的学子们考虑着。

公寓不养懒人，楼管学生自己聘用，西北师大的学子自己成了自己的"管家"，全面参与公寓楼宇的管理，当起了楼长、层长、楼管员。

"把校园打造成思想政治教育的大课堂，让学生亲自服务自己的公寓、教室、餐厅、校园，引导学生实现'自我管理、自我服务、自我教育、自我监督'，让教育回归初心使命培养学生成长成才。"西北师大党委学生工作部部长李勇说。

人人都是劳动者，个个都是"自律咖"。这是该校在构建"五育"并举全面发展培养格局方面下的真功夫。

"能吃苦，也特别长本事。"物理与电子工程学院大四学生罗殿栖跟着校园工匠老田"混"了快四年，在熟悉运用动量守恒和机械能做功这些原理的同时，更能熟练利用这些原理让电钻、专用滑轮、螺丝扣等工具使用起来省心又省力，他们理性分析生活中的小诀窍，专门成立了勤工助学服务队，如今成了校园里最抢手的"明星"。

"身处新时代，我们也得实现自己的时代担当，这些'科技＋劳动'的活儿，让我们更加珍惜大学时光。"被保送至南京理工大学的大四学生代三状感慨地说。罗殿栖、代三状和他们的24个伙伴，穿梭在校园的各个场所，身体力行地践行着他们的诺言。

在西北师大，共有7 000多名"自律咖"走上了学校设置的22类劳动育人岗位，在实践中践行"自我管理、自我服务、自我教育、自我监督"的"四自"理念，帮助他人，也为自己的人生打好底色，在参与校园公共事务的过程中，积累经验，提升能力，完善人格，养成独立自主好品格，扣好人生的第一粒扣子。

"劳动最光荣,我捡的不是垃圾,而是文明。在我们的带动下,校园里乱扔垃圾的现象越来越少。"在校园管护岗位上的大二学生兰博深有体会。

西北师大建立多个学生自律、自我管理委员会,将"四自"理念渗透到学生学习与生活的方方面面,并通过建立整套机制,发挥学生主体作用,让学生自己管理自己,实现自我发展。

（资料来源:中国教育新闻网,2020年5月4日,有删改）

【分析】从小我们就知道"劳动最光荣"的道理,也应该养成劳动的习惯。在日常生活中,同学们应该接受劳动锻炼、磨炼意志,从而积累劳动知识。在校园生活中,我们应积极动手实践,掌握劳动的知识与技巧,实现自主成才。

课前评估

扫码做评估 5.1:自测一下对本模块内容的了解程度

主题一　校园清洁和垃圾分类

> 继农业革命、工业革命、计算机革命之后,影响人类生存发展的又一次浪潮,将是在世纪之交时要出现的垃圾革命。
>
> ——托夫勒

"一屋不扫,何以扫天下。"《大中小学劳动教育指导纲要（试行）》指出,普通高等学校的学生应强化服务性劳动,自觉参与教室、食堂、校园场所的卫生保洁、绿化美化和管理服务等,结合"三支一扶"、大学生志愿服务西部计划、"青年红色筑梦之旅""三下乡"等社会实践活动开展服务性劳动,强化公共服务意识和面对重大疫情、灾害等危机主动作为的奉献精神。

一、校园清洁

在一个优美、整洁、干净、卫生的生活环境中学习,可以让我们养成良好的卫生习惯,培养劳动观念,增强我们的公德意识,提高文明水准。我们要共同努力,使我们的校园达到"清洁、整齐、文明、有序"的标准。

学校校园清洁的范围一般包括教室、楼道、走廊、图书馆、宿舍、会议室等,这些地方的清洁需要师生共同的付出,保持校园清洁须从细节做起。

（一）校园环境卫生规范

1. 公共场所和环境卫生规范

校园的公共场所卫生一般由学校的专职卫生保洁员负责,除此之外,也需要我们每个人的努力。校园公共场所的卫生我们可以按照以下规范去做。

（1）楼道、楼梯,做到地面清洁,无痰迹、无垃圾、无污水。

（2）洗手间、卫生间,做到地面清洁,无积水;墙面干净;上下水畅通、无跑冒滴漏;水池内外干净无污物;大小便池干净无便迹;无异味;房门干净。

（3）公共门窗玻璃、窗台窗框，做到干净、完好、无积尘。

（4）楼内墙壁顶棚，做到无积尘、无蛛网。

（5）爱护公物，节约水电，卫生工具妥善保管谨慎使用，尽可能修旧利废。

（6）垃圾要倒入垃圾桶内，不能随处乱倒，不焚烧垃圾，不污染环境。

2. 个人卫生和宿舍内务卫生规范

讲好个人卫生有利于形成良好的个人生活习惯。宿舍是我们每天生活的场所，良好的宿舍卫生有利于我们的身心健康，我们在保持好个人卫生的同时，也要和舍友一起维护好宿舍卫生。

（1）养成良好的个人卫生习惯，要勤洗澡、勤洗衣，个人床铺整洁、卫生。

（2）不随地吐痰，不乱扔废纸、白色垃圾、果皮等；不向窗外倒水和乱扔杂物。

（3）宿舍的地面、墙壁、门窗整洁干净，保证无灰尘、痰迹、蛛网等。

（4）室内空气新鲜无异味，无蚊蝇，无蟑螂。

（5）床、桌、凳、书架等家具摆放整齐、干净。

（6）灯具、墙壁、顶棚、暖气设备无尘土，无蛛网，不私自架设电线、网线。

（7）不在室内吸烟，自觉远离烟草，追求健康生活。

3. 校园餐厅文明就餐规范

文明用餐是个人素质的体现，我们要从自身做起，从点滴做起，从身边做起，共同营造一个良好的就餐环境。文明就餐我们要做到以下几点：

（1）爱惜粮食，杜绝浪费。节约粮食是尊重他人劳动的表现，也是我们每个人高尚人格的体现。

（2）保持良好的就餐秩序，排队就餐，讲文明、讲礼貌、守公德，言语文明、举止得体。

（3）自觉回收餐具。吃完饭后就把餐桌整理干净，把餐具和杂物带到餐具回收处，既减轻了餐厅人员的工作负担，又方便了其他同学。

（4）不要随地吐痰、乱扔餐巾纸和食物残渣，注意自己的仪表、穿着和行为。

（5）爱护餐厅的设施，不蹬踏桌凳，不乱涂，不乱刻，不损坏电器照明等设备，维护公共卫生安全。

（6）尊重餐厅工作人员，不侮辱甚至谩骂工作人员，发现问题，不吵不闹，逐级反映，妥善解决。

（二）校园清洁的基本操作流程

1. 室内保洁的操作流程

（1）进行检查处理。进入室内，先查看是否有异常现象、有无损坏的物品。如发现异常，应先向学校有关部门或老师报告后再保洁作业。

（2）进行推尘处理。推尘要按照先里后外、先上后下、先窗后门、先桌面后地面的顺序，先清扫天花板、墙角上的蜘蛛网和灰尘，接着抹窗户玻璃门面的灰尘，实验器材等设备挪动后要原位摆好。

（3）进行擦抹处理。擦抹应从门口开始，由左至右或由右至左，依次擦抹室内桌椅、柜子、讲台和墙壁等。抹布应拧干，擦拭每一件物品时，应由高到低、先里后外。擦墙壁时,重点擦拭门窗、窗台等。

（4）进行整理归置。讲台、桌面、实验台上的主要用品,如粉笔盒、粉笔擦、实验器具等抹净后按照原位摆放整齐。

（5）垃圾清倒处理。按照垃圾分类方法,收集垃圾,并清倒室内的纸篓、垃圾桶,及时更换垃圾袋。

（6）清洁结束后的处理,参与保洁的人员退至门口,环视室内,确认清扫质量,然后关窗、关电、锁门。

2. 休闲空间和走廊保洁的操作流程

（1）进行检查处理。进入各种休闲空间后,先查看是否有异常现象、有无已损坏的物品。如发现异常,应先向有关部门或人员报告后再进行保洁作业。

（2）进行清扫处理。先用扫把对地面进行清洁,捡去烟头、纸屑、灰尘等。

（3）进行擦抹处理。对休闲空间和走廊内的物品、装置、设备依次擦抹,清除灰尘。

（4）进行整理归置。将物品、装置、设备抹净后,按照原位摆放整齐。

（5）垃圾清倒处理。按照垃圾分类方法,收集垃圾,及时更换垃圾袋。

（6）进行推尘处理。用拖把清洁地面,按照先里后外,先边角、桌下,后地面进行推尘作业。清洁结束后把桌椅、柜子等设备恢复原位摆好。

3. 公共卫生间保洁的操作流程

（1）天花板的清理。用长柄扫把清扫天花板、墙面、墙角等的蜘蛛网和灰尘。

（2）门窗玻璃门面及墙面的清理。用湿抹布配合便池刷清洁玻璃、镜面和墙面上的污迹。

（3）蹲便池和小便池的清理。先用夹子夹出大、小便器里的烟头、纸屑等杂物,然后冲水,再倒入洁厕剂,浸泡一会儿,再用便池刷刷洗。蹲便池、小便池内四周表面及外部表面均要清洗,检查冲水是否正常,有没有堵塞。

（4）洗手盆的清理。用清洁剂和百洁布擦洗洗手盆。从左到右抹干净台面,用不掉毛的毛巾从上到下擦拭干净镜子;水龙头也要清洗干净,保持光亮。

（5）更换垃圾袋。按照垃圾分类方法收集垃圾并及时更换垃圾袋。

4. 机动车道和人行路保洁的操作流程

清扫各种垃圾、树叶,清捡树枝和废弃物,清拔路缘石缝杂草,清除人行道边上绿化带的树叶杂草,清扫人行道和道路上的灰尘等。

（1）首先分组、分路段、分区域明确清扫范围,合理安排清理垃圾、树叶等任务。

（2）每天分时段收集沿路垃圾,做到定时清扫、及时堆放、及时运送,做到不慢收、漏收。

（3）参与保洁的学生可利用竹扫把,对校园道路进行全面清扫,要做到"六不""三净"。"六不"即不花扫、漏扫;不见积水（无法排除的积水除外）;不见树叶、纸屑烟头;不漏收堆;不乱倒垃圾;不随便焚烧垃圾。"三净"即路面净、路尾干净、人行道净。

（4）进行路面清扫保洁时,垃圾收集应及时且严禁将垃圾倒在道路两侧的绿化带里或随处乱倒,严禁焚烧垃圾。

（5）校园路面清扫保洁要做到:晴天与雨天一个样;主干道与人行道一个样;检查与不检查一个样。

5. 广场、操场、台阶、水沟等保洁的操作流程

清扫各种类垃圾、树叶,清除各种杂草、树枝,清扫或者清洗灰尘、清理明水沟内各种垃圾和杂草。

（1）对广场、操场、停车场、台阶和楼房周边的水沟进行检查,先用扫把或垃圾夹清理面上的垃圾、树枝、树叶等。

（2）对广场、操场、台阶周边的杂草进行清除。

（3）用小扫把对广场、操场停车场、台阶地面进行清尘处理。

（4）清理垃圾,运送到学校的垃圾中转站。

（5）不能把垃圾和树叶倒到道路两侧的绿化带,更不能就地焚烧。

清扫要有次序,如清扫操场应该先洒水再扫地,有风的时候应该顺风扫;扫楼梯时应注意清扫的顺序,从上往下扫。

二、垃圾分类

垃圾分类,一般是指按一定规定或标准将垃圾分类储存、分类投放和分类搬运,从而转变成公共资源的一系列活动的总称。垃圾分类的目的是提高垃圾的资源价值和经济价值,力争物尽其用。

微课:

垃圾分类

（一）垃圾分类的背景

习近平总书记在党的十九大报告中指出,建设生态文明是中华民族永续发展的千年大计。必须树立和践行绿水青山就是金山银山的理念。坚定走生产发展、生活富裕、生态良好的文明发展道路,建设美丽中国,为人民创造良好生产生活环境,为全球生态安全作出贡献。

随着社会经济发展和物质消费水平的大幅度提高,我国每年垃圾产生量迅速增长,2018年仅生活垃圾总量就增至4亿多吨,这些垃圾不仅造成了环境安全隐患,也造成了资源浪费,成为人民群众反映强烈的突出问题,成为社会经济持续健康发展的制约因素。实行垃圾分类,不仅关系着广大人民群众的生活环境,关系着资源的节约,也是社会文明水平的一个重要体现。

（二）垃圾种类

从国内外各城市对生活垃圾分类的方法来看,大致都是根据垃圾的成分构成、产生量,再结合本地垃圾的资源利用和处理方式来进行分类的(图5-1)。

1. 可回收物

可回收物主要包括废纸、塑料、玻璃、金属和布料五大类。

废纸:主要包括报纸、期刊、图书、各种包装纸等。但是,要注意纸巾和厕所用纸由于水溶性太强,因此不可回收。

可回收物	有害垃圾	厨余垃圾	其他垃圾
Recyclable	Hazardous Waste	Food Waste	Residual Waste

图 5-1　垃圾分类标志

塑料：主要包括各种塑料袋、塑料泡沫、塑料包装、一次性塑料餐盒餐具、硬塑料、塑料牙刷、塑料杯子、矿泉水瓶等。

玻璃：主要包括各种玻璃瓶、碎玻璃片、镜子、暖瓶等。

金属物：主要包括易拉罐、罐头盒等。

布料：主要包括废弃衣服、桌布、洗脸巾、书包、鞋等。

2. 有害垃圾

有害垃圾指含有对人体健康有害的重金属、有毒的物质或者对环境造成现实危害或者潜在危害的废弃物，包括电池、荧光灯管、灯泡、水银温度计、油漆桶、部分家电、过期药品、过期化妆品等。这些垃圾一般单独回收或填埋处理。

3. 厨余垃圾

厨余垃圾是有机垃圾的一种，包括剩菜、剩饭、菜叶、果皮、蛋壳、茶渣、骨、贝壳等，泛指家庭或学校生活饮食中所需用的来源生料及成品（熟食）或残留物。经生物技术就地处理堆肥，每吨可生产 0.6~0.7 吨有机肥料。

4. 其他垃圾

其他垃圾主要包括砖瓦陶瓷、渣土、卫生间废纸、瓷器碎片等难以回收的废弃物，其他垃圾危害较小，但无再次利用价值。一般采取填埋、焚烧、卫生分解等方法，部分还可以进行生物降解。

（三）学校的垃圾处理

对学校而言，垃圾分类既是培养高素质人才的需要，也是创建文明校园、生态校园的需要，是利在当代、功在千秋的事业。

1. 校园垃圾分类模式

根据学校实际情况，按照当地所在省市规定的可回收物、厨余垃圾、有害垃圾、其他垃圾四种类别进行生活垃圾分类。校园施工产生的建筑垃圾、绿化垃圾以及实验室危险废弃物垃圾等按照相关规定进行处置，严禁混入生活垃圾投放。

2. 校园垃圾分类与收集流程

学校和个人应当按照规定的时间、地点，用符合要求的垃圾袋或者容器分类投放生活垃圾，不得随意抛弃、倾倒、堆放生活垃圾。

（1）学生公寓宿舍分类收集流程　将宿舍的厨余垃圾滤出水分后装袋投放至室外厨余垃圾桶，不得混入贝壳类、木竹类、废餐具等不利于后期处理的杂质；其他类别垃圾分类装入相应垃圾袋中，并就近投放到室外相对应的分类桶内。

后勤负责将厨余垃圾桶内的垃圾在规定时间运至固定的垃圾集中装运点，对接市政厨余垃圾收运车清运、其他种类的垃圾由后勤安排车辆分类收集清运。

（2）**教学楼分类收集流程**　所属各学院自备符合当地市标准的垃圾分类桶。所属学院在劳动周安排学生清扫，按类分别投放到固定的垃圾桶中。

（3）**校园公共区域及学院垃圾分类收集流程**　公共区域按片区划分，由负责日常打扫的学生将垃圾收集并让保洁员将果皮箱中的其他垃圾、可回收物及有害垃圾通过分类收集车进行分类统一收集，运送到固定垃圾堆放点进行分类投放，后勤安排车辆分类清运；保洁员分类收集车辆上需张贴相应分类标识；各单位楼栋内垃圾须由保洁人员运送到就近的固定垃圾堆放点进行分类投放，后勤安排车辆分类清运。

同步练习

做第 234 页练习 5.1：校园清洁我行动

主题二　义务劳动和勤工助学

　　义务劳动是一种赠人玫瑰、手有余香的行为，我们只有从身边的小事做起，从自己做起，能为他人着想，心存社会公德，真正起到先锋模范作用，未来才能经得起任何艰难困苦的考验，肩负起时代重任。

一、义务劳动

（一）义务劳动的概念

　　义务劳动，也称志愿劳动，是指不计定额、不要报酬、自觉自愿地为社会劳动。义务劳动，虽然只比劳动多了义务二字，但蕴涵了更大的能量与更深的意义。《劳动法》第六条是国家对劳动者提倡、鼓励行为的规定："国家提倡劳动者参加社会义务劳动。"《现代汉语词典》对"义务劳动"一词的解释是"自愿参加的无报酬的劳动"。而"社会义务劳动"是指社会公益活动，具体一点，就是有关卫生环境、抢险救灾、帮贫扶弱等群众性福利事业的义务劳动。这种劳动完全建立在劳动者主动性、自觉性的基础上，体现的是劳动者崇高的社会责任感和高尚的品德，它与劳动者在劳动关系范围内的法定劳动义务不同。对于社会义务劳动，《劳动法》在其规定中也只是提倡，并没有强制性要求。作为劳动者，可以参加，也可以不参加，这取决于劳动者本人思想境界的高低，属于道德范畴的问题。

（二）义务劳动的意义

　　义务劳动涉及方方面面，大至国家，小至家庭。社会和经济的发展、中华民族的伟大复兴以及中国梦的实现，都需要全体人民发扬牺牲奉献精神。同时，要想成为一个品德高尚的人，也需要奉献牺牲精神。

1. 提升劳动素质

　　面对日趋激烈的国际竞争，一个国家发展能否抢占先机、赢得主动，越来越取决于国民素质，特别是广大劳动者的素质。素质是立身之基，技能是立业之本。作为大学生，参加义务劳动可以提高

> 　　人的生命是有限的，可是，为人民服务是无限的，我要把有限的生命，投入到无限的为人民服务之中。
>
> ——雷锋

我们的文明素质和道德水平,培育"民生在勤,勤则不匮"的精神和责任意识,树立正确的人生观、价值观和世界观,从而促进自身的全面发展,这是一个知行合一的过程。

2. 促进个人全面发展

义务劳动能使我们的肌体充满活力,促进我们的身体发育;义务劳动,不论是体力劳动还是脑力劳动,都要付出努力、耗费精力,要取得劳动成果,需要有顽强的意志和毅力,因而可以培养我们的自信心、责任心、热爱劳动的情感和意志等思想品质;每个人从义务劳动中培养起尊重劳动、尊重劳动人民的品质,认识到劳动没有贵贱之分,只要是劳动,就能为社会增加财富,就是为社会服务,从而养成劳动光荣、不劳可耻的思想品德;义务劳动有利于培养我们的创造意识和创新精神,我们在义务劳动中既要动手,又要动脑,因此,义务劳动也是一种创造性活动。

总之,义务劳动不仅能培养我们的生活技能,而且能促进我们的体力发展和智力发展,培养我们的创新精神和实践能力,养成尊重劳动的思想品德。

(三)义务劳动的实践

当今时代是创新的时代,新的知识、新的技术不是凭空想出来的,而是在艰苦的劳动中创造出来的。义务劳动创造财富,劳动创造新的思维,义务劳动也促进了人类进步。对高校而言,在义务劳动中培养学生热爱劳动、尊重劳动,树立劳动光荣而幸福的情感十分有必要。

1. 让义务劳动教育成为一种价值召唤

在观念层面,大力提倡义务劳动精神要凸显综合性与统领性,让义务劳动教育成为一种价值召唤。义务劳动教育并不狭义地指体力劳动、志愿服务或直接的生产劳动,而是基于志愿服务、体力劳动与物质生产劳动的实践活动。在家庭生活之中体现为自理、自立的独立生活活动,在职业生活中体现为通过自己力所能及的各种劳动获取物质生活资料的活动,在社会生活中体现为丰富多样的为社会作出应有贡献的公益性活动,在学校学习之中体现为与具体的学科知识相联系的实践和动手操作的、能够化知识为能力与智慧的活动。义务劳动教育不是社会、学校或家庭单方面的事情,而是这三个教育渠道相互配合、密切联系、各司其职的整体性教育。

学校的各种义务劳动可分为劳动课和校内及校外的适量的义务劳动,如义务家教,义务打扫卫生,义务植树,服务老弱病残人员、去敬老院、协助交警之类的劳动。

2. 让义务劳动成为一种积极的生存方式

在实践层面,要强化激励性与基础性,让义务劳动成为一种积极的生存方式。义务劳动教育不是刻意、强制的观念和行为,而是依存于自觉意识、自觉追求和自觉行为过程中的。但是,义务劳动教育又无时不在、无处不

在,它必须渗透到教育的各个环节、各个方面,成为整个教育的基础和归宿。因此,我们应该把义务劳动的理念和行为渗透到生活、学习、工作的各个环节中,使之成为一种生存方式。

在社会中,凡事以利益活动为主,以经济发展为先。但社会义务劳动,其主要目的并不是为了创造物质财富,而是为了营造精神氛围,这对于社会发展而言更有意义。一个国家,需要人民自主自发地奉献,需要人民自愿地为国家劳动。社会义务劳动既然是一种劳动,就必然存在着各种生产要素的合理组织与利用的问题,投入与产出的比较仍然是衡量它有效与否的根本标准。近几年来,各界群众都以不同形式或多或少地参加义务劳动,为社会作出了应有的贡献。

3. 义务劳动是学生德育实践的主要形式之一

学校是培养社会主义建设者和接班人的殿堂,劳动是财富的源泉、幸福的源泉。勤于劳动、善于创造是中华民族最为鲜明的伟大品格。当代大学生应积极参加义务劳动,并在实践中提升自己,学校也应大力宣传义务劳动事迹,营造良好的氛围。学校开展义务劳动是贯彻党的教育方针和对学生进行德育教育的重要内容之一,它有利于增强我们的劳动观念、集体主义观念,有利于培养我们爱护公共财产的意识,有利于促进班风建设和校园文明建设。

二、勤工助学

（一）勤工助学的内涵

勤工助学是指学生在学校的组织下利用课余时间,通过劳动取得合法报酬,用于改善学习和生活条件的社会实践活动。在我国,勤工助学是贯彻教育与生产劳动相结合的一种教育经济活动,勤工助学对于推动学生素质教育,构建新的人才培养模式,促进学生成长成才有着重要意义。

> 一粥一饭,当思来处不易;半丝半缕,恒念物力维艰。
> ——《朱子家训》

勤工助学源于"济困",通过俭学来达到完成学业的目的,随着社会进步和对人才需求标准的提升,我国中高职学校和大学的勤工助学工作已由"济困"为主的阶段过渡到"济困与成才相结合的"社会实践阶段,越来越多的学生把勤工助学作为主动适应社会、参与社会实践、提升自身综合素质和能力的有效手段,勤工助学的内涵也越来越丰富、充实,完成了从纯粹"经济功能"到"人的全面发展教育功能"的转化。

1. 功能上由单纯解困向助困育人发展

如今,随着市场经济的发展和高等教育体制的改革,社会对复合型人才的需求不断扩大,学生的价值观念和社会取向也在发生变化,成才意识日渐增强,勤工助学活动作为一项特殊的社会实践活动,其功能、内涵和作用不断得以拓展和延伸,育人功能更加突出。

2. 对象上由家庭贫困学生向全体学生发展

随着勤工助学活动的深入发展,学生们对勤工助学活动的多重功能有了更深

微课:

勤工助学

入的理解,逐渐被学生群体广泛认同,一些非贫困学生从实践锻炼的角度出发,主动加入勤工助学活动。因此,参加勤工助学的学生群体也逐渐由贫困学生和非贫困学生共同组成。

3. 类型上由普通型向专业型发展

学校在开展勤工助学活动的过程中,更加注重开发学生智力,发挥专业特色和优势,提高人才培养质量,学生参加勤工助学活动由主要从事劳务型、服务型、事务型工作岗位逐渐向从事专业型、技术型、管理型工作岗位转变,实现了专业学习、能力培养和经济资助三者的有机统一。

4. 形式上由个体自发向集体组织发展

过去学生参加勤工助学往往呈现自发性、分散性特点,存在一定的安全隐患,合法权益容易受到侵害。目前学校普遍建立了统一的管理和服务机构,制定了详细的管理规定和运行机制,同时注重勤工助学基地建设,积极拓展勤工助学市场,使勤工助学有了更加广阔的发展空间,为学生创造了良好的勤工助学环境。

(二)勤工助学的意义

1. 实现"济困"功能

目前学生在学校中的很大一部分时间是由学生自由支配的,勤工助学能够让贫困学生在业余时间展示其价值,通过自己的劳动来获取报酬,缓解经济压力,勤工助学已成为学校实现"济困"的重要手段。

2. 锻炼当代学生的思想品格

当下,有些大学生害怕吃苦,缺乏服务精神和团队意识,责任意识不强。勤工助学实践活动能够让学生感受到生活的艰辛,懂得什么是责任和担当,明白什么是感恩和奉献,有利于学生树立自信心,形成劳动光荣的观念,有利于他们树立正确的人生观、世界观和价值观。在团队中学会如何面对激烈的竞争,提高他们的心理承受能力,培养危机意识。同时,长期的勤工助学实践能够培养学生的自我约束力、劳动意识和职业道德,这些都将成为他们以后人生路上的宝贵财富。

3. 提高学生综合能力和素质

通过勤工助学实践活动,学生的学习能力、社会能力及内省能力都得到了进一步提高。从校内岗位到校外岗位,从懵懂跟从到独立选择,从忐忑上岗到独当一面,学生们的实践能力、创新意识和独立分析问题解决问题能力等明显提升,学生提前接触社会,了解社会规则,调整自己的预期,改进自身不足,契合社会需求,团队意识、自律能力、心理素质明显提升,社会适应能力显著提高。另外,通过勤工助学,学生的学习能力和专业素质也得到了增强,学生把学到的专业知识很好地运用到实践中去,边学习边实践,不仅可以让自己的专业知识更扎实与稳健,同时还可以从专业出发去扩展相应的专业特长,增加个人能力。

4. 增强学生创新创业能力

勤工助学引导带动学生从课堂到课外,从学校到企业,从学生到职员,从兼职到就业创业,开阔了视野。学生在自己熟悉的领域经过长期实践已趋于理性,从创新的角度重新审视身边的各种资源,寻求资源的更佳配置,谋求更大的发展。学生在勤工助学过程中容易迸发出创新想法和创业激情,结合团队管理、项目运作、人际管理、目标管理等,进入一个融会贯通、将所学所思转化为所想所为的新境界,创新创业能力大大提升。

5. 促进学生就业

勤工助学能够不断提升学生的管理组织能力和待人处事能力,使学生的职业素质和职业能力全方位提升,帮助他们储备优质就业和自主创业所需要的身心素质和技能。

(三)勤工助学的岗位设置

1. 设置勤工助学岗位的目的

勤工助学的主要目的帮助学生顺利完成学习任务,故而在完成勤工助学任务的时间安排上,更倾向于利用学生的课外休息时间。这样的安排一来基本不会耽误学生在学校的学习生活,不妨碍学生课堂理论知识学习、实践专业技能掌握等方面的技能形成。二来,还能够培养学生的办公能力、人际交往能力和时间规划能力。勤工助学的"奖、助、贷、勤、补、减(免)"体系最大的特点就在于有偿性,让学生依靠自己的双手和辛勤的劳动获得相应的报酬。岗位的设立都带有资助的目的,最初主要针对贫困生设置。

2. 勤工助学的岗位特点

要促进勤工助学劳务型和智力型相结合,实现内容的多层次化。结合学生的年级和专业特点,充分发挥学生的知识和技能,开拓智力型勤工岗位。还可以与老师的科研工作相结合,这既有利于老师科研课题的完成,又有利于学生巩固知识,锻炼能力,特别是实验类型的科研项目,更能增加学生的兴趣,培养科研态度和科研能力。实地调研结果表明,目前各高校的勤工助学工作的主要内容是图书馆书籍整理、实验室仪器清洗维护、办公室卫生打扫、宿管科日常值班、教室座椅的排放等。此外,勤工岗位还可以向服务型方向发展,对于不同阶段、不同需求的学生进行协调安排。相对智力型的工作而言,基层的服务型工作不仅可以培养学生待人接物的能力,学会人际沟通,还有助于他们更好地了解社会、适应社会,解决在学生中存在的眼高手低的问题,且这类工作一般要求较低,有较大需求量,适用于广大困难学生。

3. 勤工助学的岗位类型

校内岗位包括学校各类机构的办公室助理、技术助理、图书馆工作人员、校内会议临时工作人员以及一些学生机构的岗位。校外岗位主要包括展会翻译、员工培训、商场导购等。此外,还有家教岗位,提供家教兼职机会,包括学生家教、成人家教、班教等。《高等学校学生勤工助学管理办法》要求勤工助学活动必须坚持"立足校园、服务社会"的原则,勤工助学要达到既向学生提供经济资助,又锻炼学生实践能力的目标。

4. 创业式勤工助学岗位的设置

勤工助学模式由传统型向创业型转变,是高校资助工作的内在要求和必然趋势。创业型勤工助学模式是指学校提供资金、场地支持,专业教师提供指导,通过校企合作,创建以学生为主体,由学生自主经营管理的勤工助学实体。学生既能通过创造性的劳动获取一定的报酬,同时还能参加专业实习和创业实践活动,提升专业技能和综合实践能力。创业型勤工助学让学生潜移默化地接受创新创业教育,形成"学生主导、教师指导、学生参与"的勤工助学与创业实践相结合的运行模式,推动资助形式的多样化发展,形成"资助—自助—助人"的良性循环,实现高校勤工助学的育人功能。

(四)勤工助学岗位应聘技巧

应聘勤工助学岗位应该做好充分准备,根据岗位说明书准备证明材料。递交书面申请后及时确认面试时间。面试中涉及的常见问题如下:大学期间的学习情况,如专业排名、获得奖学金等;家教、兼职经历;学习紧张程度、空余时间等具体问题。同学要根据这些基本问题做好充分的准备,对评委提出的问题尽量回答,对于自己应聘的岗位谈出认知。其次,在着装和文明礼貌方面还要精心准备,增加印象分。在语言表达方面,不要使用口头禅。在自我介绍时应着重强调自己的特点。

同步练习 ◎

做第 235 页练习 5.2:劳动中的"苦差事"和"分外事"

主题三　专业服务和创新劳动

一、专业服务

(一)专业服务概念

专业服务,是指某个组织或个人,应用某些方面的专业知识和专门知识,按照客户的需要和要求,为客户在某一领域内提供特殊服务,其知识含量和科技含量都很高,是已经并将要继续获得巨大发展的行业。

(二)专业服务类型

> 劳动是首歌,谱曲者、作词者、演奏者是家、校、社,而歌唱者是学生,需要打破边界,让劳动成为一群人的合唱。
> ——庄惠芬

专业服务一般可以分为生产者专业服务和消费者专业服务。具体包括:法律服务;会计、审计和簿记服务;税收服务;咨询服务;管理服务;与计算机相关联的服务;生产技术服务;工程设计服务;集中工程服务;风景建筑服务;城市规划服务;旅游机构服务;公共关系服务;广告设计和媒体代理服务;人才猎头服务;市场调查服务、美容美发服务和其他。

根据世界贸易组织的分类,专业服务归纳在职业服务的范畴内,包括以下内容:法律服务;会计、审计和簿记服务;税收服务;建筑服务;工程服务;集中工程服务;城市规划和风景建筑服务;医疗和牙医服务;兽医服务;助产士、护士、理疗师和护理员提供的服务;其他。

当我们游览故宫,在几百年前的文物建筑前驻足叹息时,也许从未想到,有这样一个职业群体——他们每天就在故宫博物院的黛瓦红墙里工作,与古典文物朝夕相处,甚至在这些文物身上"下刀子"。他们就是故宫的文物修复工作者。

在大机器工业时代,虽然生产技艺不断提高,但是修复工作仍需要一代一代的师徒传承下来。故宫博物院的修复部门包括青铜、木器、漆器、书画、镶嵌、织绣、钟表等多个部门。他们运用最先进的科学技术和最扎实的手工修复技艺,让一件件几近腐朽的文物尽可能地恢复原貌。因为文物修复过程通常是不可逆的,所以在这个过程中,他们既要胆大心细,选择最恰当的方式进行修复,避免对文物造成"二次损坏",同时,又要尊重原创,还原文物最原始的面貌。文物修复一旦与历史原貌脱节,便失去了它应有的历史价值。

(三)专业服务的特征

专业服务是指由组织或个人应用某些专业知识和专门知识或者大量的实践经验来为客户或消费者提供的某一领域的特殊服务。

专业服务是知识和科技含量很高的服务,是少数专业人士提供的特殊服务。专业服务来自组织和组织之间,个体和个体之间的直接接触。专业服务所提供的服务是与消费同时进行的。供方和收方同时在供应和消费中得到新的利益。许多专业服务提供者与专业服务消费者需要在同时同地完成服务交易。

专业服务具有技术化、知识化的特征,使高素质的人才成为国际竞争的核心。专业服务在提供服务方和接受服务方之间会形成一种委托代理关系。这种委托代理关系以契约或签订服务协议的方式固定下来。因此,专业服务是以契约为纽带提供的服务,对法律的依赖程度相当高。

在校大学生通过社会兼职、志愿服务,可以把专业知识、专业技能直接运用于"三支一扶""三下乡"等社会实践活动之中。在专业服务中,实现知行合一、学以致用,既服务他人,又成就自己,为未来走向专业的工作岗位奠定基础。

二、创新劳动

创新是一个民族进步的灵魂,是一个国家兴旺发达的不竭动力,也是中华民族最深的民族禀赋。创造在劳动中无处不在,创造性劳动既是在劳动中创造新事物、新方法、新理论和不断开辟劳动应用范围的活动,也是进行新发现、新发明,创造新技术、新工艺的活动,还是开发新产品和开辟新市场的活动。创造性劳动是人类在劳动中不断开拓新的活动领域,不断冲破常规,不断捕捉新的机遇,不断进行创新和创造,推动人类社会不断进步的复杂过程。

微课:

创新劳动

（一）创造是人类劳动的本质特征

人的劳动是有意识、有创造性的活动，是创造性劳动与机械性（重复）劳动的统一。在人类社会发展过程中涌现出许多创造性劳动，不同时期的创造性劳动有着不同的特点。早期的一般创造性劳动仅仅表现为劳动工具和生产方法的一般进步。工业化以来形成重大创新的创造性劳动则产生了重大的技术变革，为工业化的发展提供了动力源泉。当代飞速发展的创造性劳动，促进了科学理论的新突破，推动了一系列新原理、新学说的诞生和网络技术、信息技术、生物工程技术等一系列新技术的飞跃发展。

（二）创造性劳动的方法

在进行创造性劳动的时候可以借鉴技术创新的一般方法，如：转化、改造、移植、组合等。

1. 转化

转化是指根据已有的科学原理，进行技术发明和技术创新。这种技术创新方法主要是将已有的理论性的科学研究成果，转化为一定的技术原理或技术成果，将知识形态的东西转化为实物形态的东西。其特点是具有明显的新颖性和创造性，常能开拓出新的技术手段和方法。

比如，吸尘器的发明者，从"吹"灰尘的反向角度——"吸"灰尘思考问题，运用真空负压原理，发明了电动吸尘器，让我们的日常劳动更方便、快捷。

2. 改造

改造是指在原有技术基础上进行技术革新、技术改造，特点是其基本技术原理不变，在已有技术原理的基础上对产品的样式、外形、特性和功能，进行技术革新和改造，以研制出形态好、功能多、效率高、成本低、使用方便的新产品、新方法、新工艺、新材料。

装配式建筑是指把传统建造方式中的大量现场作业工作转移到工厂进行，在工厂加工制作好建筑所用的构件和配件（如楼板、墙板、楼梯、阳台等），运输到建筑施工现场，通过可靠的连接方式在现场装配安装而成的建筑。装配式建筑主要包括预制装配式混凝土结构、钢结构、现代木结构建筑等，因为采用标准化设计、工厂化生产、装配化施工、信息化管理、智能化应用，是现代工业化生产方式的代表。

3. 移植

移植是指把某一事物的原理、结构、方法、材料等移植到新的载体，用以变革和创造新事物的创造技法。第二次世界大战以来，以电子计算机技术、微电子技术、通信技术、核技术、激光技术、新材料技术、空间技术、海洋技术等为主导的现代高技术群相继出现。这些高技术群不断向社会生活的各个领域进行渗透、借鉴和移植，使得社会整体技术水平取得了很大的进步和发展，从而把人类社会引入一个崭新的技术时代。

4. 组合

在当代科学技术发展到了一定高度的情况下，要想发明一个替代性技术是非常困难的。这时可以综合已有的各家或各种技术之长为我所用,从而开发出新产品,保持技术领先的优势,在激烈的市场竞争中立于不败之地。20世纪50年代后,日本看准了这一点,提出了"综合就是创造"的思想,并在这一思想的指导下进行技术创新,开发出了许多新产品,使其在很短的时间内,技术上取得了优势,经济上取得了繁荣。

组合法就是将两种或两种以上的学说、技术、产品的一部分进行适当叠加和组合,用以形成新学说、新技术、新产品的创新思维方法。创新中的组合应满足两个条件:一是由不同的技术因素构成的具有统一结构与功能的整体;二是组合物应具有新颖性、独特性和价值性。

比如,智能车辆是一个集环境感知、规划决策、多等级辅助驾驶等功能于一体的综合系统,它集中运用了计算机、现代传感、信息融合、通信、人工智能及自动控制等技术,是典型的高新技术综合体。

运用以上方法,从手电筒这一常用的物品出发,可以衍生出多种创新思路,见表5-1。

表5-1 由手电筒衍生出的创新思路

序号	检核项目	创新思路
1	能否他用	其他用途:信号灯、装饰灯
2	能否借用	增加功能:加大反光罩,增加灯泡亮度;
3	能否改变	改一改:改灯罩、改小电珠和用颜色电珠等;
4	能否扩大	延长使用寿命:使用节电、降压开关
5	能否缩小	缩小体积:1号电池到5号电池,再到7号电池,再到纽扣电池
6	能否替代	代用:用发光二极管代小电珠
7	能否调整	换型号:两节电池直排、横排、改变式样
8	能否颠倒	反过来想:不用干电池的手电筒,用磁电机发电
9	能否组合	与其他组合:带手电收音机、带手电的钟

（三）科技创新

大学生科技创新是指大学生利用课余时间进行自己感兴趣的科学研究、参与教师科研项目、参加各类大学生竞赛等活动。大学生科技创新是培养学生工程实践能力、科技创新能力、创新合作能力的行之有效的途径,是培养学生创新精神和实践能力的重要环节和有益补充,对着力培养创新应用型人才的地方高校而言尤为重要。

大学生科技创新作为高校社会实践活动的重要组成部分,丰富了大学生的课外学习生活,有利于调动学生学习的积极性,有利于弥补学校教育教学的不足,促进青年学生在理论和实践相结合的过程中增长才干、积累学习经验,培养学生的责任意识和管理意识,从而实现优质成才、全面成才。总的来说,大学生科技创新在教学实习、创新能力培养、深造就业等方面都有积极作用。

以浙江某高校为例,学校高度重视大学生的科技创新工作,鼓励学生积极参与科学研究,努力创造良好的科研氛围。学校定期举办测试学生专业知识与技能的竞赛活动,同时对学生进行相关的技能培训。此外,学校相关部门积极组织学生参加各类学科竞赛,如电子设计大赛、数学建模大赛、英语竞赛等,尤其以具有代表性、权威性、示范性、导向性的"挑战杯"全国大学生课外学术科技作品竞赛为重点。除了竞赛,学校还鼓励师生积极参加科技创新项目的研究,重视科技创新项目的申报、立项、执行以及项目结题等各个环节,形成以共青团委员会为主导、项目导师为抓手、学生为主体的项目管理模式,全面培养学生的创新意识、团队合作精神。该校的大学生科技创新活动在培养学生科研的意识和兴趣,提高学生的创新能力等方面发挥着独特的作用。

同步练习

做第 237 页练习 5.3:与时俱进地创新

— 拓展案例 —

未来道路上消失的快递小哥

网络经济时代,快递小哥们每天穿行在大街小巷,为我们送上在网上精心挑选购买的各种物品,尤其是每年双十一过后,快递公司的送货业务量是平时的好几倍,快递小哥为了赶时间都要跑步送货,感觉像在跑马拉松。而未来有一天,快递小哥可能会从街道上消失,取代他们的是送货机器人。

送货机器人研究是人工智能的重要研究分支,目前国内外出现很多送货机器人的概念机,中国也有京东、苏宁等企业在进行送货机器人的研制。京东研制的送货机器人,外观像一辆小车,最大设计时速达 15 km/h。这个送货机器人装有激光雷达、GPS 定位、全景视觉监控、前后的防撞装置以及超声波传感器,能准确感知周边的环境变化,预防交通安全事故的发生,已经能做到安全通过有红绿灯的路口和没有红绿灯的路口、能主动避让来车和行人、能自主规划安全路线、能在指定位置精准停车。

第一批京东送货机器人已经投入清华大学、浙江大学等高校内执行任务,将来会陆续在全国高校内设立的京东派站点推广,为广大师生提供便捷的服务。

【分析】送货机器人短时间内还无法取代快递小哥的工作,因为这种送货机器人从本质上讲还是无人驾驶的汽车,要全面推广无人驾驶的汽车,还有很多法律、伦理上的问题需要人们要研究探讨,比方说:送货机器人在路上如果肇事,那么谁来承担责任?再比方说:一条狭窄的路上,一辆小汽车向送货机器人冲了过来,如果送货机器人迅速向旁边躲避,旁边的路上还有人,可能伤到路人;如果不躲避,碰撞后可能伤到小汽车的司机,送货机器人该如何选择?

这些问题,需要我们把握创新时代的脉搏,且行且试,找到创造性解决问题的方法。

实践项目

做第 263 页项目 5:

办公助理——服务师生员工

阅读导航

[1]路遥著,《平凡的世界》,北京十月文艺出版社,2009 年版

导读:《平凡的世界》是中国著名作家路遥创作的一部百万字的长篇巨著,是一部全景式地表现中国当代城乡社会生活的长篇小说。作者在中国 20 世纪 70 年代中期到 20 世纪 80 年代中期近十年间的广阔背景上,通过复杂的矛盾纠葛,以孙少安和孙少平两兄弟为中心,刻画了当时社会各阶层众多普通人的形象;劳动与爱情、挫折与追求、痛苦与欢乐、日常生活与巨大社会冲突纷繁地交织在一起,深刻地展示了普通人在大时代历史进程中所走过的艰难曲折的道路,读来荡气回肠,令人不忍释卷。它被誉为"茅盾文学奖皇冠上的明珠,激励千万青年的不朽经典"。

《平凡的世界》既是一部现实主义小说,也是小说化的家族史;作家高度浓缩了中国西北农村的历史变迁过程,作品达到了思想性与艺术性的高度统一,特别是主人公面对困境艰苦奋斗的精神,对今天的大学生仍有启迪。

[2][美]特里林,菲德尔著,《21 世纪技能:为我们所生存的时代而学习》,天津社会科学院出版社,2011 年版

导读:近几十年来,我们所生活的世界一直在发生巨变——先进的技术与交流手段、迅猛的经济发展与激烈的竞争、翻天覆地的变化、日益加剧的全球性挑战(从金融危机到全球变暖等)。如果我们的学校教育仍然保持不变,那我们该如何应付未来的世纪挑战?

这本书为全球读者提供了一个 21 世纪学习的框架,提出了生活于这一复杂而相互关联密切的 21 世纪必备的技能。21 世纪的教育,不仅包括传统教育科目,如阅读、写作、算术等,更应注重适应现代社会的主题,如全球化意识、金融/经济、健康与环境保护素养等。一句话,21 世纪的学校,应该教会学生运用 21 世纪技能,去理解和解决真实世界的各种挑战!这些技能应该包括,学习与创新技能——批判性思考和解决问题能力、沟通与协作能力、创造与革新能力;培养数字素养技能——信息素养、媒体素养、信息与通信技术素养;职业和生活技能——灵活性与适应能力、主动性与自我导向、社交与跨文化交流能力、高效的生产力、责任感、领导力等。

课后评估

扫码做评估 5.2:自测一下对本模块内容的掌握程度

模块六

社会劳动实践

学习指南

社会实践活动是学校"综合实践活动"课程的一部分,使学生能够融入社会,感触生活,通过参与、体验与感悟,增强对社会的认识和理解,发展学生的批判思维,增强学生的社会责任感。社会实践是人类发现真理、运用真理、验证真理、发展真理的基础。

本模块包括社会实践和社会调查、社区劳动和志愿服务、社会兼职和创业体验三部分,围绕我们即将开展的实践劳动做必要准备,提升自身综合素质。

学习目标

知识:

1. 了解社会实践的概念,及其对高职生的意义
2. 了解志愿精神的内涵
3. 了解劳动法对劳动者的权利和义务

能力:

1. 掌握常用的社会调查方法
2. 利用基本劳动技能参与社会兼职
3. 通过培训,撰写创业计划书

态度与价值观:

1. 愿意亲历社会实践和社会调查活动助力自身成长
2. 通过志愿活动培养志愿精神
3. 通过创业体验,培养创新精神

教学建议

1. 指导同学们在社会的服务工作中,积极践行职业道德,努力做到"爱岗敬业""诚实守信""办事公道""热情服务""奉献社会"。积极培育学生的职业精神,能够向身边的劳动模范、杰出工匠、优秀劳动者学习,努力培养学生的劳模精神、工匠精神、劳动精神。

2. 要求同学们在与人交流过程中,积极参加综合主体讨

论,主持小规模的主题讨论;能就简单主题,当众做简短发言;能对阅读的文字资料进行汇总整理;就简单的主题撰写工作报告。

案例导入

黎明出发,点亮万家

踏上工作岗位至今,张黎明扎根电力抢修一线31年,从一名普通工人成长为行业里响当当的电力"蓝领创客"。经他手开展的技术革新多达400余项。他还投入满腔热情,常年义务帮扶身边群众,点亮万家灯火。作为知识型、技能型、创新型新时代产业工人的典型代表,张黎明在看似平凡的岗位上彰显出一名共产党员的先进本色。

做好电力故障抢修,首先要做的就是熟悉线路。工作之初,张黎明下班后怀揣着笔记本,沿电力线路边走边记,熟悉周边环境。简单的事情重复做,重复的事情用心做。多年下来,陪伴他熟悉线路的交通工具从老式自行车到电动自行车,再到抢修汽车。在长期抢修实践中,他巡线8万多公里,亲手绘制抢修线路图1 500多张,练就了一手事故诊断的绝活:根据停电范围、故障周边环境、线路设备健康状况等,迅速判断出事故的基本性质、大概位置,甚至能准确点出故障成因。这为高效完成抢修任务赢得了宝贵时间,大家也因此送给他"活地图"的绰号。

他和同事们反复试验发明的可摘取式低压刀闸,将线路变压器发生保险片短路烧毁故障的抢修时间,从过去的45分钟左右一下子缩短至8分钟。如今,这项发明获得了国家专利并得到广泛推广,仅这一项小革新每年就可创造经济效益300多万元。

2011年,以张黎明的名字命名的"张黎明创新工作室"应运而生,这是国网天津市电力公司的第一个职工创新工作室。工作室成立以来,张黎明带领同事们开展技术革新400余项,获得国家专利140余个,20多项成果填补智能电网建设空白。"张黎明创新工作室"还孵化出"星空""蒲公英"等8个创新工作坊,培养出一批"蓝领创客",创造了巨大效益。

同事张可佳说,张黎明在创新上的勤奋是由于发自内心对工作的热情。"以前以为,创新是实验室科技人员的工作,没想到一线创新也大有可为。"

多年过去了,当初的"实诚人"成了行业闻名的"蓝领创客"。他的徒弟们也沿着他的脚步,成了各专业的领军人才。但徒弟们多多少少都有一个相似的特点,那就是责任心重,也许"根"就在张黎明所做的那些"傻事"里。

(资料来源:新华网,2018年5月23日,有删改)

【分析】社会服务并不仅仅是一个高大上的口号,也不是换取荣誉的一种手段,而是需要树立奉献意识并将其落实到平凡岗位上的实际行动中去。张黎明扎根电力抢修一线31年,用心做好与电力抢修相关的每一件事情,展现了平凡人在社会服务劳动中的伟大,这个服务的过程也是实现自己的人生价值的过程。当代青年大学生应当学习这种精神,树立"扎实做好每一件事情"的社会服务观念。

课前评估

扫码做评估 6.1:自测一下对本模块内容的了解程度

主题一　社会实践和社会调查

暑假时间充裕,是学生最好的社会实践时间段。目前,不管是家长还是社会,都对社会实践活动缺乏正确的理解。部分家长担心孩子的安全问题,担心孩子吃苦。另外,社会的不重视也是影响实践活动进行的重要因素。因为社会实践时间较短,实践单位对学生的培训耗时耗力,导致一些社会单位不愿意给大学生提供实践机会。为此,我们要储备必要的劳动知识,用过硬的本领担当起一份重任,在有限的时间内完成充分的锻炼,以便今后适应职场要求。

> 只有人们的社会实践,才是人们对于外界认识的真理性的标准。真理的标准只能是社会的实践。
>
> ——毛泽东

一、社会实践

（一）社会实践的内涵

1. 社会实践的含义

微课:

社会实践

社会实践活动是高校按照高等学校人才培养目标的要求,有计划、有目的、有组织地深入社会,积极参与社会政治、经济和文化生活,以了解社会,增长知识技能,培养正确的世界观、人生观和价值观的实践活动过程。社会实践活动作为我国高等教育的一项重要的教育形式,是新形势下高校思想政治教育的延伸,是培养具有创新精神和实践能力人才的重要途径之一。

社会实践的含义主要表现在以下两个方面:一是教育活动。人类实践活动的形式是多种多样的,教育活动只是其中的一种形式,社会实践作为高等教育的一个重要组成部分,立足于实现高等教育的人才培养目标,力求做到学校教育和社会教育相结合、理论与实践相结合,使大学生在实践锻炼中受到教育,从而促进大学生身心的全面发展。二是实践活动。社会实践是以学生为主体、以学校为载体、以社会为舞台的一项实践活动,是在社会主义市场经济建设与高等教育事业相协调发展的客观要求的基础上发展起来的,需要社会各界的高度重视和共同参与,才能保证社会实践活动的顺利进行。

社会实践活动应当包括两个过程:一是实践活动的过程,即大学生积极参与社会实践,向社会学习、为社会服务的过程。二是社会化的过程,是大学生初步尝试社会角色转换的过程。这里要强调的是,在社会实践的过程中,大学生实现了个体角色向社会角色的转化,使自我价值和社会价值得到体现和升华。大学生社会实践的这两个过程应该是相辅相成相互促进的。

2. 社会实践活动的特点

社会实践活动具有实践性、开放性、生成性和自主性等特点,对学生综合素质的提升,特别是创新精神和实践能力的培养,提供了广阔的空间。学习的最终目的是学以致用,为以后的社会生活积累必要的知识储备。社会实践活动可以为学生提供一个在实际生活中应用书本知识的机会,同时也能使学生对社会有一个初步的了解,在这种双向了解的过程中,学习社会知识,促进学生的社会化,为以后融入社会生活做好铺垫和准备。在动手的过程中,体会课本知识,发展自己的动手能力。充分利用在校期间学习和掌握科技知识的有利条件,在社会实践中磨炼自己,真正锻炼和提高自己的适应能力。

3. 社会实践原则

大学生社会实践的总体要求是:全面贯彻党的教育方针,遵循大学生成长规律和教育规律,以了解社会、服务社会为主要内容,以形式多样的活动为载体,以稳定的实践基地为依托,以建立长效机制为保障,引导大学生走出校门、深入基层、深入群众、深入实际,开展教学实践、专业实习、军政训练、社会调查、生产劳动、志愿服务、公益活动、科技发明和勤工助学等,在实践中受教育、长才干、做贡献,树立正确的世界观、人生观和价值观,努力成长为中国特色社会主义事业的合格建设者和可靠接班人。学校开展大学生社会实践工作时,要遵循以下原则:

(1)坚持育人为本,牢固树立实践育人的思想,把提高大学生思想政治素质作为首要任务。

(2)坚持理论联系实际,提高社会实践的针对性、实效性和吸引力、感染力。

(3)坚持课内与课外相结合、集中与分散相结合,确保每一个大学生都能参加社会实践,确保思想政治教育贯穿于社会实践的全过程。

(4)坚持受教育、长才干、做贡献,保证大学生社会实践长期健康发展。

(5)坚持整合资源,调动校内外各方面积极性,努力形成全社会支持大学生社会实践的良好局面。

(二)社会实践类型

1. 以调查研究为主的社会实践

以调查研究为主的社会实践一般是学生在老师的指引下,针对某一社会现象,进行资料查询、专家走访、实地考察,提出这一现象出现的缘由、目前的状况、解决的办法等,进而形成自己的考察报告。在这一过程中,学生从选题、调查到形成报告,都需要认真地思索,开动脑筋充分运用所学的知识解决问题,从而锻炼自己的资料收集能力、分析问题能力、观察能力、与人交往能力、写作能力等等。在这类实践中,需要教师对学生进行认真的指导,切实选择符合实际的、经过努力便于解决而又存在一定难度的论题,如调查水污染、学生心理状况、课间教室关灯情况与资源节约等都是适合学生参与的社会实践活动。

2. 以社区服务为主的社会实践

学生在教师指导下,走出教室,进入实际社会情境,直接参与和亲身经历各种社会生活,开展各种力所能及的社区服务性、公益性、体验性的学习与实践,既可以获取直接经验,发展实践能力,又可以增强社会责任感。学生可以针对自己生活的社区,通过垃圾分类、清除非法广告、帮助孤残老人和儿童、慰问军属烈属等各种形式的活动,进一步了解社会,为社会做出贡献。

3. 以公益宣传为主的社会活动

我们可利用节假日走上街头,进行公益宣传,提高公众对某一社会现象的关注。如环保宣传、交通安全宣传、节约水资源的宣传、法律知识宣传、禁烟宣传等,这类宣传比较容易进行,可以结合某一节日(如世界水日)进行。宣传时要注意,我们不但要面向公众,还要与我们自己的生活实际相联系,提高我们自己的意识与水平。

4. 以参观为主的实践活动

在学校的组织下我们可以进行一些参观活动,这些参观可分为两类:一类是自己所在地的现代化企业,一类是本地的一些人文自然景观。通过参观现代企业,我们可以感受现代企业文化和企业管理,体验现代高科技。通过参观本地的人文自然景观,如历史博物馆、科技馆、地质博物馆、一些遗址等,我们可以了解本地的自然人文情况,增强对区域性文化的了解。

(三)社会实践意义

1. 提高个人能力

大学生社会实践是在校大学生利用课余时间,与社会进行接触,提高个人能力,发挥自己的聪明才智,对社会做出贡献的活动。学生通过参与、动手、思考、解决问题等过程,将所学的书本知识内化为自己的能力,全面提升学生自身的思想素质、求真精神和务实的品质;同时也培养了学生积极向上、珍爱美好生活的优良心理品质。

2. 激发对社会问题的思考

社会实践活动,将有助于学生接触群众,了解社会。学生在社会实践过程中,很自然地要离开书本、走出校门、走入社会,通过融入社会、贴近自然、感触生活,增加对社会的认识与理解、体验与感悟,并能够在此基础上反思社会现象,发展批判性思考能力,从而增强学生的社会责任意识,这是一个长期积累的过程。同时学生在参与实践活动的过程中,也会对出现的一些问题产生思考,在探寻解决办法的过程中,加深学生对社会的认识。

3. 促进个人成长

社会实践活动能有效地锻炼学生的能力,提高学生的综合素质,增强学生的社会生活能力。当然在这一过程中,也会存在一些困难,如社会实践活动的时间安排问题、教师的跟进问题、甚至活动的经费问题等。但只要用心发掘资源,一定能够找到合适的方式与方法,也一定能够对学生的成长起到积极的作用。

(四)社会实践的评价与保障

1. 评价原则

(1)系统性原则 大学生社会实践是一项涉及个人、学校和社会的系统工程,因此,对社会实践的评价应采取系统论的观点和方法,全面考察保障社会实践的各个要素,使影响大学生社会实践效果的各因素、实践过程的各环节紧密联系,形成有机整体,以便有效控制。

（2）**知行统一原则**　大学生社会实践的目的在于实现理论学习和实践体验的有机结合,用实践检验学习效果,从而完善学生的知识结构,提高其应用能力和创新能力。因此,大学生社会实践选题必须符合高校专业教育的人才培养目标,与专业学习、社会需求相结合。

（3）**主体性原则**　大学生社会实践的主体是学生,发挥学生的主观能动性应贯穿社会实践的始终。因此,凸显学生的主体性要成为社会实践评价的价值取向。在社会实践评价过程中遵循主体性原则,就是指让学生也参与评价,强化评价对象（学生）的主体意识。

（4）**可把握性原则**　大学生社会实践形式多样、内容丰富,因此,对大学生社会实践的评价,评价标准（语言、数据等）要具体、明确、准确,反映出可把握性特点。评价者要对社会实践进行阶段性、真实、具体、详细的考察,通过各阶段的评价材料,反映社会实践的过程,最终做出科学的评价。

2. 评价内容

根据评价基准与实践活动的基本环节,评价内容由实践主题、实践计划、实践态度和能力、实践成果、实践保障措施五部分组成。

确定社会实践主题是大学生社会实践的首要环节,实践主题的选择带有方向性,只有方向准确、成果丰富的社会实践活动才是有效的社会实践。

实践计划主要指由实践主题出发,为达预期目标所设计的整个实践活动的方案。一个好的实践计划,是社会实践活动有条不紊进行的前提。

实践态度和能力主要从实践态度和实践能力两个方面进行评价。学生在社会实践活动开展过程中的态度和能力是影响社会实践效果的一个重要因素。

实践的最后一个环节——总结和答辩,要求学生对实践成果进行归纳、整理和总结,并与实践计划对比落实,突出理论升华。所以,实践成果也是社会实践评价最重要的内容。

实践保障措施主要评价学校重视程度、指导教师参与程度、实践单位（基地）重视程度三个方面。学校重视程度是指学校领导、各部门（单位）对学生社会实践的重视程度。指导教师参与程度是指教师参与社会实践并为之付出努力的程度。实践单位（基地）重视程度是指实践活动接收单位（或实践基地）领导、部门主管、导师等对实践活动的支持力度和对学生的指导程度。

3. 评价方法

综合运用形成性评价与终结性评价,动态评价与静态评价,定性评价与定量评价,学校（教师）评价、社会（导师）评价与自我评价,科学有效地评价大学生的实践活动效果。

形成性评价是指对学生实践行为与效果进行的日常性记载。终结性评价一般是在实践活动之后,对学生实践活动所做出的全面评价,这种评价是以形成性评价为基础和前提,依据大量的第一手材料,因而具有较强的严肃性和科学性。

静态评价是对学生社会实践的各项评价内容和指标进行"1+1"式的评价,对被评对象做出某种资料、资格证明,得出学生在实践活动中的评价结论。动态评价则有一个分析过程,通过分析、比较、评价,把握学生在实践过程中思想与行为发展变化的特征和轨迹。

为了实现大学生社会实践评价的可把握性,常常使用定量评价,尽可能把考评目标量化。目标的量化,可提供一些客观资料,但如果片面追求量化评价,就会忽视一些一时不能确定的因素,从而导致评价的不全面。由教育引起的人的行为变化是很复杂的,因此在社会实践评价中应重视定性分析。

指导教师和校外导师作为社会实践的指导者,对学生在实践过程中表现出来的理想、信念、智慧、能力等最有发言权。而学生自我评价的重要性,体现在这种评价能真实反映个体自我发展的意向和为这种意向所做出的努力,使外界从中获得来自学生自我发展的信息。

4. 保障措施

必要的保障措施,是大学生社会实践活动顺利开展的重要条件。

一是组织保障。大学生开展社会实践活动需要来自各方面的支持与帮助,其中包括学校建立完整的组织体系来保障大学生的社会实践的开展。

二是时间保障。按照学校教学计划对社会实践提出的时间和任务要求,确保参与社会实践的必要时间与精力等,保质保量修习完规定的学时学分。

三是基地保障。从大学生锻炼成长的需要出发,主动与城市社区、农村乡镇、爱国主义教育基地、企事业单位、部队、社会服务机构等联系,长期坚持,使学生受锻炼,当地见效益。

四是激励保障。从大学生社会实践的特点和实际出发,建立完善科学的激励制度,促进大学生社会实践的开展与完善。

五是经费保障。学校要从自身实际出发,设立专门的社会实践资金用于社会实践的基本开支,保障大学生社会实践的顺利开展。

二、社会调查

(一)社会调查的内涵和程序

社会调查是社会研究的方式之一,这种研究方式,研究主体不主动影响研究客体,是一个逻辑完整的社会研究过程。社会调查的主要方式有文献回顾、实地参与观察、问卷调查、文献撰写等。它主要通过一定手段去了解、研究、分析社会活动,揭示社会最本质的现实状况,为社会问题的解决提供参考。

大学生走进社区进行社会调查，是直接参与人民生活和了解社会的重要方法。参与社区调查研究活动，需要同本地区人民共同生活、共同行动，注重考察、注重切身体验，对社会的真实情况进行彻底的了解，以达到调查研究的目的。在我国高校实践教学中，还专门安排了与专业相关的社会调查环节。大多数高校是由学生自己到社会上去寻找调查单位。尽管在社会调查过程中会碰到种种问题，但由于这类调查活动与学生将来的就业息息相关，所以很多学生还是非常乐于参与这类调查活动的。

> 没有调查，就没有发言权。
> ——毛泽东

调查程序包括选题阶段；准备阶段（准备调查内容、准备调查工具、准备调查对象）；调查阶段（收集资料，实施调查）；分析阶段（审核、整理、统计、分析）；总结阶段（调查报告）。

（二）社会调查的设计与准备

1. 选题

根据当前国家经济形势和相关的方针政策，以及自己的专业、兴趣和学识，并结合社会调查的要素特征，选定一个值得研究的问题，如小城镇建设，退耕还林等等。选题时应当采用必要的查阅文献资料，咨询相关老师等方法。

2. 计划

我们要紧扣选定的主题，参照相关资料，提出不同层次的问题，并确定系统的调查项目，比如要研究小城镇建设的问题，就要提出其必要性和所需条件等问题，每个问题又包含了若干小问题。

3. 设计指标

指标就是用一定的数量和单位来描述调查对象，如某地区的人口和人均收入等。我们要用各种数量指标和质量指标从各方面完整地揭示调查对象的本质特征，保证其纵向和横向的可比性。

4. 拟定提纲

我们要用提纲的形式将以上的准备确定下来，对所有提出的问题和项目加以精选，分轻重缓急，使系统完整。

5. 选择适当的调查方式和方法

常用的调查方式有普遍调查（对调查对象的每个部分每个分子毫无遗漏地逐个调查）；典型调查（选择一个或若干个具代表性的单位做全面、系统、周密的调查）；个案调查（对社会的某个个人，某个人群，或某个事件，某个单位所做的调查）。

常用的调查方法有问卷法（合理设计问卷，采用开放式，封闭式或混合式问卷收集信息）；文献法（通过书面材料，统计数据等文献对研究对象进行间接调查）；访问法（通过交谈获得资料）；观察法（现场观察，凭借感觉的印象搜集数据资料）。

6. 培训与准备

请有关专家对我们参与调查的人员进行必要的培训，包括调查态度和调查技能的培训。此外，还应该注意筹备必要的资金和物质条件，做好与被调查单位的接洽工作，并争取有关单位的支持，保证调查工作的顺利开展。

（三）社会调查的意义

社会调查的关键在于深入社会、深入生活、深入实际。学生可以通过社会调查，培养自己观察现实生活、收集资料、发现问题的本领，同时增强其社会责任感，以激发学习的动力。另外，对于高校来说，每年都会有寒暑假社会调查活动。在这类调查活动中，学校会提供一定的经费支持，以保障寒暑假社会调查活动的顺利进行。通过社会调查的锻炼，大学生可以不断培养自己的实践能力，同时更好地融入社会。

同步练习

做第 239 页练习 6.1：策划暑期社会实践

主题二 社区劳动和志愿服务

目前，有很多大学生自愿走进社区进行服务活动，这一方面给了大学生实习锻炼的机会，一方面对社区服务起到了完善的作用，一举两得。志愿服务，是通过自愿且不图物质报酬的方式贡献自己的个人精力和时间参与社会生活，从事具有促进社会进步、推动社会发展的人类事业。青少年在参与社会各种志愿服务的过程中，体现出无私奉献、团结友爱、互帮互助的精神品质，这都是对我国优良传统的继承、发展和弘扬。因此，志愿服务作为劳动教育的一部分，是每一个青少年都应当认真践行的活动。社会实践作为实践育人的主要形式，是劳动教育的重要环节。大学生参加社会实践，了解社会、认识国情，增长才干、奉献社会，锻炼毅力、培养品格，对于培养中国特色社会主义事业的合格建设者和可靠接班人具有极其重要的意义。

> 活着就要做个对社会有益的人。
>
> ——张海迪

一、社区劳动

（一）社区与社区服务

1. 社区

社区是若干社会群体或社会组织聚集在某一个领域里所形成的一个生活上相互关联的大集体，是社会有机体最基本的内容，是宏观社会的缩影。社区是具有某种互动关系和共同文化的，在一定领域内相互关联的人群形成的共同体及其活动区域。

社区主要有以下特点：有一定的地理区域、有一定数量的人口、居民之间有共同的意识和利益、有着较密切的社会交往。

2. 社区志愿者

社区志愿者是以社区为范围，在不为任何物质报酬的情况下，能够主动承担社会责任、积极奉献个人的时间及精神的人。

3. 社区志愿服务

社区志愿服务主要分为"一助一"结对服务与定期定点服务两种类型。志愿者"一助一"长期结对服务工作通过青年志愿者组织牵线搭桥，由一名青年志愿者或一支青年志愿者服务队为一个困难家庭提供经常性服务。社区志愿活动设点服务：即以街道设施和家庭,楼院设立网点为居民提供多种技能性或劳务性服务,如理发、修脚、修理电器等。

4. 社工精神

社工精神与人文精神、志愿精神既有联系又有区别。与人文精神相比,社工精神是一个小概念,人文精神是其上位概念;志愿精神与社工精神则是两个内涵不同的并列概念。社会工作是一门专业的助人学科,是一项高尚的事业。社工精神是社会工作实践的灵魂,是社会工作者的精神动力。作为一种专业价值观,它指一整套用以支撑社会工作者进行专业实践的哲学信念。社会工作价值观以人道主义为基础,充分体现了热爱人类、服务人类、促进公平、维护正义和改善人类与社会环境关系的理想追求,激励和指导着社会工作者的具体工作。社工精神是促进社会工作者个人成长的有效力量;社会工作价值观是维系社会期望和社会工作专业服务关系的关键。

（二）社区劳动的技能与技巧

社区劳动主要以校园周边社区为中心开展志愿者服务工作,立足于本辖区人民开展活动,为广大群众的精神文明建设和生活环境建设服务。

我们在社区可结合自己的专业主要开展以下服务项目:为社区打扫部分街道卫生的志愿活动、开展敬老助残、救助弱势群体的志愿活动、开展环保知识及健康知识的宣传和讲座、开展爱心家教等有益社区儿童的志愿活动、宣传青年志愿者精神及其他综合活动等。

1. 绿色服务

当前社会最为关注的问题无疑是环境问题,随着社会的发展和人类的进步,在满足了经济需求后,人类开始寻找自身和周围环境的良性发展。因此开展环保活动刻不容缓。我们可参加青年志愿者协会,在校团委的领导下,主要开展以下几个方面的社区环保劳动:

（1）植树造林的志愿者活动;

（2）垃圾分类的志愿者活动;

（3）清理白色垃圾的志愿者活动;

（4）动物保护的志愿者活动;

（5）对环保方面的宣传活动等。

2. 健康服务

宣传健康知识可以提高全民对健康的重视。健康服务一般由学校青年志愿者协会协助地方政府及各机关部门开展,主要有以下几个方面:

（1）参与献血、捐献骨髓等服务活动;

（2）开展关于健康方面的公益演出;

（3）编制健康知识小手册,并为社区群众发放。

3. 文艺宣传

开展文艺活动,主要有节目主持、声乐、器乐、戏剧、相声、小品等,以发扬与宣传本地的风土人情、风俗习惯、传统文化。

4. 赛会服务

赛会服务指负责为各种大赛活动服务,服务内容主要有以下几个方面:

（1）外语翻译;

（2）设备操作;

（3）礼仪服务;

（4）安全保卫;

（5）体力服务等。

5. 公益服务

公益服务主要针对各类社会福利机构,如福利院、敬老院、慈善机构、红十字会、纪念馆、医院、图书馆、博物馆等。

6. 一对一服务

志愿者可与区内及市范围内结成一对一定点服务,以接力的形式将工作延续下去。可根据需要的不同、志愿者能力的特点,针对不同形式的需要,组织不同的小分队开展社区劳动。服务对象包括孤寡老人、残疾人、生活困难的人、离退休人员、下岗员工、特困未成年人、教育行业的弱势群体等。可以根据服务对象的不同制定不同的实施方案,并组成一批长期稳定的志愿者服务队来为他们提供帮助,例如:扶贫帮困,文化教育,法律援助,文体娱乐,生活家政,医疗卫生,环境保护等。

二、志愿服务

（一）志愿服务的内涵

微课:

志愿服务

《志愿服务条例》(以下简称《条例》)是我国首部志愿服务行政法规,自 2017 年 12 月 1 日起正式施行,为我国志愿服务事业的健康发展提供了基本遵循和重要保证。《条例》明确指出,志愿服务是指志愿者、志愿服务组织和其他组织自愿、无偿向社会或者他人提供的公益服务。

志愿者,是指以自己的时间、知识、技能、体力等从事志愿服务的自然人。学生志愿服务,是指学生不以获得报酬为目的,自愿奉献时间和智力、体力、技能等,帮助他人服务社会的公益行为。

志愿服务组织,是指依法成立,以开展志愿服务为宗旨的非营利性组织。志愿者可以将其身份信息、服务技能、服务时间、联系方式等个人基本信息,通过国务院民政部门指定的志愿服务信息系统自行注册,也可以通过志愿服务组织进行注册。志愿者提供的个人基本信息应当真实、准确、完整。志愿服务组织可以采取社会团体、社会服务机构、基金会等组织形式。志愿服务组织的登记管理按照有关法律、行政法规的规定执行。志愿服务组织可以依法成立行业组织,反映行业诉求,推动行业交流,促进志愿服务事业发展。

（二）志愿精神的内涵

志愿服务是社会文明进步的重要标志。党的十八大以来,广大志愿者、志愿服务组织、志愿服务工作者积极响应党和人民号召,弘扬和践行社会主义核心价值观,走进社区、走进乡村、走进基层,为他人送温暖、为社会做贡献,充分彰显了理想信念、爱心善意、责任担当,成为人民有信仰、国家有力量、民族有希望的生动体现。

1. 奉献

奉献是志愿精神的核心,更是志愿精神的内核和要义。奉献,就是不计回报、不求名、不求利,满怀深情地为他人服务。一个人,对国家、社会、人民,就应该有所担当、有所付出,从而呈现出最丰富的人格魅力。通过奉献,可以增加人与人之间的彼此信任,构建平等友爱的交流渠道,蓄积社会前进发展的正能量。"我为人人,人人为我",正是志愿服务中奉献精神的生动写照,而奉献所带来的必然结果就是共赢。具有奉献精神,志愿服务就有了活的灵魂和行动的力量。

2. 友爱

友爱是志愿服务精神的源泉,是心灵深处真实情感的流露。从本质上说每个人的内心都是孤独的,在孤独的背后,都隐藏着一种对爱渴求和对归属感的盼望。正是这种内心深处强劲的渴求和盼望,才让人们源源不断地付出友爱,并在友爱中得到别人的安慰、支持和帮助。志愿精神就是要把对爱的渴求转化成爱本身,主动打开心门,去接纳无数需要爱的人。因为友爱,志愿精神让整个世界充满光明与温情,志愿者们彼此之间、志愿者与服务对象之间,永远是亲密的朋友,是兄弟姐妹,他们在细微的服务中传递着人与人之间的关心、爱护与帮助。志愿者之爱跨越了国界、职业和贫富差距,是没有文化差异、没有民族之分、没有收入高低的平等之爱,它让社会充满阳光般的温暖。

3. 互助

互助是志愿服务精神的延伸。互助是一种集体文化,其核心就是要求集体成员互相帮助,齐心协力,密切配合。这样,将每个集体成员的积极性都发挥出来,充分调动起来。志愿服务包含着深刻的互助精神,它提倡"互相帮助、助人自助"。志愿者凭借自己的双手、头脑、知识、爱心开展各种志愿服务活动,帮助那些处于困难和危机中的人。志愿服务者以"互助"精神唤醒了许多人内心的仁爱和慈善,使他们付出所余,持之以恒地真心奉献。"助人自助"帮助人们走出困境,自强自立,重返生活舞台。受助者获得生活的能力后,也会投入到关心他人、帮助他人、为社会做贡献的志愿活动中。

4. 进步

进步是志愿服务精神的目的,是指志愿者通过参与志愿服务,使自己的能力得到提高,同时促进社会的进步。在志愿者服务活动中,志愿者可以得到机会发挥、锻炼自己的能力,同时在活动中发现自己的种种不足,加以及时、适当的弥补,以提升自己的综合素质。进步的更大意义,是通过志愿服务,促进社会整体事业的进步发展。志愿者通过精神的感召、情感的传递、现实的行动,让周围洋溢着一股正能量,也让更多社会人士了解志愿服务,从而加强社会对志愿服务机构的支持。在志愿活动中无处不体现"进步"精神,正是这一精神使人们甘心付出,追求社会和谐之境的实现。

(三)志愿服务的类型

社会志愿服务一般是通过学校联系的一些需要帮助的政府部门和社区,定时定点地进行志愿服务。根据志愿服务的领域不同,社会志愿服务大致可分为社区基层志愿服务、环境保护志愿服务、大型活动志愿服务、社会援助志愿服务、应急救灾志愿服务以及国际交流志愿服务。

1. 社区基层志愿服务

社区基层志愿服务,包括青少年志愿者走进社区基层,深入康复中心、养老院、孤儿院等服务基地,为其提供生活照顾和医疗保健,或者通过自己所学的知识,在社区里进行无偿的家电维修、回收废旧衣物和日常用品、宣传各种法律知识、培训网络知识、为社区人员做免费的身体检查等社区志愿服务。社区志愿服务的内容有很多,比如青少年志愿者可以定期去养老院帮助老人们解决生活难题,打扫养老院,做一些简单的表演和小游戏供老人们娱乐;再比如青少年志愿者可以去社区提供服务,帮助居民们修理家电,回收旧衣进行捐赠;还比如青少年志愿者可以开展一些社区讲座,给居民们传播法律知识,让居民们警惕网络诈骗等。青少年志愿者服务社区,是人与人之间良好关系的黏合剂,是社会发展的需要,同时也能锻炼青少年的劳动能力,让社会资源发挥最大功能,共同促进社区精神文明建设。

2. 环境保护志愿服务

环境保护志愿服务,主要是围绕植树造林、美化环境、治理污染等环保领域的志愿服务工作。青少年志愿者可以定期开展植树造林活动,多植树、多栽花让我们的生活环境更加美好;可以宣传并做好垃圾分类,不同的垃圾有着不同的用途,可回收垃圾是可以回收再利用的,不可回收垃圾比如有害垃圾是需要进行相应的技术处理的,防止有害垃圾污染环境;可以开展清洁周围环境的活动,可以组织大家定期开展打扫活动,比如扫落叶、捡垃圾等,这样不仅可以美化环境还能治理污染;还可以通过加入环境保护组织,建设绿色行动营以及绿色行动基地,让更多的人加入环境保护志愿服务中来。青少年参加环境保护志愿服务,可以增强环保意识、实践环保行动,对保护我们赖以生存的环境起到积极的作用。

3. 大型活动志愿服务

大型活动志愿服务,是通过我国举办的大型活动如亚运会、奥运会、世博会等招募志愿者,让志愿者提供志愿服务的劳动。志愿者已经成为大型活动的重要人力资源之一。随着我国发展得越来越好,世界各种大型活动都陆续在我国举办,从亚运会到奥运会到世博会再到冬奥会,这些大型活动规模大,需要的人手多,而志愿者就成为降低运营成本的同时保证服务效能的大型活动主力军。比如,2008 年的北京奥运会就有十几万的青少年志愿者参加,各个会场都有无数的志愿者身影。再如 2010 年的上海世博会,也有近 20 万名青少年成为志愿者,世博园区的青少年志愿者占到志愿者总数的百分之九十以上。可见,筹备大型活动,需要很多青少年志愿者的支持,不仅可以为大型活动提供高效优质的服务,也能锻炼广大青少年的责任感,培养他们的爱国情怀。

4. 社会援助志愿服务

社会援助志愿服务,主要是通过"三下乡"、下农村支教、大学生当村干部等形式,向边远山区需要得到医疗、教育、农业科技等帮助的群体进行志愿服务。志愿者扶贫计划是各级志愿服务组织长期从事的一项工作,根据国家颁布的《关于组织开展高校毕业生到农村基层从事支教、支农、支医和扶贫工作的通知》,每年招募两万名大学生志愿者到乡镇从事志愿服务工作,大学生志愿者在自主报名、公开选拔、统一派遣的原则下,毕业后到农村基层从事支农、支教、支医和扶贫工作。很多省份也有自己的援助计划,比如地处西南部区域的云南省,贫困基数较大,经常招募大学生志愿者到贫困地区帮助推动教育、医疗、农业技术的发展,因此,大学生志愿者在促进贫困地区脱贫方面发挥着巨大的作用。

5. 应急救灾志愿服务

应急救灾志愿服务,主要是通过对自然灾害进行救助的方式提供志愿服务。自然灾害有泥石流、洪水、地震、海啸等,当发生这些突发性事件时,志愿者在组织或自发的情况下,利用自己的专业知识和热情,为灾区人民提供物资、医疗心理咨询等志愿服务。比如,在 2008 年的四川汶川大地震时,来自全国各地的志愿者纷纷进入灾区进行抗震救灾,其中大学生志愿者更是积极踊跃报名参加,各大高校带领着大学生志愿者,利用大学生的专业知识,给灾区提供医疗卫生、心理调适等专业服务,帮助灾区人民尽快从悲伤和病痛中走出来,重建自己的家园。应急救灾志愿服务是在祖国最需要的时候,青少年志愿者挺身而出的志愿劳动,展示了新时代青少年的责任与担当。

6. 国际交流志愿服务

国际交流志愿服务,主要是由中国青年志愿者协会进行组织,让志愿者通过国际交流来传播中华文化。比如,中国青年志愿者协会加强了与欧盟等其他志愿服务发达国家的交流与合作,并先后派遣了数千名大学生志愿者赶赴西欧、东南亚等国家进行考察和交流学习,同时日本、新加坡等十几个国家的志愿者也来到中国,开展了关于环境治理、社区服务和扶贫等一系列志愿服务的考察和学习。国际交流志愿服务加强了我国与世界各国的交流合作,锻炼了青少年志愿者的外交能力,是促进青少年发展的良好途径。

(四)志愿服务的技能与技巧

1. 志愿服务者应具备多种服务技能

随着社会的进步,人们对志愿服务的形式、内容、质量都提出了更高的要求。在针对志愿者的调查中,研究结果有超过半数的志愿者认为"自身知识水平以及社会实践能力的欠缺"制约了志愿服务的进一步开展,越来越多的志愿者也已经开始注意从事志愿服务所需技能的问题。深入农村的志愿者必须参加组织培训与学习,了解农村的有关法律、法规、习俗和农业知识;到边远地区支教的志愿者必须学习教学方法、沟通技巧,掌握除专业之外的广泛的知识和技能;走入社区提供社区服务的志愿者,不能将自己的服务定格在具体的形式和具体的内容上,必须创造出丰富多彩的服务以满足社区不同人员的需求;向社会弱势群体伸出援手的志愿者,必须了解并熟悉当地的孤儿院、敬老院的情况,到伤残人士、军烈属、生活有困难的人家中去,必须想其所想,运用自己所掌握的服务技能提供最贴心的服务。可见,无论从事哪一种志愿服务,都必须掌握起码的专业技能。只有认识到这一点,志愿服务工作做起来才能得心应手。

2. 志愿服务专业化

在高校青年志愿者组织下设立专门的专业项目队,除了开展日常志愿服务活动外,还须让专业团队的活动实施项目化管理,提高专项志愿服务的针对性和实效性,打造品牌性专业志愿者服务项目。高校需要在健全学校志愿者组织的同时,大力加强对志愿者基层组织与专业服务队的扶助和指导。高校成立志愿者专业服务队,再配备上高年级骨干志愿者,这种项目团队式组织模式运作起来既可以细化职能分工、强化服务功能,又能提升专业服务水平和组织效能。同时,作为专业化青年志愿服务组织,需要在服务的过程中以更加积极、更加专业的志愿服务精神投入自己的服务中,这就需要志愿者树立专业化的志愿服务精神。对于庞大的志愿者群体,要想紧紧地将志愿者凝聚在一起,需要的是志愿者精神的内驱力,激发志愿者的认同感及作为志愿者的自豪感、归属感、使命感。

3. 志愿服务突发事件应对技能

当代高校学生志愿服务已由刚开始的公益劳动、敬老爱幼、帮残助残等志愿活动,扩展到依托重大活动赛事开展的志愿服务活动,新一代的大学生越来越多地参与到志愿服务中,成为青年志愿者的中坚力量。高校学生志愿服务工作越来越多地面向社会,对志愿服务工作的要求也越来越高,通过对志愿者进行系统的培训和专业的应急救护技能培训,使其掌握志愿服务的方式方法和应对突发事件的技能,是开展志愿活动的必要准备之一。

延伸学习

志 愿 者 日

1971 年,联合国志愿人员组织正式成立,它的宗旨是动员具有献身精神并有一技之长的志愿人员,帮助发展中国家尽快实现其发展目标。

1985 年,第 40 届联合国代表大会确定从 1986 年起把每年的 12 月 5 日规定为国际志愿者日(IVD)。它是联合国法定的国际志愿者日(国际志愿人员日),中国的港台地区和东南亚等地称作国际义工日。

2000年，共青团中央确定每年的3月5日为中国青年志愿者服务日，各地团委、中国青年志愿者协会组织青年集中开展内容丰富、形式多样的志愿服务活动。

随着社会的发展，志愿服务在促进社会和谐、提高道德水平以及培养青少年成长成才上起着越来越重要的作用。青少年进行志愿服务劳动，可以促进社会的和谐发展。我们所要建设的和谐社会，应该是指民主法治、公平正义、诚信友爱、充满活力、安定有序、人与自然和谐相处的社会，而志愿服务可以促进这一发展。志愿者在从事社区服务时，帮助他人、服务他人，体现了无私奉献的志愿精神，构建了人与人之间的和谐关系；志愿者在从事社会救助时，表现出对社会弱势群体的关注，缓解了人与人之间不平衡的关系，体现出大爱无疆；志愿者在从事环境保护志愿服务时，保护了生态环境，改善了人与自然的关系，促进了人与自然的和谐相处。可见，志愿服务对构建和谐社会有极其重要的作用。

◎ 同步练习
做第240页练习6.2："初心"一直在路上

主题三　社会兼职和创业体验

一、社会兼职

（一）大学生兼职概述

大学生从事兼职现已成为大学校园里的普遍现象，是大学生社会实践和勤工俭学的重要方式，是大学生了解社会、认识自我，同时也是应对未来激烈竞争的一种手段。大学生兼职呈现出技术含量低、信息获取渠道偏窄、心理整体理性、回报率较高等主要特征。大学生从事兼职与其学业状况、能力发展和职业发展具有较强关联性，高校、教育行政主管部门要在切实引导和保障大学生顺利完成学业的前提下，帮助大学生达到兼职工作需求和发展意愿之间的平衡，实现大学生个人的成长成才。

> 我们在我们的劳动过程中学习思考，劳动的结果，我们认识了世界的奥妙，于是我们就真正来改变生活了。
>
> ——高尔基

大学生"就业难"的原因之一是大学生就业能力与企业需求之间存在着差距。为了锻炼自己，增强自身的实践能力和将来的就业竞争力，一部分大学生走出校门，选择从事兼职。同时，上大学的费用对一般家庭尤其是农村家庭来说，也是一笔不菲的开支，一部分同学为了减轻家庭的经济负担也加入兼职大军中来。

（二）大学生兼职的主要特征

1. 从事兼职工作的学生群体分类

无论是公办院校还是民办院校，都有七成左右的大学生参与了兼职工作。在校学生做兼职的时间长度主要受年龄和对家庭经济依赖程度两方面因素的影响。随着年龄的增长，大学生从事兼职的工作时间明显增长。在经济上不依赖父母支持的独立型大学生比靠父母支持的依赖型大学生做兼职的比例明显增高。不过,很大一部分家庭经济条件优越的在校大学生也在做兼职。由此可见,无论家庭经济状况如何,如今的大学生都更加追求独立和自由,更加追求自身价值的实现。

2. 从事兼职工作的目的

在校大学生做兼职,除了补贴生活费用以外,更多的是为了"积累社会经验,锻炼能力,为以后工作做准备",也有的是为了"体验生活,开阔眼界"。大学生参与兼职的原因主要受到家庭经济状况和自身收入的影响。相比家庭较为贫困的学生,家庭收入较高的学生在这方面的需求相对较低,他们做兼职的目的主要是为了积累工作经验。

3. 从事兼职工作的岗位类型

在校期间大学生参与兼职,尤其是做与自己的学习兴趣相关的工作,能够培养个人的毅力,有利于其学业上的成功。调查显示,1/3 的学生做到了这一点,他们的兼职工作与其所学的专业是密切相关的,这说明现代大学生在选择兼职工作时,更看重当下工作与未来职业之间的衔接和连贯,更加注重将所学知识应用于实践的能力培养。

4. 兼职与大学生家庭经济状况的关系

调查显示,兼职对经济依赖型大学生和经济独立型大学生的意义和作用是不同的。对独立型的大学生而言,他们本身的工作收入基本上决定了其自身的开支状况。因此,家庭收入较低的学生会付出更多的时间和精力从事兼职工作。对于经济依赖型大学生而言,年均家庭收入较高的学生做兼职的比例较小;反之,年均家庭收入较低的学生做兼职比例较大。但总体来说,经济依赖型的大学生做兼职的时间较短、赚的钱也相对较少,但他们的教育投资却相对较高。这表明大多数学生也在努力兼顾兼职工作与学业之间的平衡,做兼职较少的学生在上课时数方面相对较多,同时他们的教育投资也相对较多。

(三)大学生兼职的影响

大学生要合理安排兼职工作和学习时间,理性选择兼职种类,才能达到学习理论和付诸实践相得益彰的效果。

1. 对大学生能力发展的影响

(1)社会化的途径 从社会化的角度来看,大学生兼职是一个被动选择和主动适应社会的过程,是带有主观性的客观实践。社会化的过程包括角色内化、角色学习和统一价值标准的获得。在校大学生做兼职就是通过实践,将自己培养成具备生活、生存技能、社会行为规范、社会交往等各种综合能力的社会人。

(2)职业探索的路径 大学生通过从事兼职工作,不断地接触和了解社会后,可以适时地调整自己的职业发展规划,认清自身在社会群体中的位置,将自我发展与社会需求相契合,使自身发展符合社会需要。

(3)自我成长的通道 大学生参加兼职工作丰富了他们的生活阅历和社会经验,也能提高他们的人际交往能力、组织管理能力、语言与书面表达能力以及团队协作能力。由此,在校期间的兼职工作对学生们来说,是了解社会的一扇重要窗口。通过兼职，大学生不仅可以提高综合素质，还可以为其踏入社会做好充分的准备。目前，许多企业的人力资源经理表示，有过兼职经历的大学毕业生往往更容易做好各种工作，也更懂得如何去处理各种问题。毕竟，在之前的兼职工作经历中他们不仅巩固了在校期间学到的专业知识和技能，更积累了一定处理和适应实际工作的能力基础，开阔了眼界，收获了经验和教训。

2. 对大学生职业发展的影响

兼职工作除了对大学生职业规划和选择产生影响，还对大学生的工作价值观产生显著的影响。工作价值观是指超越具体情境，引导个体对工作相关的行为和事件进行选择和评价，指向希望达到的状态与行为的一些观念和信仰。其表现出的外在行为，则是个人选择职业时的一个重要依据。一般来说，自主性和技术性越强的工作会使大学生越重视自我成长与个人创造力的发挥。据调查，兼职工作自主性越强，大学生越重视工作中自我价值的实现，越期望自身和自己的劳动成果得到尊重。在校大学生从事的兼职工作类型对其将来就业的工作价值观同样产生影响。

（四）对大学生兼职的建议

1. 需要社会各界关注

在校大学生从事兼职是他们身心全面发展的内在需要，也是就业竞争日益激烈的折射，应该引起学校和政府的重视。尤其对高校来说，人才培养与社会需求不匹配，会造成大学生正式跨入社会后在人际交往方面还是适应工作岗位需要方面，能力偏低、过渡期偏长。而大学生在校期间跨出校门，踏入社会，很大程度弥补了上述不足。所以高校需重视大学生兼职现象，有责任把其纳入学生日常的教育教学活动和学生社会实践的工作管理中，使其良性发展，并对大学生提供指导，尽量建立与用人单位的联系、提供或推荐与专业相匹配的兼职岗位，让学生到更广阔的社会大课堂中提升自己。

2. 需要大学生综合权衡

大学生需要重新审视自己兼职的目的，合理安排时间，做到兼职学习两不误，真正全面成长；正确处理兼职与学业的关系；发挥兼职对于个人的发展增加社会经验、培养综合能力的积极价值。

3. 需要规范市场

大学生兼职市场的规范与完善，需要大学生自己、学校、企业和政府各部门的共同努力：学生要做好职业生涯规划、端正兼职态度；高校要增加校内勤工助学岗位，设立专门指导学生兼职的机构，加强与社会企业的合作；企业应承担其社会责任，为国家人才的培养出一份力；政府部门要完善相关法律法规，保障兼职大学生的权益。

二、创业体验

（一）大众创业、万众创新

当前，大众创业、万众创新的理念日益深入人心。随着各地各部门的认真贯彻落实和业界学界的纷纷响应，各种新产业、新模式、新业态不断涌现，有效激发了社会活力,释放了巨大创造力,成为经济发展的一大亮点。

更为难得的是,各种新兴技术尤其是"互联网+"的快速发展,已经让更多普通人有了更多的创新创业机会。近年来,宽带网络速度大幅提升、移动通信终端广泛普及、生产管理的自动化程度提高,分包、众筹等新的商业形态有助于形成风险共担、利益分享机制,这让有梦想、有意愿、有能力的人有了广阔的平台施展拳脚。

> 失败也是我需要的,它和成功对我一样有价值。
> ——爱迪生

🐮 微课:

创业体验

(二)常见的创业模式

1. 公益创业

公益创业是指个人、社会组织或者网络等在社会使命的激发下,追求创新效率和社会效果,面向社会需要,建立新的组织,向公众提供产品或服务的社会活动。

大学生公益创业活动内容丰富,涉及环境保护、农业发展、弱势人群、慈善金融、社区发展、社会服务等经济社会生活的各个领域,其内容主要有四个方面:一是教育,如对农村留守儿童和城市外来务工人员的子女、自闭症儿童等的教育、帮扶;二是文化,如非物质文化遗产保护、文艺演出下乡等文化艺术传承活动;三是医疗,如医疗健康服务、无偿献血、骨髓库建设等社会医疗卫生活动;四是科技,如通过引进技术来提高受助群体的生活水平和生活质量。大学生公益创业的形式也是多种多样的,包括志愿公益活动、创建非营利性组织、兼顾社会效益的企业和产学研一体化等。在我国公益创业发展过程中,大学生群体起到了不可忽视的推动作用。

2. "互联网+"创业

(1)"互联网+"跨界创业 其主要是基于互联网的基础上实现的,因此属于对传统产业的升级甚至颠覆,最大特点就是提高系统效率。跨界融合可以集合多方面的资源,并且发挥更大的智慧。比如,苹果从 PC 行业跨界到手机制造行业,在五年之内成为行业的领军企业。小米从风投行业跨界到手机制造行业,在两年内创造了销售奇迹。这些都属于跨界商业模式。"互联网+"环境下的大学生需要具备跨界商业模式思维,这样才能实现成功创业。

(2)"互联网+"平台创业 其主要是借助互联网的优势,在互联网上打造一个较大的平台,为用户提供更多的产品。比如,淘宝商城在十年内实现了网上商业平台的打造,人们可以实现足不出户购买各种产品的愿望,阿里巴巴平台也可以不断地拓展增值服务与产品。商业模式的变化打破了传统,真正将生产、营销和服务等环节进行有机融合,从而降低产品成本,提高产品的流通效率。

3. 科技创业

科技创业是指大学生利用自己所学的知识与资源进行创新创业。近年来,各类创新创业赛事活动纷纷出现,众多有创业想法的大学生参加比赛,寻找有商机的创业项目,撰写详细的创业计划书,这些参赛的部分项目也会吸引投资商,获得资金支持。科技创业需要创业者既拥有专业的知识,又具备创业的素质。此外,在科技创业团队中,不仅需要踏实肯干、任劳任怨的执行者,更需要具有战略眼光和良好的管理组织协调能力的管理者。执行者主要负责前期市场开发与宣传、客户维护、产品推介等工作。管理者主要负责制定公司未来发展方向和长远发展规划,统筹考虑公司运营成本、投入、产出效益等。在大学生科技创业团队建设中还要注重企业文化建设,塑造企业形象,凝聚团队力量,打造企业品牌,增进成员互信,实现风险共担、利益共享。

(三)创新创业的价值

1. 创新精神和创新能力深受现代企业推崇

创新在现代企业未来的发展中起着至关重要的作用。企业的经营管理离不开创新。好的创意不仅可以使企业起死回生,还会使企业兴旺发达。那些具有创新精神和创新能力的企业,比如华为、小米、吉利等,都是通过不断创新,才获得了更高的投资利润。

当今的世界已经进入了知识经济时代,先进的科学知识成为一个国家经济增长的主要支柱,只有掌握足够多的先进技术、保持较高的技术水平,才能走在世界发展的前列,在竞争中立于不败之地。我们知道,一个人的创新能力不是与生俱来的,而是在后天的不断学习和训练中逐步提高和增强的,因此我们应通过积极参与创新创业劳动培养自己的创新意识和能力。

2. 培养创新精神,树立创业意识,激发劳动创造力

创新精神、创业意识是当代学生必须具备的重要个人素质。学生应通过树立实现自我价值的强烈的创新创业意识,用劳动实现人生价值,激发劳动创造力。学生要通过创新思维正确认识自己,培养创业意识来激发自我潜能,提升创业能力,从而创造出劳动价值、个人价值和社会价值。

3. 培养创新创业实践能力和分析解决问题的能力

"大众创业、万众创新"是指导国民进行创新创业、引领时代潮流变革的重要方针,是新时代中国特色社会主义对人才培养的基本要求。从2014年9月夏季达沃斯论坛开始,全社会在960万平方公里的土地上掀起了"大众创业""草根创业"的新浪潮,形成"万众创新""人人创新"的新势态。学生在学习期间可积极参加各种创新创业劳动,立足未来岗位,不断地学习新知识、新技能,充分发挥自己的聪明才智,利用掌握的知识在劳动中多搞技术革新和创新,增强劳动本领,通过创新创业劳动提高劳动效率。

同步练习

做第 241 页练习 6.3:认识和使用劳动工具

— 拓展案例 —

墨脱最美教师格桑德吉

"不想让乡亲的梦跌落悬崖,门巴的女儿执意回到家乡。13 年坚守在雪山、大江之间,把温暖和希望注入一个一个门巴人家。她用一颗心,脉动一群人的心;用一点光,点亮喜马拉雅雪山间无数灯火。"

在2013年感动中国十大人物颁奖现场,西藏墨脱县邦辛乡小学教师格桑德吉走上颁奖台时,电视机前的墨脱人都听到了这段颁奖词。

2000年,格桑德吉学成归来,此时,墨脱县的教学环境已有了很大的进步,但是教育上的各种困难远比翻三座雪山、走几百条公路山路还要大得多。从满怀期望到几近绝望,格桑德吉始终默默坚守着:"这些年来,我从未后悔过。"

艰难的教学环境在格桑德吉看来算不上困难,家长们的一句话却刺痛了格桑德吉的心。

"刚回来的时候,学校有100多个孩子。老师们除了教书,还要自己种菜,想办法让孩子们吃饱。最难的是,早上满教室的孩子,一转眼就会全都跑掉。我们就得挨家挨户去劝学。劝学的路,远的要走上百公里,近的也有几十公里,那时候周末基本没休息过。"

格桑德吉说:"我们这里的孩子,十多岁就成了家里的主要劳动力,家长们只顾眼前的利益。上门劝学,我跟家长们讲道理,讲了不听就跟他们吵架,死活要把孩子带回学校上课。一次、两次、三次,多数家长也明白了做老师的心。也有不理解的说,是不是我家孩子不去,你们就没饭碗端了。这还没什么,有一个家长是我们村里的,他说,'我才不要像你母亲那样辛苦受罪,为了供你出去上学,吃那么多的苦',那时候,我心里有过绝望。"

但绝望是短暂的,劝学的路上不只有格桑德吉的身影,她的爱人、她的同事们也在劝学的路上奔波。转眼到了2005年,邦辛乡小学的学校得到重建,孩子们早已享受了西藏的"包吃、包住、包学费"三包政策,家长的观念也在格桑德吉他们一次次的劝学中有了转变。

希望已经种下,格桑德吉心中的那盏酥油灯重新亮了起来。

2013年,墨脱人欢天喜地:全国最后一个不通公路的县全面通车!此时,墨脱县还有一件让人振奋的喜事:格桑德吉在中央电视台举办的全国最美乡村教师评选中胜出,将要远赴北京参加颁奖晚会的彩排。此时,格桑德吉已经在邦辛乡小学坚守了13年。13年坚守,格桑德吉带来的温暖和希望洒遍雪山,她在乡亲们的心中恰如隐秘莲花,乡亲们给她取了一个名字——门巴"护梦人"。

2017年元旦,央视网记者在墨脱见到格桑德吉时,种种荣誉已如潮水退去,她依然坚守在这所学校,现在已经是小学校长。

"国家投资1 000多万重建了学校,2016年9月,我们正式搬进了新学校。教学楼、学生宿舍楼、操场、食堂,你看看,全部都是新的。"介绍新学校的时候,格桑德吉忍不住脸上的喜悦,一直挂着微笑,"我们早就不用上门劝学了,现在孩子们的入学率是100%。我希望这所学校的教学质量越来越好,孩子们都能考上大学"。

(资料来源:央视网,2017年1月6日,有删改)

【分析】格桑德吉为了让门巴族的孩子有学上,放弃大城市的优越条件,坚守在雪山、河流之间,把知识一点点注入一个个乡村。她用一颗心,脉动一群人的心;用一点光,点亮山间更多的灯火。不是远大的抱负,只有广阔的胸襟;没有华丽的说辞,只有纯净的灵魂。她将自己的生命与教育实践活动融为一体,在教育实践中服务学生,帮助学生成长成才,是社会服务的先进典型,是当代大学生学习的榜样。

实践项目

做第 265 页项目 6:

走进社区——方便居民生活

阅读导航

[1]〔美〕托马斯·弗里德曼著,《世界是平的:21世纪简史》,湖南科学技术出版社,2010 年版

导读:本书是托马斯·弗里德曼用了 4 年时间写成的一本重点论述"全球化"的专著。此书的论点是:全球化不只是一种现象,也不只是一种短暂的趋势。它是一种取代冷战体系的国际体系。全球化是资本、技术和信息超越国界的结合,这种结合创造了一个单一的全球市场,在某种程度上也可以说是一个全球村。

托马斯·弗里德曼在书中描述了当代世界发生的重大变化。科技和通信领域如闪电般迅速的进步,使全世界的人们可以空前地彼此接近,创造爆炸式增长的财富。托马斯·弗里德曼深入浅出地讲述了复杂的外交政策和经济问题,为读者释疑解惑。

[2]王力著,《天大的小事》,人民出版社,2007 年版

导读:尽管"以人力本"是"为人民服务"的历史延伸,但深化需要科学,组化需要学科。以人为本"人"在哪? 以人为本"本"为何? 由于大千世界有不同的人,由于芸芸众生有不同的本,所以为每个小我创造时时的美好,将成为"转变城市发展理念"必须破解的新课题。

作为首部科学解析"城市如何让生活更美好、城官如何让居民更幸福"的通俗理论读物,本书以"图谏"体例编写,让读者似在看展览、听讲座,充分享受阅读的乐趣。

课后评估

扫码做评估 6.2:自测一下对本模块内容的掌握程度

第三篇

——

职场劳动指导

模块七

劳动基本素养

学习指南

劳动素养，是大学生以德智体美劳为载体，经过生活和教育活动形成的与劳动有关的人的素养，包含劳动认知、劳动技能、劳动态度、劳动品质4个维度。劳动素养是劳动教育的培养目标，包含职业道德、职业意识、职业精神在内的通用职业素质是劳动素养在职业教育中的投射。

职业精神是劳动者的职业理想和追求，反映了从业者的职业态度、职业操守和职业境界，属于劳动基本素养的范畴。职业精神包括劳动精神、工匠精神和劳模精神三部分。其中，劳动精神是劳动者为创造美好生活，在劳动过程中体现出来的热爱劳动、辛勤劳动、诚实劳动、科学劳动、创造性劳动的精神。工匠精神是从业者在工作中体现出来的专业专注、精益求精、持续创新、追求卓越的精神。劳模精神是先进劳动者在平凡岗位上体现出来的爱岗敬业、争创一流、艰苦奋斗、勇于创新、淡泊名利、甘于奉献的具有示范意义的精神。

本模块主要包括培育劳动精神、传承工匠精神、弘扬劳模精神三个主题内容。劳动精神是一名合格的劳动者应该有的精神追求，是实现人生梦想、改变自己命运的基本精神；工匠精神是成就优秀劳动者的必要条件；劳模精神是所有劳动者都应该学习和追求的一种境界。

学习目标

知识：
1. 了解劳动精神的内涵
2. 明确工匠精神的内涵
3. 明确劳模精神的内涵

能力：
1. 培育劳动精神，掌握科学劳动、创造性劳动的方法
2. 传承工匠精神，掌握优化工作、革新创新的方法
3. 弘扬劳模精神，掌握践行劳模精神的方法

1. 热爱劳动、投身劳动，做努力奋斗者
2. 精益求精、追求卓越，做优秀劳动者
3. 艰苦奋斗、甘于奉献，做卓越成功者

教学建议　　　　在劳动基本素养的教学过程中，请按照《通用职业素质纲要》（2019 年版），职业精神模块的行为标准及培训认知标准执行。

（1）在劳动实践中，锤炼劳动精神、工匠精神和劳模精神。

（2）遵照劳动精神、工匠精神和劳模精神在职场中的行为表现，检视自己的劳动基本素养，并不断完善自身。

案例导入

牛仔布上书写传奇的人

　　1988 年中专毕业的邓建军，初入职就立志要在岗位实践中自学成才，不断提升学习力，需要什么就学什么，他坚持每晚必看一个半小时的技术书籍和有关资料。为了看懂原版技术资料，他又学习英语和德语，跨越语言障碍。1992 年，企业从国外引进了一批剑杆织机，他每天蹲在机器边 14 个小时以上，从最基本的制图做起，最终驯服了这些机器。1999 年，公司从比利时进口了一批喷气织机。这些机器其中一个关键的部位是张力传感器，安装时外国厂商拒绝提供相关技术资料，出现故障后难以维修。邓建军反复测试后发现，线路板中一个小零件会因为机器的高速震动而损坏。厂商只换不修，开出 1 万元的天价。结果邓建军从市场上找到了只要 1 分钱的替代配件。之后，邓建军解决问题的领域不局限在电气和机械，开始涉及工艺流程。染整行业一直是我国的薄弱环节，主要被色差、缩水率等问题所困扰。邓建军熬过了上百个不眠之夜，将预缩率精度稳定控制在了 2.5% 以内，优于 3% 的国际标准。黑牡丹产品从此畅销国外市场。2005 年，邓建军带领团队，用了 100 天的时间，成功改进染浆联合机，降低了因停机造成的纱线损失，解决了世界性难题。接着，他们一口气开发出"在线染料组分自动控制系统""在线染液控制系统""在线流量控制系统""自动浆液控制系统"和"染料组分分析计算控制系统"五项成套技术，每一项都是业内首创，黑牡丹染色质量从此达到世界领先水平。目前，染浆联合机已持续升级到第五代，成套控制系统也持续优化到了第三代。30 年来，他成功填补了近 500 次技改空白。截至目前，邓建军和他的团队累计获得发明专利 8 项、新型实用专利 11 项，40 多项创新成果得到有效转化。

他更以"专、精、创"的新时代工匠精神带动人、引领人，为建设知识型、技能型、创新型劳动者大军不懈奋斗。邓建军领衔的工作室还以工匠精神作为培养技能人才的宗旨，开展"名师带徒"结对活动，通过传、帮、带和手把手技艺传授，培养维修技术人才。工作室作为企业实践社会主义核心价值观的重要载体，以德为先，以技术创新实践为己任，在技能传承以及团队精神打造方面树立多维度标杆，成为国家级技能大师工作室和首批"全国示范性劳模创新工作室"，形成了劳模的"扩散""集聚"和"品牌"效应，一大批邓建军式的知识型员工迅速成长起来。2013年4月28日的全国劳模代表座谈会上，习近平同志在讲话中称"知识工人"邓建军等一大批劳动模范和先进工作者，干一行、爱一行、专一行、精一行，带动群众锐意进取、积极投身改革开放和社会主义现代化建设，为国家和人民建立了杰出功勋。

邓建军先后荣获"全国劳动模范""全国五一劳动奖章""全国职工职业道德建设十佳标兵""全国道德模范提名奖""全国技术能手""中华技能大奖""中国纺织大工匠""江苏省敬业奉献模范""江苏省优秀共产党员标兵""江苏大工匠"等称号，2009年入选"100位为新中国成立作出突出贡献的英雄模范人物和100位新中国成立以来感动中国人物"。

（资料来源：新华网，2017年10月3日，有删改）

【分析】一代人有一代人的使命。不同时代的劳模，给了今天的我们怎样的启迪？劳动的内涵在更新，劳模的标准在"进阶"，"爱岗敬业、争创一流、艰苦奋斗、勇于创新、淡泊名利、甘于奉献"的劳模精神始终是不变的宗旨。学习劳模，要学习他们身上闪耀的信仰光彩，要学习他们实干苦干的劲头。涵养崇尚劳动的社会氛围，为保障劳动者权益创造更好制度环境，就能激发亿万人民用劳动托举梦想的豪情，汇聚实现中华民族伟大复兴的中国梦的磅礴力量。

课前评估

扫码做评估7.1：自测一下对本模块内容的了解程度

主题一　培育劳动精神

劳动创造了中华民族，造就了中华民族的辉煌历史，也必将创造出中华民族的光明未来。习近平总书记关于劳动和劳动精神的论述为我们正确认识劳动精神的科学内涵指明了方向。全社会都要贯彻尊重劳动、尊重知识、尊重人才、尊重创造的重大方针，维护和发展劳动者的利益，保障劳动者的权利。要坚持社会公平正义，排除阻碍劳动者参与发展、分享发展成果的障碍，努力让劳动者实现体面劳动、全面发展。全社会都要热爱劳动，以辛勤劳动为荣，以好逸恶劳为耻。

> 一个人的和谐全面发展、富有教养、精神丰富、道德纯洁——所有这一切，只有当他不仅在智育、德育、美育和体育素养上，而且在劳动素养、劳动创造素养上达到较高阶段时，才能做到。
>
> ——苏霍姆林斯基

一、什么是劳动精神

（一）劳动精神的概念

劳动精神是劳动者为创造美好生活，在劳动过程中体现出来的崇尚劳动、热爱劳动、辛勤劳动、诚实劳动的精神。劳动精神是一名合格劳动者应该有的精神追求，是实现人生梦想、改变自己命运的重要指引。"劳动精神"在工作中的行为表现是：

崇尚劳动，尊重劳动者，尊重劳动成果。

热爱劳动，能够以劳动为荣。

辛勤劳动，能够努力工作，成为一个有用的人，并通过创造性劳动，成为有贡献的劳动者。

诚实劳动，能够踏实做事，不自欺、不欺人。

（二）新时代劳动精神的核心内涵

新时代劳动精神有着丰富的内涵，不仅在内容上继承并发展了马克思主义劳动价值观和中华民族优秀的传统劳动观念，而且还彰显了"辛勤劳动、诚实劳动、创造性劳动"的新理念，倡导"劳动光荣、技能宝贵、创造伟大"的时代风尚，生成了一种"劳动者至上、劳动者平等、劳动者可敬、劳动最光荣、劳动最崇高、劳动最伟大、劳动最美丽"的劳动观。在具体工作中，对于一名合格的劳动者来说，劳动精神集中表现为：热情地工作，自觉服从与有效执行。

1. 热情地工作

（1）积极对待工作　积极对待工作，就是要用积极的心态从事工作，珍惜就业机会，享受工作带来的乐趣和成就感，它是热爱劳动、辛勤劳动的具体表现。在职业层面上，积极心态主要指职业人各种正向、主动、积极的心理品质。在当今的知识经济时代，人工智能不断替代人的劳动，给就业形势带来挑战，就业竞争十分激烈。因此，能有工作机会，能就业，特别是能找到自己满意的岗位，就应抱着感恩的心态去工作，满腔热情地从事自己的工作。

积极对待工作，就是要用积极的心态面对工作中遇到的问题、困难、挫折、挑战和应该承担的责任，坚持从正面思考，从积极的一面、可能成功的一面思考，积极采取行动，始终坚持发挥能动性思维、积极性思维、肯定性思维，倾尽全力争取最好的结果。积极对待工作，也是一种生活态度，从而自觉把工作中的一切当作一种享受。积极向上的心态，可以催人奋进，鼓励人们不畏艰险，直达成功的顶点；消极悲观的心态，则会使人意志消沉、丧失勇气，最终与机会擦肩而过。

（2）踏实干好本职工作　热情对待工作还表现在踏实的工作态度上，要踏踏实实地把自己的本职岗位的工作干好，要有务实的工作精神。不要凭着一股热情，只想干些惊天动地的"大事"，把劲儿用在不切实际的"战略"上，要从小事干起，踏踏实实一步一步前进。

华为总裁任正非在华为内部反复强调"务实"的重要性，他要求每名员工都要有实干精神,特别是对那些没有任何工作经验的新员工,任正非更是告诫他们:不要老是想着做出惊天动地的变革,而是要从小事做起,老老实实地把任务完成。

（3）热情对待团队　在今天的社会,一个人要想发展并取得成功,就不可能单打独干,而是必须融入一个团队。热情对待团队,就是个人愿意并能够富有建设性地参与团队工作;表现出对团队的认同,能够支持团队决策;公开坦诚地与团队共享信息,为了团队的利益及时调整自己的位置。同时,要重视他人的意见并欣赏他人的专长。

对一个团队来说,团队合作精神的形成,需要每个成员不断培育和强化热情对待团队的意识。对企业来说,团队合作能力的形成,需要在企业内部培育相互信任、相互鼓励、轻松协调的工作氛围,企业员工之间要表现出足够的信任度。同时,在一个团队中,随着知识型员工的增加,每个人都可能是某个领域的行家里手;所以任何成员都应该保持谦虚诚恳的工作作风,勇于自我检讨,不断完善自我,具备豁达的胸襟,肯定他人的强项与优点。只有每个成员都真正热情对待团队,才能聚集和发挥每个人的优势,使企业和员工都能健康成长。

2. 自觉服从与有效执行

服从与执行就是个体在社会要求、群体规范或他人意志的压力下,被迫产生的符合他人或规范要求的行为。

个体的服从与执行有两种,一是在群体规范影响下的服从与执行;二是对权威人物命令的服从与执行。社会生活要求每个个体服从基本的规范,任何一个群体,不论其规模大小与层次高低,都要求其成员遵守一定的规章制度,执行完成其承担的工作任务,以实现群体目标并维护团结。

服从是自我控制和自我管理的一种形式,每个职业人都应该深刻体会:身为一个职业场所的一分子,即使是最微小的一分子,你对于职业场所而言,具有什么样的意义;你是通过贡献什么样的知识、技能来获得报酬的。你不是万能的,你的知识和技能只有融入整体目标的实施过程中去才能变得有意义。观察周围,我们不难发现,大到一个国家、一支军队,小到一个企业、一个部门,其事业的成败很大程度上取决于是否很好地贯彻了服从与执行的观念。

《把信送给加西亚》向我们讲述了一个令人震撼的故事:安德鲁·罗文,一名美国陆军中尉,身处危机四伏的异国他乡,在对送信路线及收信人身在何处完全不明的情况下,凭着心中对命令的服从、对祖国的忠诚以及不辱使命的信念,以超乎常人的毅力和勇气战胜了种种困难,终于完成了总统交给他的任务——把信交给加西亚。《把信送给加西亚》启示我们,自觉服从的执行力深刻地体现在完成任务的意愿、完成任务的能力以及完成任务的程度之中。

所以,企业的成功、个人事业的成功,必然依赖于严格的管理和有效的执行。没有规范的制度和纪律来落实发展规划、运营方案,没有从领导到员工自觉服从的执行力,再好的制度也都将形同虚设,再好的发展蓝图、计划也可能是废纸一张,再高明的领导也只能空怀壮志。

二、为什么要培育劳动精神

（一）热情对待工作的意义

世上没有一个人的一生是一帆风顺的，人的一生总会出现这样或那样的挫折与困难，关键是自己以怎样的心态去面对。热情对待工作的重要意义，就在于引导你始终积极向上，踏实工作，勇于追求目标，把命运牢牢抓在自己的手中。

1. 热情对待工作，有助于保持良好的心态

在实际工作中，只要积极对待工作，就能摆正心态、勇敢面对，想方设法去解决问题，应对工作中的各种挑战，而不是一味地推卸责任，埋怨别人。积极对待工作，有助于你在面对身边的人和事时更能注重细节、更具长远眼光，张扬乐观情绪，避免工作中的情绪化，减少抱怨，降低负能量，不断积累亲和力和正能量。

2. 热情对待工作，有助于实现自己的奋斗目标

抛弃当一天和尚撞一天钟的思想，克服漫无边际的空想，脚踏实地，严格自律，认真务实地做好自己的实际工作。只要积极对待工作，从小事干起，不断积累，坚持不懈地朝目标去奋斗，你就一定能够实现既定的目标。

3. 热情对待工作团队，可以使职业人更加完善

没有完美的人，只有完美的团队。正是因为每个职业人身上都有着独特的优势和不足，才能让不同的职业人组合成一个团队。热情对待团队，可以使大家齐心协力弥补彼此的不足，能让团队的力量发挥到最大，也能使职业人及时克服自身的不足，逐渐自我完善。

4. 热情对待工作团队，可以使职业人更有力量

团队建设的意义也体现在团队文化中。团队文化能够让团队成员逐步强化凝聚感和责任感，从而形成一种团队精神，激发强大的力量。热情对待团队，可以激发职业人对成功的激情和渴望，增强职业人在工作中顽强拼搏的精神意志，为职业人在竞争激烈的职场中健康发展注入强大动力。

（二）服从与执行的意义

服从与执行是一种美德。服从是职业精神的精髓和核心理念，能够自觉服从的职业人，就能遵照指令做事，暂时放弃个人的自主意识，全心全意去遵循组织的价值观念，为实现组织目标而努力。一个职业人只有在服从的过程中，才会对其组织的价值及运作方式有更透彻的感悟。团队运作的前提条件就是服从，若没有服从意识，就不会有执行力。所以，服从是一种优秀的职业操守。

1. 服从是执行的开始

在企业里，如果你不能服从上级的安排，那么，就很难实现企业共同的目标。只有服从安排，听从指挥，你才能更好地发挥自身的执行力，在竞争中脱颖而出、胜人一筹。因此，服从就是执行力和竞争力。强有力的执行力，源于你对上级下达的指令的欣然接受和坚决执行：无论遇到什么艰难险阻，也不动摇、不懈怠、不放弃，恪尽职守，全力以赴，不达目的决不罢休。

2. 执行是成功的关键

在任何企业中，那些最优秀的员工都明白一个做事的原则，这就是在命令面前必须坚决服从，第一时间去落实上级的决策。那些最优秀的员工不但积极执行领导的决策，而且善于主动地完成任务，在工作中不计得失、不怕困难，快速高效地完成任务，并将这种主动精神贯彻于每一项工作中，从不给自己找借口和理由。在就业创业中，你若摒弃了找借口的习惯，你就不会为工作中出现的问题而沮丧，反而会在工作中学会解决问题的诸多技巧。同样，在企业抢抓机遇、快速发展的过程中，员工的执行力也是企业成功的关键。

三、怎样培育劳动精神

（一）怎样热情对待工作

在职场上，一个人能飞多高，在很大程度上是受职业人的心态制约的。职业人的心态在很大程度上决定了他的人生高度。那么在实际工作中，热情对待工作的要点是什么呢？

1. 形成积极的言行举止

积极对待工作是一种内在和外在的统一。许多人总是等到自己有了一种积极的感受再去付诸行动，这是本末倒置。积极行动会导致积极思维，而积极思维会导致积极的人生心态。从工作开始就积极行动起来，从形成积极的言行举止开始，努力使自己成为想成为的人，心态自然也会跟着积极起来。

2. 踏踏实实干事

运用积极的心态并把自己看成是成功者时，你就已经开始走向成功了。而想收获成功的人生，就要当个好的耕耘者，决不能仅仅播下几粒积极乐观的种子，然后指望不劳而获，而是必须躬身入局，主动干活，踏踏实实地做事，不断给这些种子浇水，给幼苗培土施肥，精心呵护，努力耕耘，把岗位规定的职责和上级交代的任务完成好。只有这样，希望的田野才能丰收有望。

3. 融入团队，坚持用美好的感觉、信心与目标去影响别人

随着行动与心态日渐积极，你会慢慢获得一种人生美满的感觉，信心日增，人生的目标感也越来越强烈。紧接着，别人会被你所吸引，因为人们总是喜欢同积极乐观者在一起。因此，每个职业人都应当利用这种相互影响的作用来发展积极的心态，同时帮助别人获得这种积极态度。

态度决定一切。只有团队的每一位员工都端正工作态度，真正地将团队精神运用到工作中去，团队才能充满生机和活力，才会具有强劲的竞争力，才能攻无不克、战无不胜。成功者与失败者之间的最大差别就是：成功者始终用最积极的思考、最乐观的精神和满腔的热情控制自己的人生。失败者则刚好相反。因此，每个职业人都应当通过持之以恒的努力，让积极心态照亮自己的人生之路。

（二）怎样才能自觉地服从与执行

服从与执行的要义体现在各类组织体系、各类职业场所之中。任何成功的组织，

微课：

培育劳动精神

包括部门、事业、企业，都是一代又一代职业人接续不断的努力铸就的，每个职业人都应珍惜组织的荣誉，维护组织的威信，履行自己的职责，为组织的发展贡献力量。

1. 无条件接受上级领导的指令

在组织体系中，管理是逐级的，指示、命令的下达也是逐级的。下级服从上级，就是服从上级的工作指令。不论是书面的还是口头的，指令一经下达，就要无条件执行，使之变为实际行动。任何人不得拒绝接受，不能以种种借口和所谓的理由拖延或推辞。无条件接受上级领导，就是一丝不苟地落实工作安排，清楚干什么、干到什么程度；就是创造性地开展本职工作，着眼短板，立足一流标准，奋勇争先。

2. 严格执行规章制度

任何组织，包括部门、事业、企业在发展过程中，都会形成自己的管理理念、组织文化和运作模式，形成一套比较完善的规章制度。当你进入了一个新的组织，你必须"入乡随俗"，严格执行现有的规章制度。对各种制度坚决执行到底、落实到位，决不打折扣、做选择、搞变通，彻底打消侥幸心理、观望态度，自觉遵纪守规。

3. 自觉接受监督检查

干工作不检查总会有疏忽，管理少不了检查。检查具有规定性和强制性，要求被检查者无条件接受，否则检查就不能推行下去。从心理舒适性角度看，多数人对于来自外部的检查监督有一种本能的抗拒心理。不愿接受监督的心理和做法，不仅贻误工作，对自身成长也是有百害而无一利。个人的成长进步离不开个人努力，也离不开严格的监督检查。换个角度看，监督检查是对个体最好的关心、爱护、帮助。通过监督检查，个体往往能够及时矫正行为偏差，不断完善自己，最后养成良好的心理品质和工作习惯。

同步练习

做第 242 页练习 7.1：诚信劳动会吃亏吗？

主题二　传承工匠精神

> 工匠并不是代表一种机械重复的工作。它代表着一个时代的气质，坚定、踏实、精益求精……在资源日渐匮乏的后成长时代，重提工匠精神，重塑工匠精神，是生存、发展的必经之路。
>
> ——任正非

2017 年，中共中央、国务院印发的《新时期产业工人队伍建设改革方案》，指出，要"加强产业工人队伍建设，必须把培育和弘扬'工匠精神'放在更加重要的位置，让劳动光荣、技能宝贵、创造伟大的时代风尚更加浓厚，真正造就一支有理想守信念、懂技术会创新、敢担当讲奉献的宏大的产业工人队伍，为实现'两个一百年'奋斗目标、实现中华民族伟大复兴的中国梦凝聚最强大的力量。"

工匠精神是一种职业精神，它是职业道德、职业能力、职业品质的体现，是从业者的一种职业价值取向和行为表现；它是一种在设计上追求独具匠心、质量上追求精益求精、技艺上追求尽善尽美、服务上追求用户至上的精神。

一、什么是工匠精神

（一）工匠精神的概念

工匠精神是从业者在工作中体现出来的执着专注、精益求精、一丝不苟、追求卓越的精神。工匠精神是成就优秀劳动者的必要条件。"工匠精神"在职场的行为表现是：

具备专业专注精神，能够执着坚守，苦练本领，不断提高岗位技能水平。

具备精益求精意识，能够坚持质量标准，注重细节，一丝不苟。

具备追求卓越意识，能够对照先进标准，持续创新，自我超越，追求极致。

中国有着悠久的"工匠文化"传统，作为一个"工匠大国"，技艺精湛的鲁班，"游刃有余"的庖丁，一直被中国的工匠们视作毕生的追求。北京故宫之所以能成为世界上最精美的建筑，就是集纳了当时"百工工艺"和"百工之匠"的高明智慧。

在中国璀璨的古代文明里，小到器物，大到建筑，一代代匠人的手中诞生过无数巧夺天工的艺术珍品。工匠们凭借数十年如一日的专注和坚守，创造出工艺上的奇迹，展现出极致化的追求，令人惊叹、让人敬佩。

《尚书·大禹谟》有云："人心惟危，道心惟微；惟精惟一，允执厥中。"工匠精神本质上就是古人所说的"精一"哲学。

（二）新时代工匠精神的核心内涵

1. 专业专注

专业专注是工匠精神的基本。所谓专注，就是专心致志，全神贯注，心无旁骛，不受任何外界诱惑的干扰，对既定的方向不离不弃，执着如一，持之以恒，不懈努力；就是聚焦自己内外所有的心力，投入于一个既定的目标，倾注自己所有的时间，从事一个专业领域的钻研和锻炼，最终取得超越性的突破。就是"把一件事做到最好"的进取精神，就是"不达目的不罢休"的顽强意志。

我国古代有"艺痴者技必良"的说法。工匠们大多穷其一生只专注于做一件事，或几件内容相近的事情。如果说专业是针，专注则是"铁杵磨成针"的坚持；如果说专业是剑，专注则是"十年磨一剑"的恒心。明确了自己的专业方向和目标，仅仅是万里长征的第一步，没有专注的努力，专业就会成为无源之水，无本之木；没有专注的支撑，专业也只能是镜中花，水中月。没有专注的努力，专业就会失去任何意义。

2. 精益求精

精益求精是工匠精神的灵魂。所谓精益求精，是指已经做得很好了，还要求做得更好，即使做一颗螺丝钉也要做到最好。正如老子所说，"天下大事，必作于细"，精益求精是从业者对每件产品、每道工序都凝神聚力、追求极致的职业品质。

精益求精的人不仅仅把工作当作赚钱养家糊口的工具，而是树立起对职业敬畏、对工作执着、对产品负责、对服务尽心的态度，给客户无可挑剔的体验。

精益求精是对产品与服务精雕细琢的喜爱,对细节追求完美的意志,对工作追求极致的痴迷,不惜花费时间精力,孜孜不倦,反复改进,执着努力,把品质从99%提高到99.99%。

精益求精就是把事情做到最好、把技术做成艺术。"把简单的事情重复做,把重复的事情精致做",将工作视作一种信仰,力争做到尽善尽美,绝不会浅尝辄止,更不会敷衍应付。一名工匠对产品的任何细节都充满了近乎狂热的苛刻,"没有最好,只有更好"是他们永远的追求。

3. 持续创新

持续创新是工匠精神的内核。创新代表着人才素质要求的基本性质和发展方向,社会需要充满生机和活力的人、有开拓精神的人。创新能激发人的主体性、能动性、创造性的进一步发挥,从而使人自身的内涵获得极大的丰富和扩展。

劳动者在职场要想成才,就不能因循守旧,要想在工作中做出成就,就要具备锐意创新的职业品质,敢于创造发明,敢于突破现状,敢于超越自我。

一个创新发明会为企业和社会带来一定的甚至是巨大的经济效益和社会效益,更会为个人的职业发展与人生价值的实现带来广阔的空间。因此,应结合工作实际,想企业之所想,急企业之所急,在问题中创新,在故障中创新,在瓶颈中创新,在挫折或失败中创新。

4. 追求卓越

追求卓越是工匠精神的境界。要求我们对照先进标准,想做、想做好、想做更好,不断地自我超越。

首先,追求卓越的人不仅内心想做,主动做,而且想做好。他们不满足于平平淡淡的工作成效,不满足于过得去的工作状态。他们总是在琢磨:目前的工作还有没有改善的余地?如何改善?总想把简单的工作做出精彩来。很多人总想做些轰轰烈烈的大事情,但实际工作中我们接触到更多的是那些具体的事、琐碎的事、单调的事,也许看似平淡,也许鸡毛蒜皮,但这就是工作,能够把大量简单的事一件一件地做好,做到位,才能实现最终的成功。

如果连简单的工作都做不好,又何谈复杂的工作?正如海尔集团首席执行官张瑞敏所说:"什么是不容易,把容易的事情坚持做好了就是不容易;什么是不简单,把简单的事情坚持做好了就是不简单。"

二、为什么要传承工匠精神

当今科技时代,"工匠"似乎正在远离我们而去。但是,实现中华民族伟大复兴的中国梦,不仅需要大批科学技术专家,同时也需要千千万万的能工巧匠。更为重要的是,工匠精神作为一种优秀的职业精神文化,它的传承和发展契合了时代发展的需要,具有重要的时代价值与广泛的社会意义。

1. 社会文明进步的重要尺度

物质文明与精神文明是推动社会文明进步的"两个轮子",是实现中华民族伟大复兴中国梦的"一双翅膀",二者缺一不可。事实上,"工匠精神"的发育程度,同一个社会的物质文明、精神文明的进步程度直接发生关联。从精神文明来看,"工匠精神"作为一种职业精神,在本质上它是同社会主义核心价值观特别是同其中的"敬业""诚信"要求高度契合的。从物质文明来看,"工匠精神"在物质文明的创造过程中可以发挥强大的精神动力及智力支持作用。

2. 中国制造前行的精神动力

经过改革开放 40 余年的发展,我国早已成为世界第一制造业大国。尽管我们已经成了"世界工厂",贴着"MADE IN CHINA"标签的产品在世界各地随处可见,大到汽车、电器制造,小到制笔、制鞋,国内许多产业的规模居于世界前列,但这里面却依然缺少真正中国创造的东西。总体而言,我国制造业大而不强,实现制造业转型升级迫在眉睫。只有把工匠精神融入生产制造的每一个环节,敬畏职业、追求完美,才有可能实现突破创新。我们要通过弘扬工匠精神,培育劳动者追求完美、勇于创新的精神,为实施创新驱动发展战略、推动产业转型升级奠定坚实基础,加快建设制造强国,推动经济高质量发展。

3. 品牌形象提升的必由之路

品牌是企业走向世界的通行证,也是国家竞争力的重要体现、国家形象的亮丽名片。近年来,我国品牌建设取得长足进步,但在国际上真正叫得响的品牌还不多,这与我国作为世界第二大经济体、第一制造业大国的地位很不相称。提升品牌形象,要求把工匠精神融入设计、生产、经营的每一个环节,做到精雕细琢、追求完美,实现产品从"重量"到"重质"的提升,通过弘扬工匠精神,让每个劳动者恪尽职业操守,崇尚精益求精,进而培育众多大国工匠,不断提高产品质量,打造更多享誉世界的中国品牌,建设品牌强国。

4. 劳动者自我价值实现的制胜法宝

当今社会机器化生产提高了产品生产率,但不能因为有机器,就使有技术、有特长、有艺术气息的工匠变成只会进行简单操作的会说话的机器,使我们的自身优点因自动化而被贬低。对于一个具有工匠精神的劳动者而言,产品是我们向往自由美好愿望的充分表达,我们要根据自己的构思创意来完成产品,使自我想法在产品中体现,创作出来的产品是自我对世界的理解、认识、客观化的体现。以工匠的精神来创造,工作就变成了一种忘我的投入、生命的外在表达。自我的价值存在于自己双手所能控制的作品中,不受其他因素的影响,使自己在工作过程中能够获得真正的满足与成就感。

事实上,一个人在职场上所具有的高尚职业操守和强烈"工匠精神",同拥有高超的专业知识技能一样,是立足职场的重要软实力,是职业竞争中脱颖而出的制胜法宝。

三、怎样传承工匠精神

（一）心无旁骛，苦练本领

微课：

传承工匠
精神

宝剑锋从磨砺出。在《大国工匠》系列节目中，那些身怀绝技的大国工匠们，他们之所以能够匠心筑梦，凭的是高超的技能绝活儿，而高超的技艺靠的是专注、苦练与磨砺。

"问渠那得清如许，为有源头活水来。"身在职场，技能本领就是源源流淌的"活水"，是一个人创业创造、建功立业的不竭"源泉"。

练习技能只有从"应该学、应该练"变成"我要学、我要练"，才能自我驱动。要加强自己的技能训练，提升技能水平，就必须认识到掌握技能、提高技能的重要性、必要性和紧迫性，增强职业竞争力的危机感，瞄准成为高技能人才的目标，让高技能需要成为学习的优势需要。因为只有当某种技能成为优势需要时，才能形成强烈的学习动机。即使在遇到困难的情况下，也能发挥意志努力，排除干扰，克服困难，直至达到预定的练习目的。

人们的技能不是天生就有的，而是后天形成的。操作技能是通过实际练习获得的，练习是技能形成的基本途径。练习是动作技能赖以形成的基本条件。但练习的效果不仅取决于练习的次数，而且取决于合理的组织和安排。

1. 掌握知识

除了明确练习的目的和要求之外，还应当掌握与某种技能有关的知识。因为知识是行为定向的工具。具备相应的知识，就有助于顺利进行练习，从而提高练习效果。

2. 掌握练习方法

瞻彼淇奥，绿竹猗猗。有匪君子，如切如磋，如琢如磨。
——《诗经·卫风·淇奥》

方法是达到目的的手段。掌握正确的练习方法，可以避免盲目尝试，提高练习的效果。因此，在练习之前，学习者应认真观察老师前辈的讲解和动作示范，掌握正确的练习方法。比如，要正确掌握练习的速度，注意练习的准确性。一般来说，在开始练习阶段，要适当放缓速度，等动作方式巩固下来后，可再适当加快练习的速度。

3. 合理分配练习时间

技能的形成和保持，需要足够的练习次数或练习时间。俗话说"功夫不负有心人""功到自然成"，练习达到一定程度，技能方能巩固。练习次数和练习时间应该有适当的分配。一般来讲，分散练习比集中练习优越。分散练习可以使练习不致中断，不仅在时间上较为经济，而且在技能的保持上也更有效果。

分散练习最有效的分配是：开始时练习的次数可多一些，每次练习的时间不宜过长，各次练习之间的时距可以短一些。随着技能的掌握，可以适当延长各次练习之间的时距，每次练习的时间也可略加增长。

4. 制订练习计划

要主动地在老师、师傅的指导下，制订自己有针对性的技能练习计划。一个基本技能或者一项新技能、高技能，不可能一下子就全部掌握，必须分节分步，一个部分一个部分地进行练习。练习首先要按照循序渐进的原则，先简后繁，以求稳步地提高。有步骤有计划地练习不仅便于由易到难地学习，而且便于自我检查、总结、反省，及时发现错误并矫正。

5. 对反馈的积极处理

在练习过程中，只有通过动作的反馈，才能知道自己的动作是否合乎规范。老师、师傅及时而有效的反馈，能使练习者辨别出自己动作的正误，有意地去强化合乎规范的动作，矫正非规范性的动作。所以，练习者要以积极正面的态度对待老师、师傅的反馈建议。

技能不是先天就有的，是经过后天练习获得的。技能由不会到会、由会到熟练，是一个逐渐发展的过程。练习是一种有目的地对某种动作进行多次重复以达到熟练的过程，旨在改进动作，使动作趋于完善，达到自动化的熟练程度，实现技能的速度、准确性、灵活性和协调完整性的完美统一。

（二）精益求精，反复打磨

人具有多方面的潜质，其中总有属于自己的强势智慧。著名作家刘震云说过，能将胡辣汤做得顾客盈门、生意红火，和能让原子弹上天没有什么本质区别，都是值得社会敬仰的成功劳动者。

工匠精神是一种精益求精的工作态度。能够被称为工匠，其手艺自然得到社会公认。但工匠对于自己制造的产品，却永远不会满足。在他们的心目中，制作出来的产品应该没有最好，只有更好。工匠们喜欢不断雕琢自己的产品，不断改善自己的工艺，享受着产品在双手中升华的过程。

工匠精神反对例行公事的工作状态。日常工作中，如果你的标准是把事情做完，那例行公事就是一种日常的工作，并没有与众不同；如果，你的标准是每次都比上一次做得更精准完美一些，那么例行公事就成为一次次让自己变得更好的可能。

人和人的差别，关键体现在面对事情上的态度、标准和要求上。那么，工作过程中我们应如何用工匠精神让例行公事发挥更大价值呢？以下三个方法可以参考：

第一，重复的事情流程化。把所有反复出现的任务流程化，第一步是什么、第二步是什么，用其流程呈现出来。

第二，细小的提升日常化。面对例行公事，问自己一个问题：如果今天我可以优化一点点，我要改进哪个部分或是环节呢？不见得非要狂奔式、突破式成长，让每一天都有 1% 的提升，那结果也会是惊人的。

第三，隐形的经验显性化。完成例行公事后，向自己询问一个问题：我比之前的每一次都做得更好的地方在哪里？把自己并不觉察的经验，有意识地挖掘出来，再把显性化的经验形成可以分享的"操作法"，帮助更多的人。

这就是日常工作中的工匠精神。试试看,把这三个方法运用在自己的工作中,慢慢变成自己的工作习惯,你就会为组织带来巨大的价值,让自己取得显著的进步。

工匠精神是低调的,耐得住寂寞的,是不哗众取宠的,是忠于内心的。正所谓"不疯魔,不成活"。工匠精神意味着对一件事情数十年如一日地执着;意味着对一件事情的倾尽心血和耐心等待;意味着对创造完美的不妥协、不放弃和不惜代价;意味着告诉自己,一定要做好一件事,努力实现梦想情怀。

（三）持续创新,追求卓越

在"互联网+"时代,从"中国制造"走向"中国创造"需要的已不再是简单的体力劳动者,而是高技能的复合型人才。这种复合型人才除了要有精益求精的职业态度,更要有创新创造、追求卓越的精神。要想岗位成才,就不能因循守旧,要想在工作中做出成就,就要具备锐意创新的职业品质,敢于创造发明,敢于突破现状,敢于超越自我。

非不能也,是不为也。心理学家研究认为,在"可能"与"不可能"之间,其实就隔着一张自我认知的"纸",这张"纸"就是你的信心和信念、你的主观感觉和能动性。人类本身有很多自己也没有发现的潜力,这些潜力其实就蕴藏在人的内心,只有在被激发的情况下才会发挥出来。

同步练习

做第 244 页练习 7.2:"焊神"张翼飞

主题三　践行劳模精神

热爱劳动与勤劳奋斗是中华民族的传统美德,是职业精神的灵魂,是每个职业人处世立身的基本。学习与践行劳模精神,用勤劳与奋斗谱写人生的新华章。

劳动模范简称"劳模",是在我国社会主义建设事业中成绩卓著的劳动者,经职工民主评选,有关部门审核和政府审批后被授予的荣誉称号,中共中央、国务院授予的劳动模范为"全国劳动模范"。

> 劳动模范是劳动群众的杰出代表,是最美的劳动者。劳动模范身上体现的"爱岗敬业、争创一流,艰苦奋斗、勇于创新,淡泊名利、甘于奉献"的劳模精神,是伟大时代精神的生动体现。
>
> ——习近平

一、什么是劳模精神

（一）劳模精神的概念

劳模精神是先进劳动者在平凡岗位上体现出来的爱岗敬业、争创一流、艰苦奋斗、勇于创新、淡泊名利、甘于奉献的具有示范意义的精神。劳模精神是所有劳动者都应该学习和追求的一种境界。"劳模精神"在职场的行为表现是:

具备爱岗敬业、争创一流的精神,能够干一行爱一行,忠于职守,积极创造最好业绩,在平凡工作中做出不平凡的贡献。

具备艰苦奋斗、勇于创新的精神,能够吃苦耐劳,积极创新,勤劳奋进。

具备淡泊名利、甘于奉献的精神,能够正确处理个人、集体、社会之间的利益关系,以主人翁的热诚为社会奉献力量。

劳模精神是劳模在平凡岗位上做出不平凡业绩所坚持坚守坚定的基本信念、价值追求、人生境界及其展现出的整体精神风貌。劳模精神一方面道出了劳模之所以能在广大劳动者群体中脱颖而出的根本原因,另一方面也为广大劳动者提出了奋斗的目标与学习的榜样。在劳模精神中,爱岗敬业是本分,争创一流是追求,艰苦奋斗是作风,勇于创新是使命,淡泊名利是境界,甘于奉献是修为。

（二）新时代劳模精神的核心内涵

1. 爱岗敬业、争创一流

爱岗就是热爱自己的工作岗位,敬业就是要用一种恭敬严肃的态度对待自己的工作。爱岗敬业就是要干一行爱一行钻一行,以正确的态度对待自己所从事的工作,努力培养热爱自己所从事的工作的幸福感、荣誉感。一个人一旦爱上了自己的职业,爱上了自己所做的事情,他就会全身心地投入其中,在平凡的岗位上,做出不平凡的业绩。

2. 艰苦奋斗、勇于创新

艰苦奋斗作为一种时代精神,既是一种崇尚节约、艰苦朴素、反对铺张浪费的生活作风,也是一种不畏艰难、与时俱进、锐意进取的思想品格,是理智的生活、智慧的人生,是幸福快乐之源。美国作家斯诺在 1936 年到陕北采访时,看到毛泽东住着简陋的窑洞,周恩来睡的是土炕,彭德怀穿着用缴获的降落伞改制的背心,林伯渠的耳朵上用线绳系着断了腿的眼镜,他从这些细小的事情中,发现了存在于共产党人之中的一种伟大力量。他把这种力量叫作"东方魔力",并断言这种力量是"兴国之光"。斯诺讲的这种"东方魔力""兴国之光",就是我们党艰苦奋斗的革命精神。

创新是新产品的开发、新市场的开拓、新生产要素的发现、新生产经营管理方式的引进以及新企业组织形式的实施。现代管理学大师彼得·德鲁克从企业管理学的角度指出,创新不是天才们的专利,创新并不神秘莫测、高不可攀,创新是一种工作,是每个人都可以有所作为的工作。对于员工来说,创新是职业技能与综合素质的集中体现,是高技能人才的关键素质特征,更是实现职业价值与岗位成才的"快捷键"与"永动机"。树立敢于创新、勇于创新的精神,培养创造性思维的能力,全面提升自己的创造力,不仅是学习劳模精神的时代要求,也是个人成长与成功的现实选择。

3. 淡泊名利、甘于奉献

人生在世,面对林林总总的纷扰、形形色色的诱惑,看重什么、看轻什么,坚守什么、舍弃什么,就像一把无形尺子,能够量出品格的厚度,标示境界的高度。

人生最快乐的事,莫过于为理想而奋斗。在这个世界上,除了名利之外,总有更高的境界和价值,值得我们为之奋斗,为之奉献,乃至牺牲。一个真正有智慧、有成就的人,内心是很朴实的,不自大不傲慢,不奢侈不浮华,永远保持一颗低调谦虚的心,永远走在务实求真的路上。

弘扬劳模精神,并不是只讲付出、不问收获。有很多劳模,如时传祥、王进喜、李素丽等,通过自己的劳动,让世界变得更美好,赢得别人的尊重和认可,在他们看来,这就是一种难得的幸福。也有很多劳模,尽管家庭经济条件不怎么好,但却把劳模奖金捐了出去,帮助更困难的人。他们并不是不能获得更高的回报,只是把金钱看得比较淡而已。当然,我们弘扬劳模精神,并不是要求大家都甘于清贫,而是希望每一个人,都能用自己实实在在的劳动,在为社会作出贡献的同时,也能获得应有的回报,实现人生价值。

二、为什么要弘扬劳模精神

微课:

弘扬劳模精神

一代又一代的劳动模范既创造了巨大的物质财富,又创造了宝贵的精神财富。劳模精神是以爱国主义为核心的民族精神和以改革创新为核心的时代精神的生动体现,是激励我国劳动群众不为任何风险所惧、不被任何干扰所惑、在中国特色社会主义道路上奋勇前进的强大精神动力。

1. 劳模精神是劳动精神的积极呈现

劳模精神继承并发展了中华民族传统优秀的劳动观念,树立并彰显了一种辛勤劳动、诚实劳动、创造性劳动的新理念,营造并弘扬了一种劳动光荣、技能宝贵、创造伟大的时代风尚,生成并传播了一种劳动者至上、劳动者平等、劳动者可敬、劳动最光荣、劳动最崇高、劳动最伟大、劳动最美丽的劳动观。也正因如此,劳动者才能通过自己的劳动,收获满足感、快乐感、尊严感,在创造丰富物质财富的同时,也拥有丰盈的精神世界。

2. 劳模精神是主人翁意识的集中凸显

主人翁意识是劳模精神的内在本质,是正确认识和理解劳模精神的关键词。正是因为自觉的、强烈的主人翁意识,劳模才以车间为家、以厂为家、以企为家、以国为家,才具有积极主动的岗位意识、职业意识、进取精神和创新精神,才在本职工作中充分发挥积极性、主动性和创造性,才能够艰苦奋斗、淡泊名利、甘于奉献,自觉把人生理想和家庭幸福融入国家富强、民族复兴的伟业之中,最终建构起个人与集体、个人梦与中国梦、小家与国家民族融合统一的发展共同体和命运共同体。

3. 劳模精神是实现人生梦想的强大动力

我们要诚实劳动,勤劳奋斗。梦想是要有的,但是仅有梦想是不够的,梦想不能改变人生,只有发扬劳模精神,勤劳奋斗,才能创造美好的未来。作为新时代的劳动者,走上工作岗位后,要从内心喜爱自己的工作,付出不亚于任何人的努力,全神贯注地投身于工作,在艰苦奋斗的过程中,磨砺心志,提升人格,领悟人生的真谛,实现人生的目标。

三、怎样践行劳模精神

1. 爱岗敬业,干一行爱一行成一行

第一,在开始选择职业和工作的时候,"爱一行,干一行",尽可能挑选与自己的爱好、兴趣、擅长相一致的工作。工作对于我们来说不仅是谋生的手段,也是发挥自身才能的平台。所以在择业的时候,应该尽量选择自己愿意去做、适合自身条件的、能最大限度发挥自己才干、实现自己价值的工作,也就是尽可能地选择自己喜爱的那一行。

第二,一旦我们进入了一个行业、一个组织、一家企业,走上了一个岗位,我们的身上就肩负了相应的责任,这时候,一定要"干一行,爱一行",这是一种态度,这时候就不能再根据自己的喜好来对待自己的工作了,而是应该怀着强烈的工作热情去投入工作,并在工作中培养自己对工作的热爱,继而发自内心地爱岗敬业,使自己成为优秀的人才。

2. 争创一流,自我超越

(1)用一流的境界去规划未来 思想决定行动,境界决定水平。有什么样的思想境界,就有什么样的目标追求。只有目标上的高定位,才有工作上的大手笔。"取乎其上,得乎其中;取乎其中,得乎其下。"大学毕业生要想闯出一片新天地,就要提高境界、亮出姿态、敢争一流,树立干大事业、求大发展的胆识,用大气魄、大手笔来谋划未来,做到"比"有对象、"学"有榜样、"赶"有目标、"超"有方向。

(2)用一流的标准去干事创业 推进工作,没有衡量的标准不行。做任何工作,都要以达到一流为目标,以是否一流为标准,把一流作为衡量工作是否做得到位的尺子,时时量一量、看一看、闻鸡起舞、砥砺前行。在不进则退的竞争态势下,任何"差不多就好""过得去就行"的思想,都有可能随时被淘汰。要把工作当作事业去追求,干就干成精品、干成一流,在同行中叫响自己的牌子、竖起自己的旗帜。

(3)用一流的决心去执着追求 世上没有一条现成的路可以笔直地到达"一流"这个目的地。绕着困难走,困难不会自行消失;逃避问题,问题不会自行化解。要想在社会上蹚出一条新路,就不能"怕"字打头、"懒"字沾身、"混"字保身。不能畏难不前、半途而废,必须下定争创一流的决心,拿出奋勇争先的担当,谋求突破,自我超越。

3. 勇于创新,提升自己的创造力

(1)培养创新思维 在日常工作和生活中,我们常常能够发现,有的人思维跨度很大,能够海阔天空地联想,纵横驰骋地跨越;而有的人则老是喜欢在一个圈子

里绕来绕去,思路总是打不开,甚至作茧自缚。我们也发现,有的人思维深刻,能够追根溯源,在深层次上洞察事物的本质;也有的人总是浮在表面,难以深入,像是蜻蜓点水。这是思维能力和思维品质的差别。而要想创新发明、作出贡献、岗位成才,就必须注意培养自己的创造性思维能力。

（2）**增强创新意识,敢于打破传统**　一是敢于怀疑传统、怀疑权威、怀疑"司空见惯"或"完美无缺"的事物;二是具有大无畏地追求真理的精神,勇于挑战并能够承受来自他人及社会舆论的压力;三是勇于承认创新中的错误,实事求是,能坦诚地自我否定,并及时调整自己的思路,在自变中求得发展。

（3）**掌握创新方法**　一是"智慧杂交",即善于选取前人、众人智慧的精华,所谓"集思广益""博采众长",在"为我所用"的过程中优化组合,形成新思路、新观念、新工艺、新方法、新产品等;二是"思维统摄",即能将大量概念、事件、材料综合起来,加以归纳、概括,提炼凝结成新的科学概念、方法和系统;三是"辩证分析",即通过"去粗取精、去伪存真,由浅入深、由表及里"的深入分析,探究事物的本质,把握事物的发展规律,找到解决问题的方法;四是多视角看问题,对于同一个问题,能向多个角度多个方向发散,尽量提出多种设想、多种解法、多种答案,以扩大选择余地。

4. 榜样引领,向劳模学习

（1）**充分发挥劳模的示范作用**　劳模是一面旗帜,他们身上所体现出来的爱岗敬业、艰苦奋斗、勇于创新、甘于奉献等优秀品质一脉相承,熔铸成一笔宝贵的精神财富,成为中国工人阶级的典型特征。有了劳模示范作用,大家就有了努力方向,有了劳模精神的感召,大家就有了标尺,就能够形成良好的崇尚责任、牢记责任、时刻不忘履行自己的职责的意识。

一是要树立示范标杆,以点带面,全面辐射,发挥劳模在工作岗位上的示范作用;二是要强化劳模的责任意识、服务意识,发挥劳模的榜样魅力,带动其他员工立足岗位,扎实工作;三是要把有潜质、肯上进的青年员工送到劳模身边培训,学习他们的精湛技艺和争创一流的劳模精神;四是要开展创先争优活动,使劳模的示范作用不只停留在个人,而是以高技能、高水平的团队成为员工们的示范榜样。

（2）**充分发挥劳模的引领作用**　典型是标杆,楷模是榜样。我们要积极宣传劳模事迹,讲好劳模故事,在全社会大力弘扬劳模精神、劳动精神、工匠精神,奏响劳动光荣最强音,为构建新发展格局汇聚起磅礴力量。

一是发现、发掘出更多立得住、叫得响的先进典型,带动更多的劳动者爱岗敬业、无私奉献,争做新时代的奋斗者;二是要以劳模高度的主人翁责任感为引领,激发员工把自己当作单位的主人,把工作当作事业来追求,用心工作、专心做事、尽心履责,干一行、爱一行、钻一行、精一行,对工作始终保持热情,对事业不断执着追求,努力在平凡的岗位上干出不平凡的业绩。三是要以劳模卓越的劳动创造为引领,鼓励员工始终保持对新知识、新技术的"饥渴感",坚持学习,勇于创新,用创造性劳动来实现自我突破、自我提升、自我超越,为社会创造更大价值。四是要以劳模忘我的奉献精神为引领,鼓励员工始终保持对新知识、新技术的"饥渴感",坚持学习,勇于创新,用创造性劳动实现自我突破、自我提升、自我超越,为社会创造更大价值。五是要以劳模忘我的奉献精神为引领,教育员工将个人成长与单位、国家发展紧密融合,胸怀全局,淡泊名利,甘于奉献,在促进经济社会发展进步中体现人生价值。

(3)充分发挥劳模的品牌作用 每一位劳模都是一面旗帜,高扬着"爱岗敬业、争创一流"的价值操守;每一位劳模都是一个标杆,标示出"艰苦奋斗、勇于创新"的精神境界;每一位劳模都是一盏明灯,折射出"淡泊名利、甘于奉献"的道德取向。我们要把劳模这一"闪光群体"打造成品牌形象,不断提升劳模品牌效应。

一是通过组织开展劳模先进事迹报告会、人物专访和劳模风采故事演讲、编印劳模光荣册、举办劳模先进事迹图片展等多种形式,大力弘扬劳模精神、劳动精神、工匠精神,以劳模事迹和劳模品质感召人、鼓舞人、激励人,让"劳动最光荣、最崇高、最伟大、最美丽"的理念深入人心。二是及时总结提炼劳模选树经验,鼓励和支持劳模做好"传帮带",通过个人劳模、明星班组、先进车间的打造和宣传,扩大劳模的影响力。三是成立劳模志愿服务队,本着"从职工群众中来,到职工群众中去"的方针,坚持以服务职工为主体,贴近实际、贴近生活、贴近群众,以献真情、送科技、美环境、保平安、优服务为主要内容,广泛开展形式多样的志愿服务活动,发挥劳模的先锋模范作用,从小事做起,向大处努力,积极传播社会正能量。四是为劳模施展聪明才智搭平台、建机制、铺路子、造氛围,努力创造劳动模范的成长环境,不断提升劳模和工匠品牌的"含金量"。

> 我们要坚持"小改进、大奖励"。"小改进,大奖励"是我们长期坚持不懈的改良方针。应在小改进的基础上,不断归纳,综合分析,研究其与公司总体目标流程的符合,与周边流程的和谐,要简化、优化、再固化。
>
> ——任正非

(4)充分发挥劳模的创新作用 劳动是一切成功的必经之路,创新是所有进步的不竭之源。勇于创新是时代精神的体现,也是当代劳模身上最闪亮的新特质。近年来评选出的劳模,高级技工、科研精兵的比重在增加,知识型、技能型、创新型劳动者不断涌现。每个劳动者如果能多做一点点、创新推动中国制造向中国创造转变一点点,日积月累,"高原"就成了"高峰",就能推动中国制造向中国创造转变。

一要坚持以"劳模创新工作室"为平台,由劳模"担纲领衔",以专业技术人才和技能人才"唱主角",吸纳更多爱岗敬业、技术精湛、锐意进取的职工投入到创新工作之中。二要依托工作室的技术、人才密集优势,广泛深入开展课题研究、技术攻关、革新创造和成果交流展示活动,带动职工踊跃投身合理化建议征集、劳动竞赛等群众性经济技术活动。三要引导职工从日常工作中的问题入手,大胆进行改造发明,营造"处处是创新之地、人人是创新之源、时时是创新之机"的氛围,有力地引领全员走创新、创造、创效之路。四要设立创新奖励机制,凸显利益效应,通过物质上的刺激来激励劳模在工作中不断推陈出新，让员工真正感受到有贡献就有收益，使劳模的创新作用发挥得更好。

同步练习

做第 245 页练习 7.3：我们应该为谁代言？

拓展案例

启动你的 10 000 小时技能绝活儿训练计划

很多人都羡慕一些成功者，感觉那些人简直就是天才，在自己的职业领域里做得出神入化，炉火纯青，有如神助，他们的职业水平能够达到凡人难以企及的地步。为什么？

20 世纪 90 年代，著名心理学家爱利克·埃里克森和他的两个同事来到了柏林，他们要在一家顶级音乐学院做一次心理学实验。在老师的配合下，他们把音乐学院中学习小提琴演奏的学生分为三组：第一组"明星人物"，他们是公认的具有成为世界级小提琴演奏家潜力的人；第二组是"优秀人物"，他们被大家认为比较优秀，将来可能成为二流三流的演奏家；第三组是"一般人物"，他们的演奏水平可能永远达不到专业水准，将来只能成为学校的音乐老师。

接下来，所有学生都要回答同一个问题：从拿起小提琴到现在，你总共练习了多少个小时？从学生们回顾的结果看，他们大都是从 5 岁左右开始练习的。刚开始的几年内，大家的练习时间都差不多，每周 2~3 个小时。到 8 岁左右，那些"明星人物"的学生练习时间开始多于其他学生，他们 9 岁的时候每周练习 6 小时，12 岁的时候每周练习 8 小时，14 岁的时候每周练习 16 小时。

结果是，到 20 岁的时候，第一组"明星人物"学生的练习时间差不多达到了 10 000 小时。第二组"优秀人物"学生的练习时间约为 8 000 小时，第三组"一般人物"学生的练习时间只有 4 000 小时。

之后，埃里克森又在业余演奏者和专业演奏家之间进行了比较，结果惊人地相似：到 20 岁左右，业余演奏者的练习时间约为 2 000 小时，而专业演奏家的练习时间约为 10 000 小时。

埃里克森最后得出研究结论：卓越者并没有什么"与生俱来的天赋"，如果和其他人一样，只练习很少的时间，他们不可能成为佼佼者，没有"不劳而获者"。事实上，很多心理学家都发现：越是深入考察所谓天才们的成长经历，越是发现天赋的作用越来越小，而后天苦练、积累、储备的作用越来越明显。

这项研究和其他研究的结果还表明：一个人的技能要想达到世界级领先水平，他的练习时间必须超过 10 000 小时。无论你是作曲家、篮球运动员、滑冰运动员、棋手，还是操作工人，任何行业都不例外。

基于上述的研究，德国针对学习技术技能者，总结得出了一个"万次定律"：静心实干3 000次能了解该专业技术技能;用心实干6 000次能熟悉该专业技术技能;坚持苦干加强干10 000次能掌握该专业技术技能;超越万次同时,能不断虚心学习,深刻领悟提升该专业技术技能,就能成为一名名副其实的技术技能人才(而每次实际操作时间不得少于8小时)。这就是成为大师先要做到的基本功,而这仅仅是成就大师的基础。

【分析】成为大国工匠的目标,如果付诸行动就是梦想,如果仅仅停留在向往、羡慕的层面而没有行动,就是幻想。拥有积极心态的人既是梦想者又是行动者。如果你希望自己能够成为一名大国工匠,那么,你必须从今天开始做起,切勿依赖明天。如果你总是把事情留到明天,那么,明天你仍然会两手空空,失去成就自我的所有机会。明天,只是你愚弄自己的借口罢了。

> 劳动模范和先进工作者、先进人物不仅自己要做好工作,而且要身体力行向全社会传播劳动精神和劳动观念,让勤奋做事、勤勉为人、勤劳致富在全社会蔚然成风。
>
> ——习近平

◎ **实践项目**
做第267页项目7:
非遗工坊——传承工匠精神

阅读导航

[1] 习近平著,《在纪念五四运动100周年大会上的讲话》,人民出版社,2019年版

导读:1919年,中国大地爆发了震惊中外的五四运动,这是中国近现代史上具有划时代意义的一个重大事件。习近平在纪念五四运动100周年大会上的讲话中指出,新时代的中国青年要树立远大理想,要热爱伟大祖国,要担当时代责任,要勇于砥砺奋斗,要练就过硬本领,要锤炼品德修为。这篇讲话为培养担当民族复兴大任的时代新人指明了方向,有助于大学生把握国家、时代与个人之间的紧密关系。

[2] 黄卫伟编,《以奋斗者为本》,中信出版社,2014年版

导读:自1988年至今,这20多年华为公司成长为全球通信设备产业的领先企业,靠的是什么?

靠的是竞争力。华为的核心竞争力来自它的核心价值观,即以客户为中心,以奋斗者为本,长期艰苦奋斗。当把15万知识型人才聚集在一起的时候,你就会深切地感到,尽管技术很重要,资本很重要,但更重要的还是人力资源管理。

本书由华为管理层联合编著,取材于任正非及高管的人力资源管理思想精髓,是对《华为公司基本法》的继承与创新。

[3] 李珂著,《中国劳模口述史》,社会科学文献出版社,2018年版

导读:《中国劳模口述史(第一辑)》精选17位全国劳模的故事萃集成册,由劳模本人亲口讲述自己的成长经历,以独特视角展示了一个个贴近现实生活、在大众中成长起来的先进人物的形象,第一次以口述体的形式展现奋斗在各条战线上

的劳模们崎岖坎坷的心路历程。

中国人民大学人类学研究所所长、博士生导师赵旭东评价此书说:"呈现在本书中的劳模形象,无论是国家重点行业的高级技师,还是普通岗位上的操作工,在全国劳动模范的光环背后,无不凝聚着一步一个脚印、砥砺前行的身影,他们用崎岖坎坷的心路历程,生动地阐释了'劳动最光荣、奋斗最幸福'的时代最强音。这些最接地气的劳动者的'中国故事',使本书成为弘扬劳模精神和工匠精神,为实现中华民族伟大复兴中国梦汇聚强大正能量的优秀读本。"

课后评估

扫码做评估 7.2:自测一下对本模块内容的掌握程度

模块八

通用职业素质

学习指南

通用职业素质包括职业道德、职业精神、职业意识、职业核心能力四部分内容。其中,职业精神包括劳动精神、工匠精神、劳模精神三个方面,职业核心能力包括有效沟通、团队合作、自我提高、信息处理、创新创造、解决问题6个模块。

本模块包含恪守职业道德、树立职业意识、提升核心能力三部分内容。职业道德是职业活动中符合职业要求的心理意识、行为准则和行为规范。职业基本意识是从业者对职业的基本认知、应该形成的基本观念和具备的工作态度。职业核心能力是职业人除专业能力之外的跨岗位跨行业的基础能力,是适应社会发展变化的可持续发展能力,是个人取得成功的关键能力。

学习目标

知识:
1. 了解职业道德的基本内容
2. 了解职业基本意识的要领
3. 了解职业核心能力的要点

能力:
1. 掌握职业道德培养的具体路径
2. 学会提高职业基本意识的方法
3. 学会职业核心能力的提升方法

态度与价值观:
1. 做一名遵守职业道德的职业人
2. 具备良好的职业意识
3. 拥有与别人一起成功的职场智慧

教学建议

在通用职业素质的教学过程中,请按照《通用职业素质纲要》(2019年版)中职业道德、职业意识、职业核心能力的行为标准及培训认知标准执行。

（1）在劳动实践中，锤炼职业道德、增强职业意识、培养职业核心能力。

（2）遵照职业道德、职业意识、职业核心能力在职场中的行为表现，检视自己的通用职业素质，并不断完善。

案例导入

成功的应聘

一家软件公司招聘程序员，待遇非常优厚，所以很多求职者都来应聘。陈赓力原来是一家网络公司的程序员，公司多年效益不好导致其失业。陈赓力对自己的技术能力非常有信心，在应聘的笔试中也轻松通关。

在面试环节，主管技术的面试官突然发问："听说你原来就职的公司开发出了一项信息完全维护的软件模块，你是否参与过研发？"陈赓力愣了一下，诚实地回答说："是的。"面试官继续问："你能把这项技术的核心内容说一下吗？"陈赓力确实参加了整个信息完全维护的软件模块的研发过程，回答这个问题并不难。但此时，他犹豫不决，他摸不清面试官的意图，心里琢磨：他是在考我的技术，还是想探究这项技术秘密？面试官见陈赓力没有立刻回答便又问道："如果你能够成功应聘我们公司，开发同样的软件模块需要多长时间？"陈赓力突然明白，原来面

> 世界上唯有两样东西能让我们的内心受到深深的震撼，一是我们头顶上灿烂的星空，一是我们内心崇高的道德法则。
>
> ——康德

试官是主管技术的，他关心的是如何掌握这项技术。此时陈赓力非常纠结，不说的话，自己可能就会丢失这次工作机会；说的话，心里却过不去这个坎。此时，陈赓力脑海里做着激烈的思想斗争：虽然原公司多年效益不好，但是这个技术是原公司团队夜以继日、拼命努力整整3年的成果，现在还没有推向市场，原公司还有很多名同事在惨淡经营，就指望这个技术打翻身仗。如果我要是告诉他们的话，以前的公司就彻底没希望了。原公司多年的努力就会付诸东流，我不能这么干。想到这，陈赓力拿定了主意。心想我怎么能拿自己的饭碗砸大家的饭碗呢？他立刻站起来，告诉面试官："对不起，我不能回答这个问题，如果贵公司为此而让我获得这个工作机会，我宁愿放弃。"说完向面试官鞠了一躬，便离开了面试考场。

随后他继续投简历，找工作。历经了近半个月的时间，他突然接到之前应聘那家公司人事部门的电话，说他被录用了，他被告知："那只是一道面试题，你的行为已经交了一份很满意的答卷。"

【分析】在现在这个物欲横流的社会里，一些人只考虑自己，而不管别人生死。陈赓力这个故事告诉我们，作为一家企业的员工，要遵守起码的职业道德。不能为了自己的前途，毫无顾忌地出卖公司的利益，这家公司对陈赓力的提问实际上是在考验他，因为作为程序员如果把原公司的核心技术透露给第三方，那谁又能保证他们不会把现有公司的技术机密透漏给别人呢？职业道德并不是多么高深的理论，也不是非要经历过什么惊天动地的大事，很可能只是一些很小的事情，便反映出一个人的职业道德水平。诚实守信是一名员工必备的基本素质，对工作忠诚是一种高贵

的道德品质。坚持原则，不改初心，不管世事沧海桑田，本色从不动摇，是一种职业道德。

◎ **课前评估**
扫码做评估 8.1：自测一下对本模块内容的了解程度

主题一　恪守职业道德

职业道德是职业活动中符合职业要求的心理意识、行为准则和行为规范。具体包括：爱岗敬业、诚实守信、办事公道、热情服务、奉献社会 5 个方面。

> 格物、致知、诚意、正心、修身、齐家、治国、平天下。
> ——《大学》

一、爱岗敬业

（一）什么是爱岗敬业

爱岗敬业包含爱岗和敬业两个方面，爱岗是热爱自己的工作岗位，敬业是用一种恭敬严肃的态度对待自己的工作。爱岗敬业在职场的行为表现是：能珍惜就业机会，热爱本职工作；能尊重工作规范，忠实履行工作职责，认真踏实完成工作任务；能不断学习，提升能力，胜任岗位要求。

（二）为什么要爱岗敬业

敬业看似平凡，实则不易。职业和工作岗位是人们生存和发展的基本保障。任何岗位都意味着机会和平台，能够让职业人成就一番事业，实现人生价值。人生的意义和价值正是通过从事一定的职业显示出来的。人生在世，成就一番事业，在职场上大有作为，是大多数职业人的职业愿景。而能否事业有成，实现自己的人生目标，展现生命的意义和价值，在很大程度上取决于职业人的工作态度、敬业精神。机遇青睐敬业者，只有勤勉敬业的职业人，才能在平凡的岗位上铸就不平凡的业绩，最大限度地实现自己的理想。

（三）怎样爱岗敬业

爱岗敬业的精髓在于：忠于职守的工作态度，干一行爱一行的职业情感和勤业、精业的职业素养。

1. 忠于职守的工作态度

敬业的人会对自己从事的职业有一种献身的精神，会将自己的全部精力与其

🐪 微课：

爱岗敬业

联系起来,在事业发展中实现人生价值;会拥有强烈的责任感,明确认识到自己承担的特定职责,忠实履行职责,勤勤恳恳工作,任劳任怨付出。这样,工作就会由外在的强制和被动转化为内在的自觉和主动。正如美国黑人领袖马丁·路德·金所说:"如果一个人是清洁工,那么他就应该像米开朗琪罗绘画、像贝多芬谱曲、像莎士比亚写诗那样,以同样的心情打扫街道。他的工作如此出色,以至于天空和大地的居民都会对他注目赞美:'瞧,这儿有一位伟大的清洁工,他的活儿干得真是无与伦比!'"工作岗位没有高低之分,没有贵贱之别。每一项工作都值得我们去做,值得我们用心去做。只要我们勤勤恳恳、尽职尽责、精益求精,就会做出不平凡的成绩。

2. 干一行爱一行的职业情感

"爱而不敬,非真爱也;敬而不爱,非真敬也。"事实证明,真正的敬业者必然有爱业情怀。对职业的热爱是敬业的深层动力,会燃起人们巨大的工作热情,激发人们奋进的强大动力。正如高尔基所言:"天才是由于对事业的热爱感而发展起来的,简直可以说,天才就其本质而论只不过是对事业、对工作过程的热爱而已。"如同雷锋说的那样:"做一颗永不生锈的螺丝钉。"爱岗的人会把工作当作快乐、当作幸福,会保持一股积极进取的干劲、一种拼命奋斗的热情,想方设法把工作做好、做到极致。一个人无论身处什么岗位,只要在岗一天就应当踏踏实实、尽职尽责地干好分内工作,正所谓"在其位,谋其政"。

3. 勤业、精业的业务素养

敬业是精神和状态问题,精业是能力和水平问题。一个人无论本领多大、能力多强、素质多高,只要他凡事拈轻怕重、应付了事,就很难有所成就。同样,一个人无论多么爱岗敬业,如果认识水平不高、技术能力平平,恐怕也很难取得大的成绩。特别是在科学技术飞速发展的现代社会,树立终身学习的观念,不断提升专业素养和业务水平,以胜任变化着的工作世界、胜任岗位的要求,获得职业发展,显得十分重要。工匠们对每一个零件、每一道工序、每一件设备都精心打磨、专心雕琢、用心制造的那种态度、思维和理念,体现的就是精业的"工匠精神"。

今天,各行各业涌现出来许多标兵、模范,如最美退役军人、"大国工匠"李志强、李文强、张宝生、裴永斌,被誉为新时期产业工人杰出代表的许振超、"蓝领专家"孔祥瑞、"金牌工人"窦铁成、"知识工人"邓建军等,他们既是爱岗敬业的杰出代表,也是勤业、精业的先进模范。他们干一行精一行,刻苦钻研,勇于创新,练就了高强的本领,突破了一个又一个技术难关,创造了一流业绩,在本职岗位上做出了突出贡献,也将敬业精神提升到了新的境界。

二、诚实守信

(一)什么是诚实守信

诚实守信包含诚实和守信两个方面,诚实是真诚老实,即"说老实话、办老实事、做老实人";守信是信守承诺,即"讲信用"和"守诺言"。"诚实守信"在职场的行为表现是:

许人一物,千金不移。
——《增广贤文》

能够言行一致，表里如一，为人真诚老实；

能够遵守合约，信守承诺，做事言而有信。

（二）为什么要诚实守信

诚信事大。诚信是人之为人的道德规定。孔子曰："人而无信，不知其可也""民无信不立。"诚信是个人社会化的"初始原则"，不说谎、说话算数等诚信规则是每个人最早接受的规则教育之一，是人成长进步的基础。

诚信是市场经济发展的基石，从一定意义上说，市场经济是以信任为基础的信用交易活动。这种交易活动，蕴含着对市场主体诚实守信的道德和法律要求。诚信是实现信用交易的前提和保障，是市场经济健康发展的金规则和生命线。市场主体诚实守信，不仅能够降低交易成本，而且能够形成合理的市场秩序，增强经济社会活动的可预期性，提高经济效率。

当今，随着互联网的发展而流行起来的平台交易模式更是需要诚信。诚信是企业生存和发展之本，是我们进入职场、就业竞争的重要素质。

（三）怎样诚实守信

诚实守信的精髓在于：诚实劳动、真诚待人对己、恪守诺言和约定。

1. 诚实劳动

诚信绝不只是单纯的守约与履约问题，更是劳动创造的态度和品德问题。诚信要求人们在认识、改造自然和社会的活动中，尊重客观事实，不造假，不投机取巧、偷奸耍滑。如果说劳动创造世界，那么，只有诚实劳动才能创造出提升人的生活品质和增强人们幸福感的美好世界。

2. 真诚待人对己

诚信要求人们在社会交往中求实不骗人、对己不自欺，反对虚伪和欺骗。因此，诚信是忠于本心、真实无妄、信守承诺的态度和品行。按照真实要求为人做事，即为人实在、实诚，才会有好的工作作风和社会风气；唯有信守约定、践行承诺，才会心里踏实有安全感、彼此信任有幸福感。

3. 恪守诺言和约定

诚信要求人们遵守诺言、契约，反对毁约和违背诺言的行为。这里所说的诺言和约定，既包括由人们自己承诺而引发的特定权利和义务，也包括国家法律、法规、政令、规章制度等规定的普遍权利与义务，还包括那些大家认同的传统习惯。

三、办事公道

（一）什么是办事公道

办事公道是在办事情、处理问题时，坚持正义，站在公正立场，平等待人，公平办事。办事公道在职场的行为表现是：能公平办事，平等待人，一视同仁；能坚持正义，坚持原则，实事求是。

（二）为什么要办事公道

1. 公平公正是新时代中国特色社会主义的本质体现

公道就是公平正义。公平正义是社会主义核心价值观"公正"的同义语。公平正义是社会主义的本质体现，是构建和谐社会和实现科学发展的必要前提。办事公道，促进社会公正，是新时代中国特色社会主义建设的内在要求。

在不断解放和发展生产力的基础上逐步实现人人参与、人人共享、人人受益，实现公平正义，实现每个人自由而全面的发展，这是科学社会主义的基本原则，也是中国特色社会主义的内在要求。

中华人民共和国成立以来，特别是改革开放以来，我国发展取得的巨大成就，为实现社会公平正义提供了物质基础和有利条件。由于我国还处于并将长期处于社会主义初级阶段，实现和维护社会公平正义仍然任重道远。我们每个人都应该成为社会公平正义的维护者，为建设平等参与、平等竞争、平等发展、平等享有的美好社会贡献自己的力量。

2. 公平公正是对管理者的基本要求

管理工作说到底是对人的管理，对领导者来说，就是在管理过程中必须公平公正地对待每一个人，对任何人都一碗水端平，没有私心杂念，完全以事论事，这是管理是否成功的关键所在。

管理者应该注意自己的身份和手中的权力，一旦天平失去平衡，团队就会开始瓦解。比如：为了照顾迟到的员工，管理者免于对他的处罚，希望得到该员工的心，但无形中伤害了那些遵守纪律的员工，公平就会被打破。下次另一个迟到的员工没有得到免责，对管理者的埋怨就会产生，他不会反思自己的过错，而会质疑管理不公平。事实表明，职工的公平感不仅对职工个体行为有直接影响，而且还将通过个体行为影响整个组织的积极性。

公平公正还体现在报酬的分配上。对职工报酬的分配要体现"多劳多得，质优多得，责重多得"的原则，坚持精神激励与物质激励相结合的办法。在物质报酬的分配上，应正确运用竞争机制的激励作用，通过合理拉开分配差距体现公平，在精神上，要采用关心、鼓励、表扬等方式，使职工感到自己受重视，品尝到成功的欣慰与自我实现的快乐，自觉地将个人目标与组织目标整合一致，形成无私奉献的职业责任感。

3. 公道待人是为人处世的基本原则

（1）公道对待他人，有利于聚集和形成正能量 公道对待别人，社会才能为人的发展提供平等的权利和机会,每个社会成员的生存和发展才有保障;我们才可能通过诚实劳动,得到自己应得的东西,满足自己的合理期望,从而调动自身的积极性,不断聚集和形成有利于社会以及企业发展的正能量。这样,整个社会、整个企业才能人人各司其职,各尽所能,各得其所,实现持续良性发展。

（2）公道对待他人,有利于更加全面地认识自己　人,各有各的特点,各有各的特长,各有各的优势,各有各的不足。取人之长补己之短;宽厚容人,严格律己;相互学习,不去攀比。这才是优秀职业人应具备的品格。俗话说:"人贵有自知之明。"就是要用平常心看待自己。通过公道对待他人,既要了解自己的强项,认识自己的优势,更要看清自己的弱项,发现自己的不足,既不要妄自菲薄,也不要狂妄自大。

（3）公道对待他人,有利于更好地完善自己　当你尊重别人,与人为善,为人谋而忠,与人交而信,当这些习惯成为固定人格的时候,你一定会拥有可靠的人际关系。这些关系是你一生的财富,它会在你人生的方方面面,发挥着很大的影响力。当公道对待他人成为你的思维定式,你就会更加注意自己的言行,从一点一滴做起,做到言行如一,不卑不亢,谦虚谨慎。这一切既来自对知识的领悟,也来自对自己的反思。"有心栽花花不发,无心插柳柳成荫。"有时候往往是一些原本并没有在意回报的付出,反而能带给你意想不到的惊喜和幸运。

（三）怎样办事公道
1. 为人处世"勿谄富,勿骄贫"

《弟子规》讲,"勿谄富,勿骄贫",即要平等待人。《礼记·曲礼上》曰,"夫礼者,自卑而尊人,虽负贩者,必有尊也",说的是对街边走贩,也要加以尊重,尊重每个人独立的人格,这与"勿谄富,勿骄贫"相一致,都是说要平等对待每个人,切莫因为工作岗位不同而有区别对待的态度。

人与人相处必须秉持平等相待、互相尊重的态度,这如同一面镜子,你如何对待别人,别人必将如何对待你。任何行业的从业者都应做到办事公道,如一个服务员接待顾客,不以貌取人,无论对于那些衣着华贵的大老板还是对那些衣着平平的乡下人,对不同国籍、不同肤色、不同民族的宾客都能一视同仁,同样热情服务,这就是办事公道。

2. 坚持真理,坚持原则

真理是指人们对客观事物及其规律的正确认识。坚持真理就是坚持实事求是的原则,办事情、处理问题要合乎公理,以科学真理为标准,要有正确的是非观,合乎正义。职业工作者坚持真理,秉公办事应该努力做到以下几点。

（1）是非分明　在大是大非面前立场坚定,在政治风浪面前头脑清醒,在腐朽思想文化面前自觉抵制,在个人利益和集体利益面前自觉服从大局。

（2）信念坚定　坚持正确的价值观,在实践中不断坚定自己的信仰、志向,锤炼自己的意志、品质,确立高尚的人生追求和健康向上的生活情趣,做到不仁之事不为、不义之财不取、不正之风不染、不法之行不干,自觉过好名位关、权力关、金钱关、美色关、人情关。

（3）**实事求是**　在处理变化和复杂的事务时，能坚持正义，不畏权势，不徇私情，不怕得罪人。坚持真理，坚持实事求是的原则，合情合理，客观公道。

（4）**公平公正**　按照原则办事，照章行事，一视同仁，做到行所当行，止所当止，敢于说"不"。

（5）**光明磊落**　做人做事，襟怀坦荡，行为正派，光明磊落，说老实话，办老实事，做老实人。

3. 企业管理公平公正

企业管理者公平公正地对待每位员工，能充分调动员工工作的积极性，不仅维护了公司的秩序，而且也有助于公司形象的提升，还鼓舞了其他员工追求高绩效，可谓一举三得。具体来说，公平、公正对待每位员工，要求管理者要注意以下方面。

（1）**建立公平的薪酬体系**　员工是否感到公平，所依据的就是付出与报酬之间比较出来的相对报酬。相对报酬合理，员工就会获得公平的感受，否则就会有不公平感受。企业管理者如果不对此加以重视，很可能导致员工"增收"的同时亦出现"增怨"的现象。所以，企业要尽可能实现报酬的相对公平性。当出现不公平现象时，要做好工作，积极引导，防止负面作用发生，并通过改革与管理科学化，消除不公平。

（2）**建立公平的处罚制度**　处罚作为一种负强化手段，与奖励这种正强化手段是共生的，二者缺一不可。它可以有效地防止和纠正各种非期望行为，借以保护多数员工的主动性和积极性。但处罚制度应合理，而处罚的目的是鼓励员工在工作中行为审慎。

（3）**完善组织的沟通体系**　企业要不断地完善员工参与制度，只要员工有参与的权利，公平感就会有很大提高，可以使企业的沟通更有效，改善上下级关系，促进分配程序公正性。

（4）**建立畅通的申诉制度**　企业可以建立多种申诉方式以保证申诉渠道畅通和有效，如邮件、电话、微信群等，这样可以使上级主管部门及时了解员工的实际情况，以制定合理的解决方案，降低员工的不公平感。

（5）**建立有效的监督制度**　企业为了保证制度的严格执行，需要设立相应机构来监督制度执行的程序和结果。监督者与被监督者在利益上应该是相互独立的，企业要采取多种监督方式将其落到实处、以保证制度执行中的程序公正，提高员工公平感。

四、热情服务

（一）什么是热情服务

热情服务是能够无条件地尊重所有服务对象，并以积极主动的态度，友善亲切地提供服务。热情服务在职场的行为表现是：能尊重所有服务对象，友善面对，态度亲切饱满；能站在服务对象的角度换位思考，主动服务，不断提升服务质量；能在遭受冷遇和委屈时仍然微笑面对,主动调节自己,坚持服务质量。

（二）为什么要热情服务

在市场争夺趋于白热化的阶段,"服务"已经成为企业核心竞争力之一。在服务日渐成为指导人们各项活动的理念之一的现代社会,服务意识的内涵早已超出了"微笑服务""关怀服务"的范畴。做好本职工作、合乎制度的要求,只是合格的员工;而能够真正站在顾客立场为其着想,才是优秀的员工。

（三）怎样热情服务

1. 了解分析顾客需求

了解与分析顾客总价值与总成本是热情服务的基础。顾客总价值是指顾客从购买的特定产品和服务中所期望得到的所有利益。顾客总成本是指顾客为购买某一产品所耗费的时间精力、体力以及所支付的货币资金。

由于顾客在购买产品时,总希望把有关成本包括货币、时间、精神和体力等降到最低限度,而同时又希望从中获得更多的实际利益,以使自己的需要得到最大限度的满足,因此,顾客在选购产品时,往往从价值与成本两个方面进行比较分析,从中选择出价值最高、成本最低,即性价比最大的产品作为优先选购的对象。因此,我们所有的服务应围绕顾客的产品价值、服务价值、人员价值、形象价值等总价值来进行,所有的服务也都应该围绕减少和降低顾客的货币成本、时间成本、精力成本、体力成本等总成本来进行。

2. 持续提升服务质量

优质服务含有超出常规的和一般性的服务内容和服务满足,一般理解是"规范服务＋超常服务＝优质服务"。规范化的服务可以使客人无法感到不满意,而优质服务的评判权在顾客,从顾客满意到顾客感动,应该是我们追求的优质服务境界。

（1）**让顾客满意** 给顾客有效的服务,是为顾客提供一切所能提供的服务。它的基本要求是:在为顾客服务的整个过程中,始终要展现给顾客的应当是积极热情的态度,提供合乎规范和标准的服务。

（2）**让顾客惊喜** 用心去做事,向顾客提供个性化服务,用"查、问、听、看、用"五字方针挖掘顾客潜在需求,凡是顾客提出的需求无论公司和个人是否有能力解决,都要通过公司和自己尽最大的努力去做,这样才会给顾客惊喜。

（3）**让顾客感动** 用情服务,让服务在生理感受和心理感受上都超出顾客的预期值。宁可牺牲公司和自己的部分利益也要为顾客排忧解难,想顾客所想,急顾客所急,帮顾客所需。

3. 热情服务的语言技巧

（1）**礼貌用语多多益善** ①"请"字开路。"请"是一种礼貌,更是一种姿态。

微课:

热情服务

当一个人对另一个人说"请"时,这个人已经将"尊贵"和"显赫"给了对方人,将谦恭的姿态表现了出来,被"请"的人将非常乐意为"请"字后面的行为努力,因为他体会到了"尊重"和"恭维"。②"谢谢"压阵。"谢谢"别人的好意帮助是文明的标志、社会的规范,更是感恩的一种具体表现。能够说好"谢谢"的人是一个有教养、有风度的人。说"谢谢"的最大要领是要情动于衷,言为心声。③"对不起"不离口。许多从事服务行业的人,在对客人说"对不起"的时候心存顾虑,怕一声"对不起"为自己招来麻烦。"对不起"不是责任的划分,只是服务人员对客人歉意的表达。事实上,你的麻烦往往是从你不说"对不起"而让客人愤怒后产生的。及时、到位的一声"对不起",可以浇灭客人因不满意而产生的怒火,从而化干戈为玉帛,调节人际关系。

(2)亲切的问候常挂在嘴边 语言是人类特有的用来表情达意、进行交际、达到相互了解的工具。要为客人服务,就必须用语言来同客人沟通、交际,语言在服务之中乃为首要。比如,客人一到,就需要用"您好""下午好""欢迎"等迎宾用语向客人表示欢迎。如果此时对客人的到来视而不见,不理不睬,又谈得上什么服务质量呢?

(3)赞美之词不绝于口 欣赏客人、赞美客人会让客人获得极大的快乐。人人都渴望掌声与赞美,哪怕只有一句简单的赞语,都会给人带来无比的温馨和振奋。一有机会就赞美你的客人,永远不要嫌多。试着去寻找客人身上值得你赞美和称颂的东西,并且真诚地告诉他。如果能够把赞美变成一种习惯,那么,要发现一个人值得赞美的地方也会渐渐成为一件很容易的事情。

五、奉献社会

(一)什么是奉献社会

奉献社会是树立"人人为我,我为人人"的职业心态,在自己的工作岗位上,通过兢兢业业的工作,自觉地为企业、为社会做贡献。"奉献社会"在职场的行为表现是:能在工作中体现社会责任感,以踏实的工作为社会贡献自己的力量;能感恩企业,忠诚组织,主动担当,认真做好本职工作,为企业作出贡献。

> 苟利国家生死以,岂因祸福避趋之。
>
> ——林则徐

(二)为什么要奉献社会

奉献社会的本质就是正确理解并处理好个人利益、集体利益与国家利益的关系。个人的利益寓于集体利益、社会利益和国家利益之中。追求正当的、合法的个人利益是人的本能和天性的自然流露,但应当以维护和不损害集体利益和国家利益为前提。

因此,奉献社会既是对集体、国家的贡献,也是对自己的贡献。在当今社会,我们不可能要求每一个人都做到道德楷模所做的事,但每个人都可以做到的是,按照自己的社会分工,爱岗敬业,在自己的岗位上尽职尽责。这样既满足了个人利益,也有益于国家利益,也是对社会的奉献。

（三）怎样奉献社会

1. 理想崇高，知行合一

职业理想是主客观相统一的，一方面是职业在社会中的定位，以及对于职业发展的客观趋势；另一方面又是主观的，是职业人对于职业在意识层面的主观认知，是职业人对于职业、本职岗位的发展趋势理想状态的判断。

奉献社会的职业道德规范，彰显了"贡献社会、成就自我"的职业理想，职业人需要结合自身所处职业的领域与特点，不断探索、发掘与拓展"贡献社会"的内容、形式与技术，切实做到在奉献社会中知行合一。

2. 尽职尽责，真诚奉献

奉献社会是崇高的又是平凡的。崇高在于奉献社会所蕴含的精神境界与价值至善，具有在危机、关键时刻挺身而出、不怕牺牲的大义，平凡在于奉献社会更多的是在常规性的工作当中，心怀奉献、兢兢业业地做好每一项工作。

职业人奉献社会，具体来说，就是要对本职工作尽职尽责，在爱岗敬业的基础上，根据岗位的性质与要求，做好自己的本职工作，积极承担相应的岗位责任与职业义务，使职业职能得以充分发挥，在平凡工作中做出不平凡业绩，以踏实的工作为社会贡献自己的力量。

3. 忠诚组织，主动担当

"忠诚"是指从业人员忠实于服务对象，忠实于企业委托的任务与工作，并力求达到最优化的强烈态度和意向。对自己所做的事情忠诚尽心的强烈意愿，在工作中就会表现为勤奋、创新、奉献，用自己的努力实现服务企业和对象的效益最大化。

真正的职业人会把自己看成是企业的经营者和参与者，是企业组织的一部分，自己与企业是一体的，是休戚相关、荣辱与共的，只要企业发展好了，自己的前途才更有保障。忠诚奉献并不是一定要求一个员工、一辈子死心塌地地为一家企业服务终身，而是不管你在什么地方、什么企业，只要自己还身为企业的员工，与企业还存在劳动合同关系，就应该信守合同的约定对自己的职责全力以赴，对得起委托人的委托与信任，这也是个人的职业良心与职业道德的体现。

同步练习

做第 246 页练习 8.1：撰写创造顾客感动的行动建议书

职业基本意识是从业者对职业的基本认知,应该形成的基本观念和具备的工作态度。职业基本意识一般包括 7 个方面,分别是:规则意识、质量意识、效率意识、责任意识、安全意识、环保意识和包容意识。

一、规则意识

（一）什么是规则意识

规则意识是从业者在工作中遵守法律法规、行业规范、组织规章制度、岗位操作规程,具有规范管理、规矩自觉的观念和态度。规则意识在职场的行为表现是:

具备法治观念,能够积极遵法、学法、自觉守法、遇事用法。

具备自律规矩意识,能够敬畏规则,遵守纪律与工作规程,服从组织,忠诚组织,规范办事,自我约束。

（二）敬畏规则,遵章守纪

1. 坚守法律法规这条人生的底线

法律约束着人们的行为,它给遵守者带来诸多的"不便",但从长远和整体的角度来讲,却给整个社会包括遵守者本人带来毋庸置疑的益处。正如交通公益广告中说的那样:"没有红灯的制约,便没有绿灯的畅通。"

遵纪守法,首先要知法、学法、懂法。与我们切身利益相关的法律,一定要有所了解,比如《民法典》《治安管理处罚法》《公司法》《劳动法》《劳动合同法》《安全生产法》《消费者权益保护法》等。

微课:

规则意识

其次,要用法、守法、护法。在工作和生活中,自觉遵章守纪,按照法律规范约束自己的行为。在自己遵纪守法的同时,我们还要履行一个公民的责任与义务,自觉地与违法犯罪的不良行为作斗争,共同维护法律秩序,为社会的和谐与稳定作贡献。

2. 自觉遵守行业规范与企业规章制度

行业规范就是行业规矩,是对没有国家标准,而又需要在全国某个行业范围内统一的技术要求、操作规程、职业操守所制定的标准。行业规范一方面是行业内对国家法律、法规政策的遵守和贯彻,另一方面是行业内的行规行约。

行业覆盖了所有生产、建设、服务、管理的单位,涉及经济、社会、文化、教育、医疗等不同领域,行业规范的具体化就是企事业单位的各项规章制度。在实际的工作过程中,对于行业规范与企业规章制度,一要积极学习掌握,二要养成自觉习惯,三要做到警钟长鸣,四要做到持之以恒。

严格的纪律性与规矩意识是提高工作效率和战斗力的前提和保证,任何团队或个人的成长和发展,都要依赖于纪律与制度的保障。我们只有自觉地、严格地遵守纪律和各种规章,做到令行禁止,养成遵章守纪的良好习惯,才能有效地融入企业,融入集体和团队,在规则的约束下成长,在纪律的保护下成功。

3. 自我约束,严谨自律

自律是指遵循法律规则规范并以此为基础进行的自我约束,一种内控性的自我管理。从广义上讲,自律就是在没有人现场监督的情况下,通过自己要求自己,变被动为主动,自觉地遵循法度,拿它来约束自己的一言一行,也就是做到"慎独"。从狭义上讲,不是让一大堆规章制度来层层地束缚自己,而是用自律的行动创造一种井然的秩序,来争取更大的自由。

4. 了解企业文化,自觉认同践行

企业文化又叫组织文化,是在一定的条件下,企业生产经营和管理活动中所创造的、具有该企业特色的精神财富和物质形态。它包括企业愿景、文化观念、价值观念、企业精神、道德规范、行为准则、历史传统、企业制度、文化环境、企业产品等,是企业在日常运行中所表现出的价值导向。其中价值观是企业文化的核心。

企业文化是企业"软规矩",它虽然不像规章制度"硬规矩"那样具有强制性,但同样具有规范和约束的功能,它是员工的价值理念与行为指导,是一种内在的约束,是通过精神、理念和传统等无形因素对员工形成的"软"约束。

所以,当你初到一家公司工作时,在了解学习规章制度的同时,还要了解学习更深层次的东西,了解该企业的文化,并努力融入这种企业文化之中。适应企业环境,认同组织文化,才能迅速提高你的职场胜任力。

5. 学习职场礼仪规范,树立良好职业形象

礼仪是一种在人际关系和社会交往过程中所应具有的表示相互敬重、亲善友好的行为规范,是人内在涵养的充分体现。从个人角度看,优秀的礼仪素质不仅有助于提高个人的修养,还有助于美化自身、美化生活,并且有利于与他人的交往与沟通,使人获得良好的人际关系。个人形象,是一个人仪容、表情、举止、服饰、谈吐的集合,而礼仪在上述诸方面都有自己详尽的规范,因此学习礼仪,运用礼仪无疑将有益于人们更好地、更规范地设计个人形象、维护个人形象,更好地、更充分地展示个人的良好教养与优雅的风度。懂得职场礼仪知识,养成良好教养,同时也就塑造了个人的魅力和社交能力。

人们的各种交际活动自始至终都有一些具有普遍性、共同性、指导性的规律可循,这就是礼仪的原则。一般来讲,职场礼仪应该在"敬人、真诚、宽容、从俗、适度、自律"的原则上进行。

(1)尊重与真诚原则 首先,尊敬是礼仪的情感基础。孔子说:"礼者,敬人也。"这是对礼仪原则的高度概括。在与人交往的过程中,我们要把对他人的重视、恭敬、友好放在第一位,敬人之心常存,不可伤害他人的尊严,更不能侮辱对方的人格,这是礼仪的灵魂。

尊重上级是一种天职，尊重同事是一种本分，尊重下级是一种美德，尊重客人是一种常识，尊重对手是一种风度，尊重所有人是一种教养。掌握了平等地尊重每一个人就掌握了礼仪的精髓。

其次，人际交往唯有真诚，才能使你的行为举止自然得体。"路遥知马力，日久见人心"。礼仪是内在涵养的外在表现，礼仪不是道具，不是伪装，也不是包装，只有发自内心的友好、善良、尊重、诚恳才能赢得别人同样的回报。要做到诚实守信，不虚伪、不做作。

（2）宽容与自律原则　在社交场合，宽容是一种较高的境界，《大英百科全书》对宽容下了这样一个定义："宽容即容许别人有行动和判断的自由，对不同于自己或传统观点的见解的耐心公正的容忍。"宽容就是既要严于律己，又要宽以待人，要多容忍他人，而不能求全责备，斤斤计较，咄咄逼人。

自律体现一个人内在的文明素养，学习应用礼仪，最重要的就是要自我要求，自我约束，自我反省。礼仪规范包括对待个人的要求和对待他人的做法两大部分，其中对待个人的要求，是礼仪的基础和出发点。比如，在公众场合，有些人接打手机时说话声音特别大，虽然不违规，但是别人会感到不舒服。所以，要时时刻刻注意自己的言行，检点自己的举止，做一个内外兼修的人。

（3）从俗与适度原则　由于国情、民族、文化背景、区域风俗的不同，在风俗习惯上存在"十里不同风，百里不同俗"的状况。这就要求我们在交往之前了解交往对象的礼仪文化、风俗以及宗教禁忌等，做到入乡随俗，切忌自以为是，出现差错。

所谓适度，就是要注意感情适度、谈吐适度、举止适度。如果不善于把握礼仪尺度，结果会适得其反，过犹不及。比如，交往时不能不热情，但也不能过分热情，过分热情会让人反感；谦虚是美德，但不分场合不分对象地一味谦虚或过分谦虚，反而让人觉得虚伪。

在掌握上述职场礼仪基本原则的基础上，还应该主动学习练习礼仪基本规范，比如仪容仪表礼仪规范、待人接物礼仪规范、日常办公礼仪规范、职场沟通礼仪规范等，塑造文明的职业气质，树立良好的职业形象。

二、质量意识

（一）什么是质量意识

质量意识是从业者在生产、建设、服务、管理等工作过程中对产品或服务必须符合固有特性标准、满足要求的观念和态度。"质量意识"在职场的行为表现是：

质量就是效益
质量就是生命

具备质量第一理念，能够严格按质量标准做事，交付符合标准并满足要求的工作成果，能够主动采取预防与纠正措施，解决质量问题。

具备客户至上的观念,努力满足客户需求。

(二)提高工作质量

1. 客户第一:确保质量的优先理念

"客户第一""质量至上"就是在任何情况下,任何行为和选择都要服从于客户,服从于质量,客户需求和产品质量具有对所有工作、所有人的最终否决权。

2. 过程控制:确保质量的抓手所在

(1)质量是生产出来的,不是检验出来的　我们每个人在各自不同的岗位上,只有严格按要求操作,把好质量关,才能使我们生产的产品保证质量。所以,每一个员工都要有时时刻刻的质量责任感。

(2)第一次就做好——零缺陷的质量使命感　企业质量管理的终极使命就是:零缺陷。"零缺陷原则"就是第一次就把事情做好,避免返工及产生不合格品,同时保证质量和效率及降低成本。第一次就把产品做好,不用返工,减少次品,做到品质有保证,客户满意,自己又有成就感,这就是多赢的最好结果。

3. 严格要求:不当"差不多先生"

我们的身边有很多"差不多先生",我们自己身上也可能就有"差不多先生"的影子。我们亲手做的每一份方案、每一个工作、每一个零件,其实都是自身品牌的标志,它们代表着我们的形象、性格和气质。要想超越自我,做最好的自己,必须坚定地对"差不多"说"不!"。

三、效率意识

(一)什么是效率意识

效率意识是从业者在工作中力求最小投入产出最大收益的观念和态度。"效率意识"在职场的行为表现是:具备计划意识,能够分清轻重缓急,有效管理时间,做事有条理,日清日结。具备多快好省的结果意识,能够积极改善工作方法,争取最佳工作成效。

(二)提高工作效率

1. 掌握技能,管理时间

在实际工作中,提高效率有以下基本途径。

(1)掌握应知应会　每一个特定岗位,都有工作者应该了解、知道、掌握的基本知识和应该会做的基本技能。"应知"指的是本岗位应该知道、了解的知识;"应会"指的是本岗位每天、每周、每月、每年要做的事务,应会的技能。

(2)熟练掌握操作规程、规范　针对本岗位的操作流程、规范等要领,逐一练习实际操作,直到实现条件反射地自动化动作为止。如果操作步骤复杂,可以将一整套动作分解成一个个小的技术动作,先练习单个动作,再合成小动作练习,直至完整地熟练操作整套操作动作。提升技能还需要勤观察、勤学习、勤思考。要注意观察师傅、前辈、同事是如何操作的,虚心请教操作技巧,并征求他们对自己的建议,不断提高操作技能。

（3）管理时间,高效从容　所谓效率,实际上是对时间的管理,是单位时间内的产出比。时间管理的对象不是"时间",而是我们自己。因此,时间管理的本质就是"自我管理"。鲁迅先生说"时间是组成生命的材料",那么管理时间,也就是管理自己的生命,如何让我们在有限的人生更有意义。

时间的管理很大程度上是对时间科学分配的管理,要提高效率,必须做到:

① 分清事情的轻重缓急。对于重要且紧急的问题立即处理;对于重要但不紧急的问题优先处理;对于紧急但不重要的问题最后处理;对于不重要也不紧急的问题则予以回避。

② 遵循"二八原理",抓大放小。用 80% 的时间和精力,去做最有价值和最重要的那 20% 的大事,而对于那些琐碎的 80% 的小事可以见缝插针去做,甚至可以忽略不计。

2. 掌握方法,做事有条理

高效做事的三个顺序是:第一先做对;第二速做成;第三再做好。

> 凡事预则立,不预则废。
> ——《礼记·中庸》

当领导交代给你一项工作任务的时候,你的第一反应不应该是立刻动手去做,在动手做之前,还有一项更加重要的任务,就是需要确认目标,尽量先让自己把事情做"对",不要做错,不要返工。

3. 用 PDCA 工作循环提高工作质量与效率

PDCA 循环原是全面质量管理所应遵循的科学程序,后来被普遍应用于各种工作中,成为提高工作效果和执行力,改善个人和团队绩效的经典工具和方法。PDCA 是 Plan（计划）、Do（实施）、Check（检查）和 Action（处理）的缩写,PDCA 循环就是按照这样的顺序进行工作落实与执行管理,并且循环不止地进行下去的科学程序。

工作过程的 PDCA 是一个循环,可以理解为:计划→执行（查找可能的问题）→检查和修改→再执行、再落实。PDCA 可以对执行的结果进行检查、总结并分类,一类是好的经验,肯定它们并将其标准化;另一类是失败的教训,总结它们并与大家共勉。

PDCA 的重点是再行动,也就是说,PDCA 循环不是运行一次就结束了。若只运行一个循环,是会解决一些问题,但也会漏掉一些问题,对于那些没有解决的问题就要进入下一个循环,周而复始,才能提升工作的质量、效率和效果。

四、责任意识

（一）什么是责任意识

责任意识是从业者做好分内应做的事,没有做好分内应做的事就应当承担过失的观念和态度。"责任意识"在职场的行为表现是:具备履职尽责意识,能够清晰岗位职责,忠于职守,出现问题不推诿,敢于承担责任。具备执行意识,能够坚定服从,主动担当,完成工作任务。

（二）自觉担当责任

1. 积极主动负责任的态度

自觉担当责任首先体现在积极主动负责任的态度上。负责任地履行职责,负责任地完成任务,负责任地取得最佳绩效。决定一个人的工作绩效有三个关键要素,这就是知识、技能和态度,这三大要素共同筑起了一个人的职业素质大厦。

> 责任就是对自己要求去做的事情有一种爱。
> ——歌德

 微课:

责任意识

2. 高效执行,结果第一

在职场上,一个人有没有价值,有多大价值,负不负责任,是以他的执行力以及最终的执行结果来衡量的。高效执行就是对于组织布置的任务,没有借口,坚决完成;在规章制度面前,不搞变通,不打折扣,说到做到,做就做好,言必信,行必果。

请大家监督我的工作!

责任

3. 勇挑重担,忠诚无悔

最高境界的责任担当体现在艰难困苦面前勇挑重担,忠诚无悔完成工作任务。在工作遇到困难考验时,勇往直前,提起重担,攻坚克难,不退缩,不讲价钱,主动担当,这是考验一个职业人责任担当的关键时刻。因工作需要承担责任时,忠于职守,不辱使命,无怨无悔,默默奉献,这是检验一个职业人忠于职守敬业奉献的最佳体现。

五、安全意识

（一）什么是安全意识

安全意识是从业者在工作过程中预防威胁、危害生命与健康,预防财产损失与事故发生的观念与态度。"安全意识"在职场的行为表现是:具备珍惜生命、珍惜财产的意识,能坚持安全第一,严格遵守安全生产的规章规程。具备积极防范的忧患意识,能够自检互检,自我保护并保护他人,积极防范财产损失。

（二）强化安全意识

1. 认知认同践行安全管理法规和制度

提高安全意识,需要每一名员工注重学习,并认真实践安全法规、制度、操作规程,从知道到做到,从做到到做好,让安全得到不折不扣的落实。

（1）学习并遵守安全生产法律法规 违反安全生产的法律法规、规章制度和操作规程,就是违法行为。要通过法律法规的学习,使自己了解法律赋予自己的权利和必须履行的义务,充分认识到党和国家对安全的重视程度,使自己在安全意识的感性与理性上得到强化认知。

（2）**学习并执行企业安全生产管理制度**　安全规章与操作规程一定程度上来说就是我们的生命线，这些制度和安全知识是用无数的生命和鲜血、用巨额财产损失换来的，所以，我们必须抱着对自己负责、对家人负责、对企业负责、对国家负责的态度，认真学习各项安全规章制度，自觉遵守各项操作规范，杜绝安全事故的发生。

微课：

安全意识

2. 坚持安全生产的基本方针与主要原则

（1）**坚持"安全第一，预防为主"的安全方针**　坚持"安全第一，预防为主"的方针，安全第一的含义是指安全是一切经济部门和企业单位的头等大事，在安全与生产发生矛盾时，生产要服从安全，要把安全放在第一位。生产必须安全，不安全不能生产。

（2）**杜绝"三违"现象，做到"四不伤害"**　杜绝"三违"现象是指：杜绝违章指挥；杜绝违章作业；杜绝违反劳动纪律。做到"四不伤害"是指：不伤害自己；不伤害别人；不被别人伤害；保护别人不被伤害。

3. 杜绝习惯性违章这个罪魁祸首

所谓习惯性违章，是指那些违反安全操作规程或有章不循，坚持固守不良作业方式和工作习惯，长期反复发生的作业行为。习惯性违章是一种长期沿袭下来的违章行为，它实质上是一种违反安全生产工作客观规律的盲目的行为方式。习惯性违章有企业安全意识教育不力、岗位培训不到位、作业环境限制、安全管理制度缺失等客观原因，但主观原因应该是形成习惯性违章的主要根源，应该引起生产一线作业人员的高度重视。

六、环保意识

（一）什么是环保意识

环保意识是从业者在工作中重视环境保护与资源节约，并自觉调节自我行为的观念与态度。"环保意识"在职场的行为表现是：具备节能降耗意识，能够有效使用能源；具备绿色低碳意识，能够简约适度，绿色办公；具备环境保护与生态文明意识，能够从我做起，减少污染。

（二）强化绿色环保意识

1. 强化降能降耗意识

强化能源节约利用意识，积极节约能源，能够有效、合理地利用能源，能做到工作各环节符合节能标准要求。尽力降低能耗，能做到主动采取创新措施，降低能耗指标。

进一步强化主人翁精神，增强资源忧患意识，我们应该身体力行做到"七个一"，做节能降耗的践行者：① 节约一度电；② 节约一滴水；③ 节约一滴油；④ 节约一张纸；⑤ 节约一粒米；⑥ 节约一分钱；⑦ 节约一分钟。

2. 强化绿色低碳意识

强化绿色工作意识，能够简约适度，能做到行为节约、绿色办公低碳工作，能够自我约束，做到工作过程与结果低碳化，尽量循环利用，多想一步，做到工作消耗减量化、再利用、再循环。

强化生态文明意识，确立"绿水青山就是金山银山"的理念，自觉保护生态环境；传承中华民族天人合一的人与自然和谐理念，效法自然，自觉尊重自然规律；强化污染防治观念，自觉减少或杜绝污染；主动关注环境质量、自然生态和能源资源状况，了解政府和企业发布的生态环境信息；学习生态环境科学、法律法规和政策、环境健康风险防范等方面知识；树立良好的生态价值观，提升自身生态环境保护意识和生态文明素养。

积极响应生态环境部、中央文明办、教育部、共青团中央、全国妇联《公民生态环境行为规范（试行）》，从我做起，从现在做起，自觉践行绿色环保的九项行动：① 节约能源资源；② 践行绿色消费；③ 选择低碳出行；④ 分类投放垃圾；⑤ 减少污染产生；⑥ 呵护自然生态；⑦ 参加环保实践；⑧ 参与监督举报；⑨ 共建美丽中国。

七、包容意识

（一）什么是包容意识

包容意识是从业者在工作中尊重差异、求同存异、协同共进的观念和态度。"包容意识"在职场的行为表现是：

具备和而不同意识，与不同性格、不同文化背景的人共事时，能够尊重个性与文化差异，包容共处。

具备协同共进的理念，与不同地域、民族、国家的人沟通共事时，能够有本民族的文化自信和对异文化的理解，不卑不亢，求同存异，为共同的发展目标合作工作。

> 世界上最广阔的东西是海洋，比海洋更广阔的是天空，比天空更广阔的是人的胸怀。
>
> ——雨果

（二）友善包容

1. 与己友善包容，善为小善

友善，就要从自己做起，与己为善，才能推己及人，善待他人，善待自然。要心存善念，古语讲"心存善念，福虽未至，祸已远行"。心存善念，对个人来说是趋福避祸，对社会来说是弘扬正能量。要珍惜拥有，珍惜现在拥有的，珍惜和平安定的环境，这样才会

没关系，我们一起把工作做好！

这个错误是我的责任。

有心底的触动、维护的行动、付出的感动。珍惜是一种美德,也是积善之人必备的能力。要乐善好施。当别人生活不易、遇到困难、遭遇不幸时,要主动伸出援助之手,或好言相慰,或解囊相助,扶人之困,急人之难。

2. 与人友善包容,不为小恶

对人友善,并不一定要赠予财物、给予帮助,一个善意的眼神、一个会心的微笑、一句暖心的问候都是友善的良好载体。要常省吾身。为人贵在自省。要多检查自己,多从自身找原因,多站在他人立场考虑,少责怪他人,不议论他人。常省吾身,才能做好本职工作,美化自己的形象,维护自己的尊严。要胸襟豁达。世间不如意之事岂止二三? 要调整好心态,大方大度,析明事理,不计小怨。要洁身自好。当面一套,背后一套,是被人唾弃的行为。洁身自好,就是要管住自己的言论和行为,闲谈莫论人非。

3. 与平台友善包容,感恩贡献

企业、组织是我们赖以生存与发展的平台。以感恩的态度去面对我们的企业,在工作中尽心尽力、积极进取,向着自己的目标不懈地努力,在带给企业利益和效益的同时,也可以大大提升个人的能力。当你感受到个人的荣辱和企业的发展融为一体,对企业的感恩成为一种习惯,对企业的忠诚成为一种责任的时候,工作将充满激情,事业也会更富成就感。

4. 与天地友善包容,善莫大焉

人存于世,要敬畏生命、敬畏自然。中国哲学崇尚天、地、人三者的兼容、交汇、融合。与天地友善包容,就要上善若水。"水善利万物而不争""海纳百川",是传统文化推崇的"友善包容"的典范。传统优秀文化中有很多重视保护自然、保护生命、维护和谐的朴素思想,是我们现在保护生态环境、保护野生动物、保护水源、保护空气等行为和政策的思想源泉,也是我们恪守的自然法则。与天地友善包容,就要美美与共。"各美其美,美人之美,美美与共,天下大同"是费孝通先生提出的、被称为处理不同文化关系的"十六字箴言",我们也可以将其作为处理人际关系、人与自然关系、人与社会关系的重要原则。这个准则的要义就是友善和谐。

同步练习 ◎
做第 248 页练习 8.2:组织规则与忠诚度

主题三 提升核心能力

职业核心能力是职业人除专业技能之外的跨岗位跨行业的基础能力,是适应社会发展变化的可持续发展能力,是个人取得成功的关键能力。

2019 年,人社部通用职业素质专家委员会制订的《通用职业素质培训纲要》中,职业核心能力包括有效沟通、团队合作、自我提高、信息处理、创新创造、解决问题 6 个模块。

其中,自我提高、信息处理、创新创造属于"职业方法能力",是指主要基于个人的，独立学习、获取新知识技能、处理信息的能力，它是劳动者的基本发展能力。有效沟通、团队合作、解决问题属于"职业社会能力"，它是指与他人交往、合作、共同生活和工作的能力。

一、自我提高与生涯发展力

"自我提高"能力主要指在自主学习、时间效率管理、心理调适活动要素中，能根据职业和个人发展的需要，自主确定学习目标和计划，灵活运用各种有效的学习方法，不断提高自我综合素质；能有效利用时间，完成工作计划，提高工作效率；能在自我认知、情绪调控、压力平衡、意志毅力和社会交往中调适心理、管理情绪，平衡压力，提高工作和生活的幸福度。它是从事各种职业和生活必备的一种方法能力。

> 天将降大任于斯人也，必先苦其心志，劳其筋骨，饿其体肤，空乏其身，行拂乱其所为，所以动心忍性，曾益其所不能。
>
> ——《孟子·告子下》

（一）情绪压力调适

"心理调适"的能力标准为：

（1）能积极评估自己，了解自己的优点和弱点、兴趣和特长，有目的地克服自己的弱点、不断完善自己的人格；

（2）能识别、理解自己的积极和消极的情绪，面对悲、忧、哀、愁等消极体验，能主动调节，有合理的宣泄方法，保持良好心境；

（3）能正确认知、感受学习、工作和生活中的压力，了解自己压力的来源，能积极承受压力，寻找解决办法，自我缓解压力；

（4）能有自信心，不怕困难，正确对待学习、生活、工作中出现的困难和挫折；

（5）能主动与人交往，体验交往的快乐，有较好的社会交际能力。

加强自我提高能力的提升是个人职业发展的关键，增强自我提高的能力，就是增强个人的职业发展力。

微课：

自我提高与
生涯发展力

（二）自主学习提高

学习能力是当今社会的第一能力。作为当代大学生，我们完成了基础教育的学习，在我们的职业生涯中，无论是进入高等院校深造，还是在职场接受继续教育，自我学习、自主提高都是最基本的学习形态，也是我们获得职业竞争力、适应职业发展必需的常态。本质上讲，人一生的学习主要是自我学习、自我提高。

"自主学习"的能力标准为：

（1）能明确学习动机和学习目标，充分认识自主学习的意义；

（2）能制订学习计划，明确列出行动要点，规定期限；

（3）能使用适合自己的方法学习，碎片化学习时能系统整合学习成果；

（4）能选择与学习内容相适应的方法学习，能运用现代网络媒体技术学习；

（5）能自我评估学习内容，循序渐进；通过行动要点的审核或考试，能自述实现的目标，展示自己的学习过程和学习成果；

（6）能了解自己的学习优势，分析影响学习效果的原因，能反思自我，自述自己的学习方法和成功经验,能提出进一步改进和提高的设想。

进入信息化时代以来,信息技术愈发发达,今天我们的学习资源很多,手段也很便捷,会不会学、能否高效学习成为学习的关键。提升学习能力,重要的一点是掌握高效学习的手段与方法。

（三）时间效能管理

职业核心能力"自我提高"在"效率管理"方面的能力标准可以作为我们提升的目标,这些能力点为:

（1）能明确时间管理的意义;

（2）能明确工作的阶段目标,能分析工作（项目）实施的有利条件和限制条件,制订具体可行的实施方案,明确实施步骤和时间节点,能明确实现目标可衡量的指标;

> "是"和"不"是两个最简单、也是我们最熟悉的字,而不会说"不"的人,永远不会成为一个全面的人,只能成为不情愿的奴隶,不断被来自各方面的干扰所征服。
> ——柯比《学习力》

（3）能分清事情的轻重缓急,合理利用时间,分配资源,排除干扰,坚持落实计划;

（4）能进行阶段进度反馈,克服拖延,根据实际调整方案,有效利用有利条件,推进计划,按时完成任务;

（5）能评估工作（项目）完成的效果,作出完成结论。

时间主要由自己掌握,怎样管好自己的时间,在有限的时间内争取最大的学习效益、工作效率,这是我们每个人获得成功的关键。

二、信息处理与时代适应力

信息处理能力是根据职业活动的需要,运用各种方式和技术,收集、开发和交流应用文字、图表、数字、音像等信息资源的能力,是日常生活以及从事各种职业必备的方法能力。

今天我们培训的信息处理能力以文字、数据和音像等多种媒体为基础,以信息、媒体、信息交流技术等数字化应用技术为手段,以适应工作任务的需要和解决实际问题为目的,这种能力适用于所有工作岗位和人员。

信息处理活动主要有三个流程:一是收集选择信息,二是处理开发信息,三是展示应用信息。

（一）收集选择信息

收集选择信息的能力要求为:

（1）能根据需要选择合适的信息来源;

（2）能通过网络、阅读、观察、询访等方法获取信息,能辨别真假信息,并进行定量检核;

（3）能通过测量、读取等方法获取相关数字信息,读懂各种形式的数据,利用工具计算获取新数据,对不同数据信息源进行筛选、分类、汇总;

（4）能确定与用途有关的信息,使用下载、复制、裁剪、粘贴或插入文本、图像和数据等手段收集信息。

（二）整理开发信息

我们生活在纷繁复杂的多元世界，耳濡目染五颜六色的精彩瞬间，并且与这个世界发生各种各样的关系。我们从既定的需求出发，亲近不同的信息点，做出明确的判断与选择，这就是我们每天要做的一项重要工作——信息的整理与开发。

> 大凡读一篇文章，摸清作者的思路是最要紧的事，按作者的思路去理解，理解才能透彻。
>
> ——叶圣陶

"整理开发信息"阶段的能力要求为：

（1）能进行信息分类，筛选信息，看懂资料所表达的观点，归纳信息要点；

（2）能根据工作需要归纳汇总，利用计算机形成目录、索引、文摘、简介类信息；

（3）能用工具和软件对数据进行计算，能处理较为复杂的数据；

（4）能发现错误信息及其原因；

（5）能用一定的格式对文本、数字、表格、图形信息进行编辑，在计算机上以文本、图像和数字的方式扩展生成信息并保存。

（三）展示应用信息

收集整理信息的最终目的在于服务我们的工作需要，展示交流应用。随着技术的不断发展，人们传递信息的手段方式不断变化，不断丰富，传递信息的速度、水平和质量也不断提高。

展示应用信息阶段的能力要求为：

（1）能将整理的信息通过口语、书面形式以及音频、视频等多媒体传递交流，能使用网络手段传递；

（2）能用计算出来的数据结果准确说明工作任务或现状，给出简单的判断、预测，用适当方法展示数据结果；

（3）能选择规范方式、合适版面编排展示组合的信息；

（4）能根据任务和信息类型显示相关信息，确保交流的信息准确、清晰、重点突出，能妥善保存信息；

（5）能遵守版权规定，维护信息安全，有良好的信息素养。

三、创新创造与职场竞争力

创新创造能力是在工作活动中，为改变事物现状，以创新思维和技法为主要手段，能提出改进或创新的方案并勇于实践创新方案，创造新的精神或物质产品，以推动事物不断发展的能力，它是从事各种职业都特别需要的一种能力。

> 知识经济时代，企业生存和发展的方式也发生了根本的变化，过去是靠正确地做事，现在更重要的是做正确的事。过去人们把创新看作是冒风险，现在不创新才是最大的风险。
>
> ——任正非

（一）提出创新需求

"提出创新方案"阶段的能力要求是：

（1）有创新意识和创新思维，能客观分析现状，并能针对发展，提出新的需求和不足之处；

（2）能突破思维障碍，能够运用多种创新方法，提出创新意见；

（3）能清楚认识可利用的资源及限制，独立做出创新方案。

（二）实施创新方案

创新是由思维转变为行动的过程，创新需要有方案和计划。如果是个人单独的创新活动，方案可以自存于心，但如果是团队的创新活动，或者是复杂的创新行动，就必须要有具体的方案，以便协调统一的行动。同时，为使创新能够成功，方案的设计还需经过周密的论证。

"实施创新方案"阶段的能力要求是：

（1）能确定创新方案的具体目标、方法、步骤、难点和对策；

（2）能采纳他人或坚持自己的意见，比较多种方法，确认最佳方案；

（3）能依据各种资源和条件实施方案，创造新的事物。

（三）评估创新效果

创新不是一条路走到底，也不是毫无节制地求新求变。时代要求开拓创新，我们需要创新思维，更需要创新实践。然而，创新实施效果也需要创新评估。因为只有经得起评估的创新，才是真正的创新。

"评估创新效果"阶段的能力要求是：

（1）能应对问题，采取合适措施，调整方案并促进问题解决；

（2）能按步骤对创新方案的实施情况进行检查或测评；

（3）能掌握正确的评估方法，熟悉有关创新的专业技术及政策，对创新方法及创造的成果进行评估。

四、有效沟通与职场发展力

面部的表情是多少世纪培养成功的语言，是比从嘴里讲的复杂到千百倍的语言。
——罗曼·罗兰

"有效沟通"能力主要指通过口语交谈、当众讲话（演讲）、书面表达等方式，有效表达观点、分享信息的能力。

（一）口语交流

"口语交流"的能力要求是：

（1）能有积极交流意识，主动把握时机，围绕主题参与交谈；

（2）能有效倾听他人讲话，理解对方谈话的内容，准确辨明态度和意图，予以回应；

（3）能在较正式场合发表简短意见，主题突出，层次清楚，用语简洁得当；

（4）能主持小型讨论，推进讨论进行，对讨论做总结；

（5）能掌握与上级、同事、客户沟通的技巧；

（6）能掌握职场交往礼仪，运用身态语辅助表达；

（7）能利用现代信息技术、网络手段沟通交流，能利用 PPT、图表和多种辅助手段帮助说明主题。

在口语交流中，无论是面对面交流，还是利用现代信息技术手段沟通，都需要我们进一步提升这种能力，它是职业发展的关键能力，是打开成功之门的钥匙。

（二）当众发言

在较正式的场合，按照预定的主题当众完整地表述自己的意见和看法的发言，就是演讲。在职业生涯中，在部门会议上部署工作，或者对某项工作提出完整的意见和看法，或者做关于某项目运营的分析说明，或者做产品的宣传等等，都需要有当众演讲的能力。

"当众发言"的能力要求为：

在与人交流的过程中，能就简单主题，当众做简短发言。在做简短发言时，能够：

（1）为发言做准备。包括书面、图表或其他方式的准备；

（2）当众把话说出来。在较正式的社交场合，按照预定的主题完整地发表自己的意见和看法；

（3）把握说话的内容。保持发言的主题突出、逻辑层次清晰、措辞用语得当、举例通俗易懂，使听众能理解发言的要点和层次；

（4）把握说话的方式。使用规范的语言、恰当的语音语调和手势姿势，使发言适合社交的场合和听众的要求；

（5）借助各种手段帮助发言。利用图表和黑板等辅助手段帮助说明发言的主题。

（三）书面表达

写作是对阅读的一种消化和运用，是与人交流过程中不可或缺的重要表达形式。在与人交流书面表达时，我们需要掌握：如何选择基本文体，采用各种书面形式，充分利用和组织材料，运用基本写作技巧并采用适当的写作风格，增强说服力，准确表达。

"书面表达"的能力要求为：在与人交流的过程中，能就简单的主题写两篇较长的工作报告或论文（文中至少包含一幅图表或图片）。在进行书面表达时，能够：

（1）选择基本文体。根据工作任务要求，选择或确定适合工作和业务需要的应用文体撰写较长的文稿；

（2）采用各种书面形式。采用各种文字编排的书面形式，以及示意图、略图或图像等方式，在较长的报告中突出说明文章内容；

（3）利用和组织材料。利用和组织各种素材，充实论据或推理的内容，说明文章的要点；

（4）掌握基本写作技巧。通过起草、修改和重新改写文件的方式，清楚地表达主题思想，且文稿的层次清晰、逻辑概念清楚，语句通顺、用词规范、标点恰当、书写工整、版面编排符合要求；

（5）采用适当的写作风格。根据文章主题的特点，采用适当的写作风格，支持自己的观点，提高文章的说服力。

五、团队合作与工作协调力

团队合作能力是职业活动中协商合作目标、相互配合工作、调整合作方式并不断改善合作关系的能力,它是从事各种职业必备的社会能力。团队合作主要有三个阶段:一是协商合作目标,二是相互配合工作,三是改善合作效果。

(一)协商合作目标

"协商合作目标"阶段的能力要求是:

(1)能明确团队合作的利益共同点,认同合作目标;

(2)能展示个人的合作优势,找准自己在团队中的角色定位;

(3)能了解和利用已有合作资源,参与制订合作计划;

(4)能遵守团队合作规则,提出防范内耗的措施。

在社会生活中,特别是当由个体进入新的团队,或由自己组建团队,完成某个项目或创业时,合作的过程和应对会考验我们每一个职业人的合作协调能力,我们必须进一步强化我们的合作精神,提升我们的合作能力。

> 只有学会了做人,你将来才会做事。在关键时刻,你才会胜则举杯相庆,败者拼死相救。
>
> ——任正非

(二)协调合作过程

"相互配合工作"阶段的能力要求是:

(1)能理清责任,按照工作指令进入工作状态,执行计划;

(2)能及时反馈进程,及时处理遇到的障碍和困难,避免延误、失误,整体推进;

(3)能取得上级信任和同事信赖,调整协同的状态,发挥优势;

(4)能理解差异,正确对待矛盾与冲突,宽容和弥补过失。

我们知道,有了初心、使命还不够,关键在落实,要完成合作的目标,重要的步骤在实施的过程中,怎样协调合作过程,共同努力,克服困难,化解冲突,团结一致向前推进任务的完成。这种协调合作过程的能力是我们需要重点把握的能力要素。

(三)改善合作效果

"改善合作效果"阶段的能力要求是:

(1)能了解合作进行中的顺利或不利的正反因素,提出改进措施,查遗补缺,确保达到目标;

(2)能接受批评和建议,检讨工作中的过失,纠偏纠错;

(3)能表达不同意见,对岗位设置、工作分工提出建议。

合作的目的是达到合作目标,取得理想的效果。影响合作效果的因素很多,怎样充分利用合作的条件,不断改进,改善合作效果,是我们事业成功的阶梯,是我们不断进步、获得职业发展的巨大空间。

六、解决问题与工作执行力

> 什么是问题?问题就是事物的矛盾。哪里有未解决的矛盾,哪里就有问题。
>
> ——毛泽东

解决问题能力的训练,实质是对我们思维能力的训练。思维的科学辩证,是我们动手解决任何问题的前提和关键。遇到问题,能抓住问题的实质和关键,问题的解决就已经成功了一半,在解决问题过程中,能始终盯住目标,扣紧核心,方法科学得当,就能够无往不胜。解决问题主要有三个步骤:一是提出解决问题方案,二是实施解决问题方案,三是检查评估结果。

(一)提出解决问题方案

"提出解决问题方案"阶段的能力要求是:

(1)能具有问题意识,识别问题所在,准确理解与问题有关的各种因素,描述问题的主要特征;

(2)能找准解决问题的目标并能说明目标的状态,指出解决问题的条件限制;

(3)能采取不同方法形成多种解决问题的思路并加以比较,确定一个最有效的解决方案。

工作中我们都会碰到很多问题,解决问题能力是决定一个人是否有真才实学的终极指标,在企业,解决小问题的是小才,解决大问题的是大才,能在关键时刻果断决策,解决疑难杂症、复杂多变的战略性问题的是英才。

(二)实施解决问题方案

"实施解决问题方案"阶段的能力要求是:

(1)能争取方案获得批准,制定较详细的解决问题的实施计划;

(2)能较充分获取和利用所需要的支持条件;

(3)能较充分利用各种资源完成各项计划。

其实,任何一个问题的解决,在方案形成后都会有一个"计划实施"的过程,否则就会是纸上谈兵。分析是前提,落实是根本,解决问题的关键是行动。

(三)检查评估结果

"检查评估结果"阶段的能力要求是:

(1)能切实检查问题解决的过程和结果状况,准确实施检查;

(2)能具体作出问题解决(包括每个步骤)的结论;

(3)能评估问题解决的效果,并能说明问题解决的原因。

考察一个"问题"的解决是否成功,要对"问题"解决之后的结果进行评估与鉴定,并能在此基础上总结经验,提出改进的办法与措施。

微课:

解决问题与工作执行力

同步练习

做第 249 页练习 8.3:十年间职业的变化

— 拓展案例 —

一株济世草,一颗报国心

从 1955 年进入中医研究院(中国中医科学院的前身)工作以来,她一直像青蒿一样,保持着向上生长的姿态。

2019 年 8 月中国中医科学院青蒿素研究中心即将落成,一个崭新的中医药科研平台的建设终于在屠呦呦的数次上书、不断努力下尘埃落定。

有谁能皓首穷经埋在古籍里,收集 2 000 多种方药、筛选 380 余种中药提取物,只为快速找到抗疟灵感?

有谁能在经历了数不清的失败后,还能再坚定地多尝试一次,最终找到用乙醚提取青蒿素的方法,将对疟原虫抑制率提高到100%?

有谁能在试验环境简陋,没有通风系统、实验防护的情况下,患上中毒性肝炎后仍然坚守科研一线?

有谁能甘当"小白鼠",以身试药,确保青蒿素的安全使用?

有谁能为了验证青蒿素的疗效,不顾自身安危,第一时间赶去海南疟区现场临床试用?

有谁能为了倾全力研制青蒿素,将女儿送去老家寄养?

屠呦呦都做到了。

对于她的选择,丈夫李廷钊非常理解:"一说到国家需要,她就不会选择别的。她一辈子都是这样。"

获得诺贝尔奖以后,屠呦呦位于金台路的家也开始热闹起来。但此时人们却发现,这位科学家"隐身"了。

从2015年到2019年,这位年近90岁的老科学家,仍将全部的精力花在科研上,她说:"得奖、出名都是过去的事,我们要好好'干活'。"

2016年,她拿出诺贝尔奖奖金中的100万元人民币捐赠给北京大学医学部设立"屠呦呦医药人才奖励基金",又把100万元人民币捐给中国中医科学院成立创新基金,激励更多的年轻人参与到中医药科研中去。没有什么捐赠仪式,她就像处理一张水费、电费单一样平常。

直到今天,年近九旬的屠呦呦还未把自己纳入退休人员行列。为中医药事业培养更多的后继人才,成为她90岁以后的新目标。

（资料来源:《中国中医药报》,2019年9月19日,有删改）

【分析】屠呦呦的事迹包含了一位劳动者的勤奋精神、无私奉献精神、实干精神、对祖国传统中医的传承与创新精神。

实践项目

做第269页项目8:

团队合作——有效解决问题

阅读导航

[1] 陈沛著,《搜商:人类的第三种能力》,清华大学出版社,2007年版

导读:在信息爆炸的21世纪,除了智商、情商,面对海量信息包围的困境,决定人生成功与否的关键因素是什么?是"搜商",即一种通过工具获取新知识的能

力——搜索能力。提起现代工具,最著名的显然是搜索引擎,它是人类获取信息的伟大发明。其实,搜商早已存在,只是未被人认识,未被人重视而已。从问路、查地图、翻阅图书资料,到使用搜索引擎,都是人类搜商的体现。搜商强调的是你所获得的知识与所花费时间的比值,是智商和情商悬而未决的遗留问题——效率问题。《搜商:人类的第三种能力》一书,深入浅出地阐析了作为人类第三种能力:搜商的概念、功能及其在现代生活中的作用,说明了掌握获取知识的能力比掌握知识更为重要的观点。

[2][美]珍妮特·沃斯、林佳豫著,《自主学习的革命》,中国友谊出版公司,2016 年版

导读:在移动互联网时代,人与信息相连,我们有随时随地学习世界上任何东西的机会。每个人都是一名老师,同时,每个人也都是一个学习者。学会如何高效学习,如何快速丰富自己是在这个新世界中成长、立足,以及成功的关键。

该书汇集了:7 种大脑学习的简便方式;9 种提高学习能力的大脑构建工具;10 种大脑学习、记忆、思维的训练方式;16 种处理压力、达到最佳效能状态的自学工具;20 种成为优秀自学者的卓越学习方法。

阅读这本书,就是在跟一个"成功者"交流。

[3]杨澜、朱冰著,《一问一世界》,江苏人民出版社,2011 年版

导读:杨澜亲自讲述她聚光灯下的台前幕后,真实呈现她的"阳光二十载":与电视偶然结缘、离开央视、出国留学、创办阳光卫视、《杨澜访谈录》、申奥形象大使……

《一问一世界》是杨澜入行 20 年的传记作品,立体展现杨澜 20 年非常媒体生涯,告诉你一个真实的杨澜和杨澜眼中的时代真相。

在《一问一世界》中,杨澜将告诉你:她从 1990 年到 2010 年的生命跨越和岁月流转;她与基辛格、克林顿、布莱尔、老布什、李光耀、韦尔奇等高端人物的交往秘辛;她如何在人生每个节点自由潇洒地转换;她对"赢"的重新理解和体悟;她的 20 年非常媒体生涯和她眼中的传媒江湖……

课后评估

扫码做评估 8.2:自测一下对本模块内容的掌握程度

模块九

职场劳动实践

学习指南

跨出校门,迈向社会,走进职场,开启人生新篇章,是许多大学生憧憬的生活。但校园与职场是截然不同的环境和文化,如何适应这一转变,顺利度过职业适应期,将是摆在每一个大学生面前的现实问题。想要提高自己的职业适应性,需要我们在校期间提前做好相关准备,做好从学生角色到职业角色的转换,以便进入职场后能得心应手地展开工作。

本模块包括企业类型和劳动岗位、顶岗实习和现场管理、角色转换和职场适应三部分,围绕我们将从事的职场劳动做必要准备。在企业类型和劳动岗位中重点阐述了企业的概念、类型及劳动岗位设置;在顶岗实习和现场管理中强调了顶岗实习中的行为规范和安全事项,现场管理的基本要求与作用;在角色转换和职场适应中重点强调了职场新人该如何尽快转变角色并适应职场融入工作团队。

学习目标

知识:

1. 了解企业的概念、类型及劳动岗位的概念
2. 理解顶岗实习概念,可描述有关顶岗实习的政策与规定
3. 可说出角色转换概念、学生角色与职业角色的区别

能力:

1. 能区分不同企业类型
2. 能灵活运用现场管理与安全的方法并应用于实际工作
3. 能适应职场环境,掌握融入团队的方法

态度与价值观:

1. 愿意亲历顶岗实习,并积极配合学校和实习单位的要求
2. 积极养成用 5S 管理现场并重视安全问题的习惯
3. 积极提升自身职业适应性,为未来就业做好准备

教学建议

1. 首先通过导入案例,让学生对新入职的劳动者建立感

性认识；接着通过课前自测，了解学生对企业组织、劳动岗位的理性认识；在教学环节中，启发学生认识到：每一位即将就业的毕业生都需要经由从学校到职场的环境变化，从学生到员工的角色转换；然后通过总结案例，引发学生对角色转换、职业适应的思考；最后通过课后自测，掌握学生的学习效果。

2. 实施混合教学模式时，需要引导学生正确地完成平台注册，实现在线自主学习、线下积极参与互动的良好氛围。在共享本课程教学资源的基础上，不断丰富习题库、活动库、案例库的校本内容。

案例导入

奔跑在高铁上的大国工匠

首席钳工专为高铁装配"快腿"

转向架就像高速动车组的"腿脚"，关系到动车组能否跑得又快又稳。中车青岛四方机车车辆股份有限公司首席钳工技师郭锐专为高铁装配"快腿"，从他和团队手中装配出的高速动车组超过 1 400 列，安全运行超过 30 亿公里。从 1997 年当学徒工，到成为名副其实的"大国工匠"，20 余年来扎根一线，郭锐身上所展现出来的刻苦钻研、勇于创新的精神，也正是中国高铁工人精神的现实表达。

边学边分析攻克组装难题

"复兴号"动车组上有 50 多万个零部件，转向架是核心部件。一列高速动车组转向架，装配的直接相关部件上千个，装配尺寸数据记录上万个，组装过程中的每一个细节都十分重要。这就是郭锐每天的工作内容和工作标准。

动车组技术引进之初，国内在转向架装配数据、装配关系、工作原理等领域的研究尚属空白。郭锐一边学习、一边分析，仅查阅的零件、部件等图纸和资料堆积起来就有两米高，工作笔记约 10 万字。不到 2 个月，他就带领团队克服了高速动车组组装的多项操作瓶颈难题。2006 年至今，从和谐号到复兴号，从运营时速 200 公里到 350 公里，各个速度等级的高速动车组，高速动车组转向架装配的生产体系、技术标准在郭锐他们手中一点一点地建立，技术持续提升直到世界领先。

工匠变"主播"在线授课培训

2020 年 2 月 24 日，中车四方股份公司启动全面复工。而早在 2 月 12 日，郭锐就回到了工作岗位，不过，他这次走进了"直播间"。这位"高铁工匠"变身成主播，结合车辆设备生产保障的实践经验，隔屏为一线员工们进行授课培训。

"工作室本身就肩负着为职工进行培训、提升技能的责任。"郭锐所说的工作室正是以他名字命名的"国家级郭锐技能大师工作室"等一系列工作室。如今，工作室已成为带领一线技能工人创新攻关的平台。他带出的徒弟，11 人成长为高级技师,12人成长为技师,13人为中国中车核心技能人才,成为动车组转向架装配线上的骨干力量。自工作室成立以来,完成各类攻关课题492项,解决现场技术难题350多项,发明了140项应用在生产线上的"绝招绝技",累计为公司创造经济效益4 000余万元。

郭锐笑着说,如今他的梦想是,"让亲手装配的动车组跑得更快更好。为高铁名片增光添彩。"

（资料来源:《青岛晚报》,2020年5月1日,有删改）

【分析】郭锐从一名学徒工,到成为名副其实的"大国工匠",20余年来扎根一线,他身上所展现出来的刻苦钻研、勇于创新的精神,也正是中国高铁工人精神的现实表达。对于每一位即将就业的毕业生来说,都需要经由从学校到职场的环境变化,从学生到员工的角色转换。对此,你准备好了吗?

课前评估

扫码做评估9.1:自测一下对本模块内容的了解程度

主题一 企业类型和劳动岗位

千千万万种劳动共同创造了我们的美好生活,社会上的每个人也都在不同的岗位上服务他人,贡献社会。职业院校的学生们的顶岗实习是学生走向职业活动之前较为系统的实践锻炼,在某种意义上也可以被视作一种准职场劳动。学生们通过顶岗实习在实践中了解社会、巩固知识,学到了很多在课堂上根本学不到的知识,既开阔了视野,又增长了见识,为他们以后进一步走向社会打下坚实的基础,也是学生们走向工作岗位的第一步,可更加从容地迎接未来正式的职场劳动。

> 经一蹶者长一智,今日之失,未必不为后日之得。
> ——王阳明《与薛尚谦书》

一、企业类型

（一）什么是企业

企业是依法设立的,以营利为目的,从事商品生产和交换或提供服务活动的经济组织。从动态角度看,一方面,企业是一个人或一个群体,以营利为目的而进行商品生产、交换或提供服务活动;另一方面,企业既要从供应商（市场）处采购商品（产品或服务）,又要向顾客（市场）出售其商品（产品或服务）,并实行自主经营、自负盈亏、独立核算。在这个过程中,企业要不断与供应商和顾客进行信息沟通,以采购到更符合顾客需求的商品（产品或服务）。企业在经营过程中自然形成了三股流（图9-1）:

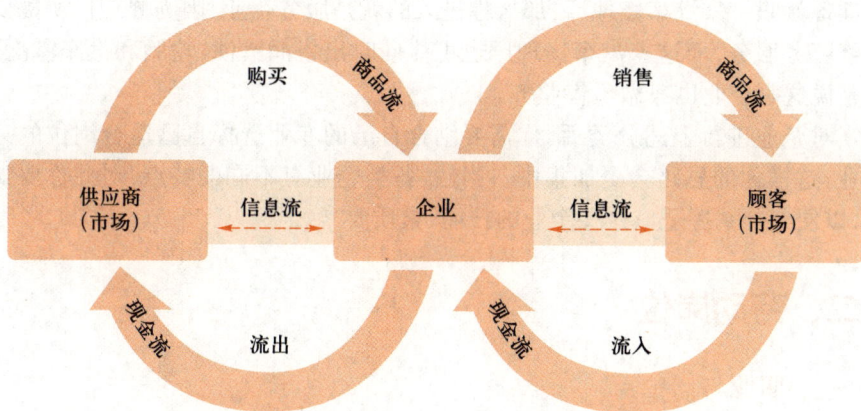

图 9-1　企业经营过程中的三股流

商品流——指从市场购买商品（设备、原材料等），并向市场销售商品（产品或服务）的商品活动流。

现金流——指现金流出（购买原材料，支付维修费、租金等）和现金流入（销售收入等）的现金活动流。

信息流——指企业与顾客、供应商之间信息多向传递及反馈所形成的信息活动流。

企业家要有效控制企业经营过程中的三股流，随时关注并及时掌握市场信息，持续进行采购、生产和销售活动，确保流入企业的资金多于流出企业的资金，这样企业才能生存和发展。

（二）企业分类

企业有很多种类型，企业的分类方式也有很多种，可以按产业分类、按社会属性分类、按企业规模分类，也可以按企业生产经营特征分类。如果按生产经营特征分类，企业可以分为以下四种类型：

（1）贸易企业。从事商品的买卖活动，从制造商或批发商处购买商品，再把商品卖给顾客和其他企业的企业。所有把商品卖给最终消费者的企业都是零售商，而批发商则是从制造商处购买商品，然后再卖给零售商。例如，蔬菜、水果、文具、日用品等的批发中心都是批发商。

（2）制造企业。使用原材料生产制作实物产品的企业。如果你利用皮革、布料、木材、水果等原料开设制鞋厂、服装厂、家具厂、果品加工厂等，那么你拥有的就是一家制造企业。

（3）服务企业。提供某项特定服务或多项服务活动的企业，如货运服务、理发服务、旅游服务、家政服务、餐饮服务等。

（4）农、林、牧、渔企业。利用土地或水域资源进行生产的企业。这类企业可能是种植蔬菜和水果的企业，也可能是养殖家禽和水产的企业。

也许你觉得对于有些经营内容比较丰富的企业，上述分类并不适用，但实际上你要明确的是，一家企业的经营类型是由这家企业的主要经营内容来决定的。如果你准备就职一家汽车修理厂,那么你进入的就是服务企业,因为修理厂所提供的是维修劳务服务,而这家汽车修理厂也可能同时出售润滑油、轮胎和汽车零配件,也就是说这家企业也兼做零售业务。

当对企业进行上述分类后,你需要结合自己的专业选择自己适合岗位的某一类企业,这样你的思路会更加集中。当然,各类企业有不同的特点,对此你要认真分析,以便充分掌握适应这些企业的技能、素质要素。

二、劳动岗位

(一)职业与岗位

> 劳动,只有劳动,才是一个人全面发展的基础。
> ——苏霍姆林斯基

岗位是职业的载体。从经济学的角度来研究职业,主要探讨的是资源配置的问题,而对职业和岗位的研究将能进一步做到"人职匹配",使职业分工更加符合经济的需要,提高社会经济的运行效率。

1. 职业

职业是人类社会发展到一定阶段的产物,是随着社会分工而产生的一种社会现象,并随着社会生产力的发展而不断地发展变化。

对于职业的含义,不同的人、不同的社会有不同的看法和认识。目前人们普遍认为职业是人们参与社会分工,利用专门的知识和技能,为社会创造物质财富和精神财富,从而获得合理报酬作为物质生活来源,并满足精神需求的工作。这种社会劳动是对人们的社会方式、经济状况、文化水平、行为模式、思想情操等方面的综合反映,也是一个人的权利、义务、职责的具体体现。

从国家的角度来看,每一种职业都是一种社会分工;从社会的角度来看,职业是劳动者从事的社会角色,如教师、警察、医生、律师等;从个人的角度来看,职业则是劳动者"扮演"的社会角色,履行工作义务和责任,获得工作报酬。

社会分工、知识技能、创造财富、合理报酬和满足需求是职业的基本特性。一般来说,一个职业包括一个或几个工种,一个工种又包括一个或几个岗位。

2. 岗位

岗位是指在特定的组织中,在一定的时间空间范围内,员工所要完成的工作任务以及与之对应的责任、权限和职务的总和。

岗位职责是岗位的职务(名称)、任务与责任的简称。

岗位名称是识别岗位的基本标志。岗位名称是对某一工作岗位特定的称号,它以简洁的专业名词对某一岗位的性质和特征做出概括和总结。例如,对某出版社教材发行部经理的岗位,可以识别出的信息是:

①该岗位在出版社的业务部门——发行部;

②该岗位的职务是经理;

③该岗位的人员是发行部的主管,全面负责该部门的工作;

④发行部经理属于出版社中层管理人员。

微课:

劳动岗位

岗位任务是为达到一定的工作目标而进行的劳动活动,当有足够的工作任务时,一个岗位便产生了。每个岗位都有它规定的任务,岗位因任务而存在。

岗位责任是根据劳动分工与协作的要求,规定员工在本岗位范围内对事、对物或对人所承担的各种义务。简而言之,岗位责任就是员工完成本任务时应达到的数量要求和质量标准,即要求员工尽职尽责地完成本职工作,保质、保量、按时地做好分内事。

岗位权限,即"职权"的具体细化,是根据岗位的性质划分特点,依照企事业单位有关的规章制度,为保证本岗位员工尽职尽责地完成各项任务,对其可行使的权力范围和内容所作的界定。

> 一个人,只有在实践中运用能力,才能知道自己的能力。
>
> ——小塞涅卡

(二)工作说明书与岗位规范

1. 工作说明书

工作说明书是组织对各类岗位的性质和特征(识别信息)、工作任务、职责权限、岗位关系、劳动条件和环境,以及本岗位人员任职的资格条件等事务所作的统一规定。根据工作说明书所说明的对象不同,可以具体区分为:岗位工作说明书、部门工作说明书、公司工作说明书。后两种工作说明书也可以归为一类,统称为部门工作说明书。

2. 岗位规范

岗位规范也称为劳动规范、岗位规则或岗位标准,它是对组织中各类岗位某一专项事务或对某类员工劳动行为、素质要求等所作的统一规定。岗位规范涉及的内容多,覆盖的范围大,大致涉及以下几个方面:

(1)**岗位劳动规则** 企业依法制定的要求员工在劳动过程中必须遵守的各种行为规范。包括:

① 时间规则。企业对作息时间、考勤办法、请假程序、交接要求等方面所作的规定。

② 组织规则。企业单位对各个职能、业务部门以及各层级组织机构的权责关系、指挥命令系统、所受监督和所施监督、保守组织机密等内容所作的规定。

③ 岗位规则。企业对岗位劳动任务、岗位职责、操作程序、职业道德等所作的规定。

④ 协作规则。企业单位对各个工种、工序、岗位之间的关系,上下级之间的连接配合等方面所作的规定。

⑤ 行为规则。对员工的行为举止、工作用语、服饰礼仪等所作的规定。对这些规则的制定和贯彻执行,将有利于维护企业正常的生产、工作秩序,监督劳动者严格按照统一的规则和要求履行自己的劳动义务,按时保质保量地完成本岗位的工作任务。

(2)**定员定额标准** 对企业单位组织机构、劳动定员定额的制定、贯彻执行、统计分析、修订等环节所作的统一规定。包括编制标准,各类岗位人员标准、时间定额标准、产量定额标准或双重定额标准等。

（3）**岗位劳动规范**　企业根据岗位的任务、职责、劳动手段和工作对象的特点，对上岗员工所提出各种具体要求。包括岗位名称、技术要求、上岗标准等内容。

（4）**岗位培训规范**　根据岗位的性质、特点和任务要求，对本岗位员工职业技能培训与开发所作的具体规定。

（5）**岗位员工规范**　在岗位系统分析的基础上，对某类岗位员工任职资格以及知识水平、工作经验、文化程度、专业技能、心理品质、胜任能力等方面素质要求所作的统一规定。

工作说明书与岗位规范所突出的主题不同，岗位人员规范是在岗位分析的基础上，解决"什么样的员工才能胜任本岗位工作"的问题，以便为企业员工的招收、培训、考核、选拔、任用提供依据。而工作说明书则通过岗位系统分析，不但要分析"什么样的员工才能胜任本岗位工作"，而且要说明该岗位是什么样的，正确回答这一岗位做什么，在什么地点和环境条件下做，如何做等。要对岗位进行系统、全面、深入的剖析。因此，从这个意义上说，岗位规范是工作说明书的重要组成部分。美国的企业常将工作说明书分为岗位说明书和雇员说明书两部分，由此可见两者之间的区别和联系。

同步练习 ◎

做第 250 页练习 9.1：南丁格尔的选择

主题二　顶岗实习和现场管理

一、顶岗实习

（一）顶岗实习的概念

顶岗实习是职业院校进行专业教学、实施素质教育的重要途径，是教学计划的重要组成部分，是学校专业教学过程的延伸，是贯彻理论联系实际教学原则的具体体现，是提高学生职业能力、培养高素质技术技能人才的重要环节。顶岗实习旨在开拓学生的视野，使学生提前了解社会，增强岗位意识和岗位责任感，提高学生对专业的认识，培养学生适应岗位的能力和创新能力，特别是提高学生的实践动手能力，达到完成专业培养计划和培养目标的目的，为学生"零距离"就业打下坚实的基础。

> 播下一个行为，收获一种习惯；播下一种习惯，收获一种性格；播下一种性格，收获一种命运。
>
> ——威廉·詹姆士

（二）顶岗实习安全

我们在顶岗实习期间可能面临各种各样的安全问题，这里主要讲以下四方面。

1. 生产岗位安全

（1）明确生产实习任务，遵守安全操作规程，注意保密工作，严格遵守劳动纪律、工艺纪律、操作纪律、工作纪律。严格执行交接班制度、巡回检查制度，禁止脱岗，禁止与生产无关的一切活动。

（2）工作中要积极主动，遵守纪律，服从实习指导老师的工作安排，对重大问题应事先向实习指导老师反映，协商解决，自己不得擅自处理。要认真执行《岗位安全操作细则》，防止刀伤、碰伤、棒伤、砸伤、烫伤、踩踏跌倒及身体被卷入转动设备等人身事故和设备事故的发生。

（3）开机前，必须全面检查设备有无异常，对转动设备，应确认无卡死现象、安全保护设施完好、无缺相漏电等，并确认无人在设备作业，方能启动运转。启动后如发现异常，应立即检查原因，及时反映，在紧急情况下，应按有关规程采取果断措施或立即停止。

（4）严格遵守特种设备管理制度，禁止无证操作。正确使用特种设备，开机时必须注意检查，发现不安全因素应立即停止使用并挂上故障牌。

（5）按章作业，搞好岗位安全文明生产，发现隐患（特别是对因泄漏而易引起火灾的危险部位）应及时处理并上报。及时清理杂物、油污及物料，切实做到安全消防通道畅通无阻。

2. 住宿安全

（1）消防安全　俗话说："水火无情""贼偷一半，火烧全光"。而住宿区作为我们日常生活起居的重要场所，要确保消防安全必须做到以下几点：

① 进入一个新的环境，首先必须了解和熟悉距离最近的逃生路线；

② 注意用电安全，不违规用电，不乱拉乱接电线电源；

③ 选用合格电器产品，严禁使用劣质电器，电源插销及插座；

④ 宿舍中不可存放汽油、酒精等易燃易爆物品，不擅自使用煤炉、液化炉、酒精炉等灶具；

⑤ 爱护楼内的消防设施和灭火器材；

⑥ 发现安全隐患要及时向管理人员或有关部门报告。

（2）煤气中毒　煤气中毒通常指的是一氧化碳中毒。住宿区特别是出租房屋是煤气中毒的高发区，主要是因为出租房屋设施陈旧、管道破损，直排式燃气热水器的使用较多。为了防止悲剧发生，应注意以下几点：

① 检查屋内的天然气管道是否破损、有无漏气现象；

② 看看使用的热水器是否为已经明令淘汰的直排式；

③ 检查排烟管道是否畅通，有无堵塞物；

④ 睡觉前确认天然气已经关闭；

⑤ 不在室内使用蜂窝煤等炉具。

3. 社交安全

顶岗实习也是我们首次独立走向社会的第一次工作，离开了熟悉而单纯的校园环境，面对陌生而复杂的社会，如何确保自己在社会交往中的安全就显得尤为重要。要做到：

（1）洁身自好，不贪钱财，不流连于酒吧、歌厅；

（2）保持距离，谨慎交友，防人之心不可无；

（3）外出或晚归，最好有人陪伴，至少要向同学或朋友说明自己的去向。

4. 人身和财产安全

（1）要有预防意识，保持良好的防护习惯；

（2）用法律维护自己的人身财产安全。对正在进行的严重危及自身安全的暴力犯罪行为，可采取防卫行为；

（3）发生案件、发现危险时，要快速、准确、实事求是地报警求助；

（4）留心观察身边的人和事，及时规避可能针对自己的侵害。注意防火、防盗、防交通意外；

（5）积极预防不法侵害，防止危及人身安全的事故发生。

（三）顶岗实习的行为规范

顶岗实习是教学计划中的实践性教学环节之一，各职业院校为使学生能顺利完成实习任务，一般都会就学生的行为规范做出一些规定，具体可参考示例。

🔲 案例分析　　　　　　　某学校顶岗实习学生行为规范

1. 实习学生必须明确目的、要求和做法，坚持理论联系实际，学习生产工艺、管理方法，参加生产劳动，完成规定的各项实习任务，完成实习后，经实习单位和学校双方审核，评定学生实习成绩。

2. 参加实习的学生，必须按照统一计划，服从指挥，在生产岗位上必须严格听从领导、技术人员和工人师傅的管理。

3. 实习学生必须严格遵守实习单位的作息时间、安全保卫、保密和生产管理等各种规定，进入生产现场时，要按实习单位要求正确穿戴、使用个人防护用品及安全防护设施。

4. 实习学生必须在指定的生产岗位上工作，认真完成规定的工作任务。严格遵守操作规程，不得擅离职守，越位游荡；不得在实习场所内追逐打闹，随意乱动生产设备、开关按钮等，防止各类事故发生。若因不遵守实习纪律、操作规程及有关规章制度等过错行为，造成自己、他人或集体人身、财产损害，由学生本人承担责任。

5. 注意文明礼貌，不讲粗话脏话，注意整洁，讲究卫生，尊敬工人师傅、技术人员和各级领导，听从带班师傅及指导教师管理。凡严重违反纪律者，实习单位、指导教师可责令其停止实习。被停止实习的学生，按学籍管理规定处理。

6. 爱护公物、工具和各种器材设备，借用物品必须办理手续，按时归还。不得带走工具、零件、仪表等公用物品，如有此类行为，除严肃批评教育外，还要根据实际情况给予处分，并负责经济赔偿。

7. 实习学生应发扬艰苦奋斗、勤俭节约、团结友爱的精神，互相关心，互相帮助。注意搞好与其他实习学生和实习单位职工的关系，维护学校集体荣誉，虚心向工人师傅和技术人员学习、请教，发现异常情况及时报告，自觉维护正常的生产和工作秩序。

8. 实习期间，党员、团干部、班干部要主动协助教师做好各项工作，积极发挥学生干部、党团员的先锋模范作用。

9. 学生在实习期间，有事必须请假，经批准后方能离岗，否则按旷课处理。实习成绩为不及格者留到下一年级顶岗实习。实习期间如有缺勤，按实习单位制度处理，学校按学籍管理规定处理。

10. 学生在实习期间，由实习单位统一安排住宿，严禁自行在外租房居住，自觉遵守就宿纪律，不晚归，不留宿他人，不在外留宿。

11. 严禁在宿舍私接电线，使用违规电器，如电炉、电热杯、电饭煲、电吹风、电热棒等。

12. 不擅自离开实习单位，有事外出必须履行请假手续，并留下详细联系方式。个人擅自离开实习单位，发生的一切安全事故，均由学生本人负责。一周内未返回实习单位者，按学籍管理规定处理。

13. 严禁赌博，不滋事生非，不打架斗殴。

14. 严禁吸烟、喝酒、泡网吧。

15. 严禁携带和私藏管制刀具。

16. 严禁染发、文身、戴饰物，男生不留长发。

17. 严禁学生到游泳池以外的任何水域游泳。

18. 学生外出集体活动，必须经过申请，经批准后，方可外出。不乘坐"无证"交通工具。

二、现场管理

（一）现场管理的概念

现场管理是管理人员对生产现场人、机、料、法、环等生产要素进行有效管理，并对其所处状态进行不断改善的基础活动。5S 是以整理（seiri）、整顿（seiton）、清扫（seiso）、清洁（seiketsu）这"4S"为手段，实现第 5 个"S"素养（shitsuke）的目的，营造一目了然的现场环境，使企业中每个场所的环境、每位员工的行为都能符合 5S 管理的精神，最终提高现场管理水平、提升现场安全水平和产品质量。后来，又扩充了"安全（safety）"和"节约（saving）"两个"S"（英文单词的首字母），演变为"7S 管理"。7 个"S"的含义见表 9-1。

5S 活动之间是紧密联系的，整理是整顿的基础，整顿是对整理成果的巩固，清扫是显现整理、整顿的效果，而通过清洁和素养，则可以使生产现场形成良好的改善氛围。各"S"活动的运作关系如图 9-2 所示。

表 9-1　7 个 "S" 的含义

7S	宣传标语	具体内容
整理 （seiri）	要与不要，一留一弃	◆区分需要的和不需要的物品，果断清除不需要的物品
整顿 （seiton）	明确标识，方便使用	◆将需要的物品按量放置在指定的位置，以便任何人在任何时候都能立即取来使用
清扫 （seiso）	清扫垃圾，美化环境	◆除掉车间地板、墙、设备、物品、零部件等上面的灰尘、异物，以创造干净、整洁的环境
清洁 （seiketsu）	洁净环境，贯彻到底	◆维持整理、整顿、清扫状态，从根源上改善使现场发生混乱的情况
素养 （shitsuke）	持之以恒，养成习惯	◆遵守企业制定的规章纪律、作业方法，文明礼仪，具有团队合作意识等，使之成为素养，员工能自发地、习惯性地改善行为
安全 （safety）	清除隐患，排除险情，预防事故	◆保障员工的人身安全，保证生产的连续安全正常进行，同时减少因安全事故而带来的经济损失
节约 （saving）	对时间、空间、能源等方面合理利用	◆发挥它们的最大效能，从而创造一个高效率的，物尽其用的工作场所

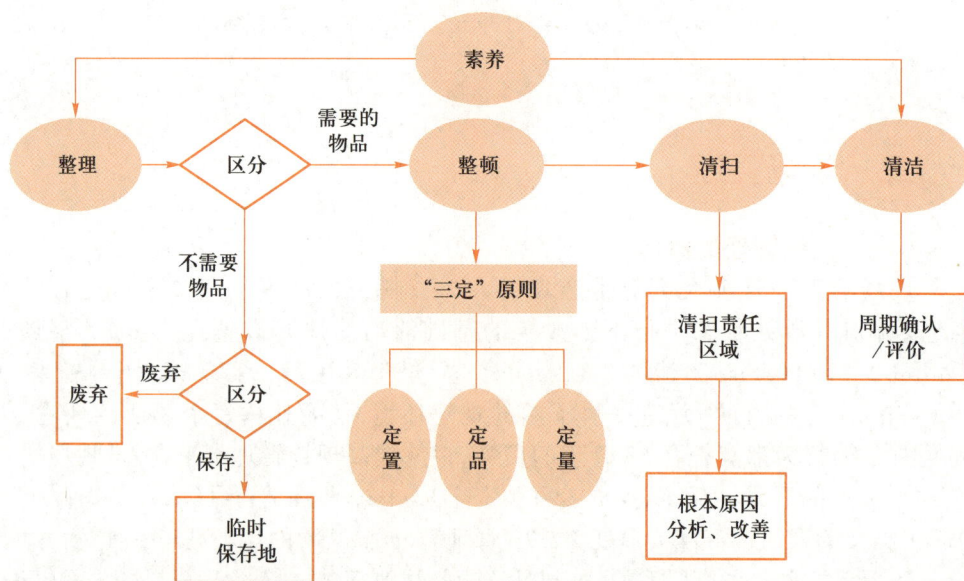

图 9-2　5 个 "S" 活动运作关系示意图

（二）5S 中各"S"的基本要求和作用

1. 整理

整理现场不必要的物品。整理不仅是 5S 活动的基本活动之一，也是防止事故、火灾，保证现场安全的基础。将一些非必需品放置在现场，不仅占用了作业现场的空间和通道，而且妨碍了现场的作业，同时还影响到应急事件的处理，是潜在的安全隐患，因此必须坚决清理非必需品，将其清除或放置在其他地方。

2. 整顿

整顿即按定置、定品、定量的"三定"原则进行现场整顿。整顿不仅是 5S 活动的基本活动之一，也是防止事故、火灾，保证现场安全的基础。考虑通道的畅通及合理，应尽可能将物品隐蔽式放置及集中放置，减少物品的放置区域，采用各种隔离方式隔离放置区域，合理利用空间，使用目视管理，标识清楚明了，安全消防设施放置要易取。

3. 清扫

选定清扫的负责区域并把负责的区域清扫干净。

现场作业人员在执行清扫工作的同时也是在做检查工作，包括看得到的、看不到的地方。对清扫中发现的问题，要及时进行整修。清扫发现的问题包括但不限于以下 5 个方面。

一是地板凹凸不平，使搬运车辆中的产品发生摇晃甚至碰撞，导致发生问题，需要及时整修。

二是对于松动的螺栓要马上紧固，补上丢失的螺钉、螺母等配件。

三是对于需要防锈保护、润滑的部位要按照规定及时加油或保养。

四是更换老化的或可能破损的水、气、油等各种管道。

五是通过清扫随时发现工作场所的机器设备或一些不容易看到的地方是否需要维修或保养，及时添置必要的安全防护装置。

恶劣的环境易对设备或系统造成安全隐患，如电缆沟内积水、积泥，长期可能导致短路。清扫干净可使作业人员心情良好，头脑清醒，保证安全。

4. 清洁

对前面"3S"（整理、整顿、清扫）工作的规范化、制度化，使现场一直保持清洁的状态。清洁标准可使清洁工作内容和目标更加明确化，因此 5S 推行人员应根据各部门工作内容、工作环境制定明确的清洁标准，以指导各部门清洁工作，见表 9-2。

表 9-2 清 洁 标 准

项次	检查项目	等级	得分	考核标准
1	通道和作业区	1 级	0	没有划分
		2 级	2	画线清楚，地面未清扫
		3 级	5	通道及作业区干净、整洁，令人舒畅

项次	检查项目	等级	得分	考核标准
2	地面	1级	0	有污垢,有水渍、油渍
		2级	2	没有污垢,有部分痕迹,显得不干净
		3级	5	地面干净、亮丽,感觉舒畅
3	货架、办公桌作业台、会议室	1级	0	很脏乱
		2级	2	虽有清理,但还是显得脏乱
		3级	5	任何人都觉得很舒服
4	区域空间	1级	0	阴暗,潮湿
		2级	2	有通风,但照明不足
		3级	5	通风、照明适度,干净、整齐,感觉舒服
备注				1级—差、2级—合格、3级—良好

清洁是巩固整理、整顿、清扫的必要手段,应规范清洁管理,落实安全责任。

5. 素养

素养是通过宣传、教育和各种活动,使员工遵守 5S 规范,养成良好习惯,以进一步使企业形成良好文化,导入目视化管理法,使现场的每个人都能容易理解,鼓励全员参与到 5S 管理活动中,使员工逐渐形成 5S 工作习惯的素养。

素养的要点是制度完善、活动推行、监督检查。制度完善是指根据企业状况、5S 实施情况等完善现有的规章制度,如厂纪厂规、日常行为规范、5S 工作规范等。活动推行是指通过班前会、员工改善提案等方法的实施,改善现场的工作状况。监督检查是指将定期检查和不定期巡检结合,加强监督、考核,使各部门人员形成良好的工作习惯和素养。

素养的目的是提升人员素质、形成良好习惯。提升人员素质是指通过制度培训、行为培训、检查监督考核,不断提高员工素质。养成良好习惯是指通过宣传培训、各种活动的施行统一员工行为,养成良好习惯,同时具有良好的个人形象和精神面貌,遵礼仪、有礼貌,其具体表现见表 9-3。

表 9-3 素养的表现

素养内容	具体说明
良好的行为习惯	◎员工遵守以下规章制度,形成良好习惯 ●厂规厂纪,遵守出勤和会议规定 ●岗位职责、操作规范 ●工作认真、无不良行为 ◎员工遵守 5S 规范,养成良好的工作习惯

素养内容	具体说明
良好的个人形象	◎员工自觉从以下几方面维护个人形象 ●着装整洁得体,衣、裤、鞋不得有明显脏污 ●举止文雅,如乘坐电梯时懂得礼让,上班时主动打招呼 ●说话有礼貌,使用"请""谢谢"等礼貌用语
良好的精神面貌	◎员工工作积极,主动贯彻执行整理、整顿、清扫等制度
遵礼仪、有礼貌	◎待人接物诚恳有礼貌 ◎互相尊重、互相帮助 ◎遵守社会公德,富有责任感,关心他人

素养活动也应经常进行检查,素养活动的检查内容包括如下 3 项,见表 9-4。

表 9-4 素养活动检查项目表

素养检查大项	素养检查细则
1. 服装检查	(1)是否穿戴规定的工作服上岗 (2)服装是否整洁、干净 (3)厂牌等是否按规定佩戴整齐,充满活力 (4)工作服是否穿戴整齐,充满活力 (5)鞋子是否干净、无灰尘
2. 仪容、仪表检查	(1)仪容、仪表是否整洁,充满朝气 (2)是否勤梳理头发,不蓬头垢面
3. 行为规范检查	(1)是否做到举止文明,有修养 (2)能否遵守公共场所的规定 (3)是否做到团结同事,大家友好沟通、相处 (4)上下班是否互致问候 (5)是否做到工作齐心协力,富有团队精神 (6)是否做到守时,不迟到、早退 (7)是否在现场张贴、悬挂 5S 活动的标语 (8)现场是否有 5S 活动成果的展示窗或展示栏 (9)是否灵活应用照相或摄像等手段协助 5S 活动的开展 (10)员工是否已经养成遵守各项规定的习惯 (11)车间、班组是否经常开展整理、整顿、清扫、清洁活动

为了提高自身的素养并养成良好的习惯,避免习惯性违章,我们应多参加培训,并及时改正企业在平时检查监督中发现的问题。

同步练习

做第 251 页练习 9.2:班组现场安全管理该如何做

一、角色转换

（一）角色转换的概念

> 我觉得人生求乐的方法，最好莫过于尊重劳动。一切乐境，都可由劳动得来，一切苦境，都可由劳动解脱。
>
> ——李大钊

角色转换就是在社会关系中个体地位的动态描述。人的社会任务和职业生涯不断变化，角色也随之变化，从一个角色进入另一个角色，这个过程称为角色转换。人的一生有许多次角色的转换，比如：婴儿—幼儿园小朋友—学生—职业人；子女—父母。从学生角色到职业人角色的转换是我们每个人都必须经历的过程，也是我们人生中最重要的一次转折。

（二）学生角色与职业角色的区别

学生角色：接收任务、储备知识、培养能力，经济无法完全独立，一直生活在家长和学校的庇护下，社会经验缺乏，人际交往较为简单。

职业角色：工作目的性明确，家庭经济压力大，环境变化大，工作负荷量大，更强的社会责任感，承担各类风险，生活独立，与同事心灵沟通较少，生活较为单一，人际关系复杂。

（三）职业角色转换的"五个转变"

微课：

职业角色转换

1. 从"情感导向"转向"职业导向"

我们进入职场后应尽可能地按照职业操守行事，即使认为自己非常有能力，也要遵章办事，而不能像之前学生时代一味地任由自己的性情待人接物。

2. 从"思维导向"转向"行为导向"

我们要脚踏实地、兢兢业业地工作。很多大学生在参加工作之前都很有自己的想法，说起事情来也头头是道，但是到了岗位上却往往眼高手低，说的比做的好。在角色转换过程中切忌这一点，而是要变思想为行动。

3. 从"成长导向"转向"责任导向"

这里主要是指学生角色到职业角色在社会职责上面的转变。我们在学生时期的主要职责和任务是积累知识，而工作后则要开始承担各方面的责任，包括经济上的独立和家庭义务。

4. 从"个体导向"转向"团队导向"

职场最为看重的就是员工的绩效，只有努力工作、多多付出，才会得到更多回报。当代大学生大多都有一个明显的特点——个性强，团队和集体意识淡薄。但工作不同于读书，有时候更需要的是与他人的配合和团队精神。因此，角色转换也包括团队意识的转变。

5. 从"兴趣导向"转向"责任导向"

转变为职业角色，是我们进入社会后非常重要的角色转变。大多数大学生有一个比较明显的特点，就是凭兴趣做事，比较注重自我的感受。进入社会后，作为成年人、职业人、社会人，我们就必须学会承担责任，为家庭、为公司、也为社会。

二、职场适应

我们中的许多毕业生走上岗位以后会产生对新环境的诸多不适应，主要表现在心理上、生活上、工作上、人际关系上和工作技能上的不适应。任何人对环境都有一个适应过程，我们要怎样尽快适应新环境呢？

1. 心理适应

我们要发挥自身健康的心理机能——整体协作意识、独立工作意识、创造意识，克服以下五种"心理"：对学生角色的依恋心理、观望等待的依赖心理、消极退缩的自卑心理、苦闷压抑的孤独心理、见异思迁的浮躁心理。

一般新人刚走上职场总是从基层做起。俗话说，"良好的开端是成功的一半"。作为职场新人，我们首先要学会心理适应，学会适应艰苦、紧张而又有节奏的基层生活。由于缺少基层生活经历，我们可能会不习惯一些制度、做法，这时千万不要用自己的习惯去改变环境，而要学会入乡随俗，适应新的环境。我们要在这个阶段培养出自己的整体协作意识、独立工作意识和创造意识。

> 人们常觉得准备的阶段是在浪费时间，只有当机会真正来临，而自己没有能力把握的时候，才能觉悟自己平时没有准备才是浪费了时间。
>
> ——罗曼·罗兰

（1）要有自信。虽然在刚开始的时候我们可能会做错很多事情，但只要能够吸取经验，在同事和前辈们的帮助下，自己的整体协作意识、独立工作意识就会逐渐养成。

（2）要有耐性。我们要充分发挥自己的主观能动性和创造性，凡事要进行具体分析、具体对待，然后脚踏实地地工作。在一个行业中，准备好从底层做起，不断积累经验、提升能力，就能为今后的职业发展打下一个良好基础，形成一个有延续性的职业发展历程。

总之，就业之初，我们从相对简单的学生角色转变到较为复杂的职业角色，理想与现实之间总有差距，面临困难和挑战是情理之中的，也是正常的。我们要完成从学生角色到职业角色的转换，就要充分认识和认真对待这些矛盾和冲突，只有大胆面对现实，立足岗位努力学习，不断提高和完善自我，才能顺利实现角色的转换。

2. 生理适应

我们既然步入了职场，就已经从一个学生转换成了一个职业人。原来的许多生活习惯就需要改变。在学校的时候，上课迟到等行为也许不会带来什么严重的后果，但在工作期间，如果迟到旷工，耽误的是整个团队的业绩，随时有被开除的可能。如果工作失误，会造成重大的经济损失，没有挽回的机会。所以为了自己的职业前途，我们需要及时调整生活规律，加强自我管理，遵守职场的规则，快速适应职场生活。

3. 岗位适应

年轻人都容易将事情看得简单而理想化,在跨出校门前,都对未来充满憧憬,初出校门的我们不能适应新环境,大多与我们事先对新岗位估计不足、不切实际有关。当这些职场新人按照过高的目标接触现实环境时,许多所谓的"现实所迫"会让他们在初入职场时就走了弯路,以至于碰了壁还莫名其妙、不知所措,并且产生失落感,感到处处不如意、事事不顺心。因此我们在踏上工作岗位后,要学会根据现实的环境调整自己的期望值和目标,为自己做一个良好的职业规划,明确职业目标是什么,在职场中自己该扮演什么角色,该怎样去强化自己的职业,并且持续投入钻研,自然就能得到较好的发展。

4. 知识技能适应

初入职场的新人可能文凭比单位里一些前辈要过硬,但现实常常是刚刚工作的新人什么都不会。因为在学校里比较注重学习理论知识,而在职场上更注重的是动手能力和经验的积累。因此,我们要主动投入到再学习中,学习能让我们尽快适应工作的知识技能。正所谓,干到老,学到老。职场竞争在加剧,学习不但是一种心态,更是我们的一种生活方式。为适应社会发展和实现个体发展的需要,每个职场人都需要培养主动的、不断探索的、自我更新的、学以致用的和优化知识的良好习惯。同事、上级、客户、竞争对手都是老师。谁会学习,谁就会成功,就能使得自己职业岗位的技能更加完善。

> 明白事理的人使自己适应世界;不明事理的人想使世界适应自己。
>
> ——萧伯纳

5. 人际关系适应

与象牙塔里单纯的人际关系不同,踏入了职场,人际关系也相应复杂了起来。刚走上工作岗位的新人最容易犯的毛病是过于高傲,把姿态放低一点,恰当的礼貌往往会赢得好感。无论对领导还是同事,无论喜欢还是讨厌,都要彬彬有礼。同时努力工作,适当表现自己,最大限度地得到上级和同事的认可,赢得职场人缘。总之,在职场生活中,当面对复杂情形或困境时,我们要仔细观察,用心揣摩,注意自己的言谈举止,有意识地提高职场情商,就会明显改善自己在职场中的生存环境,进入良性和快速发展的轨道。

同步练习

做第 252 页练习 9.3:尊重劳动成果

— 拓展案例 —

我主动申请延长顶岗实习

"我们同意王先彬同学寒假实训时间延长的申请。现在是国家危难之时,正是用人之日,他现在实训的岗位也是服务人民。天下兴亡,匹夫有责,这时更应该挺身而出,为国家奉献自己的一份力量,作为家长我们必须支持他们的工作!"

这是湖南安全技术职业学院安全工程学院轨道1805班学生王先彬的父母给学校写的一纸同意书,王先彬便这样留在了深圳地铁进行顶岗实习。

2020年1月5日,王先彬随着学院50多人来到深圳地铁进行顶岗实习。因疫情发展,1月28日,王先彬所在的实习班级收到了学校要求提前撤离岗位的通知。

接到撤离通知后,王先彬没有犹豫,向学校提出了延长实习的请求,由于没有先例,也出于安全着想,该学院经过两天的研究后给出了答复。王先彬说:"学校同意我的申请,叫我在这边注意身体,每天汇报自己的身体情况。也会每天发信息问一下我。不过这还需要父母的同意。"

王先彬此前悬着的心放下了一半,接着便马上给父母打电话。"你已经长大了,现在也是国家危难的时候,你需要去帮助别人。吃点苦不要紧,以后走上社会,这种经历也是一种锻炼。"出乎他意料的是,母亲并没有像自己设想的那样挽留自己,反而是极力赞同。"因为我父亲是当兵出身的,所以,他有保家卫国的那种情怀,母亲受父亲的影响也比较大。"

"我们是特别支持孩子的,国家有难了,孩子上前线,作为家长要鼎力支持。看到武汉疫情那么严重,其他的青年都勇于上一线,虽然我的孩子去不了一线,但是他能在工作上坚持也是一件好事,也能为国家减少一点点困难。"父亲王昌森对笔者说。

就这样,王先彬成了继续留在深圳地铁顶岗的唯一学生。负责地铁入口行李安检是王先彬的主要工作内容,每天两班倒,早班6点正式开始,王先彬和同事们5点多便要起床,乘坐大巴到负责的地铁站,提前打开安检机并打扫干净。中午轮着吃饭,结束回到宿舍经常是下午两点,晚班则会在晚上11点多结束。对于这样的工作,王先彬适应得很快,也觉得很轻松。"专业就是这个,之前也有类似的实习经历。"

变化发生在1月28日,因为疫情发展,王先彬所在的单位给每个工作人员配了口罩、手套和防护服。也是在这一天,王先彬收到了学校要求撤离的通知。

面对突然的变化,王先彬隐约感觉到有一丝丝紧张,但这种紧张不是因为自己,而是因为家人。"担心家里我外公外婆,他们之前也是从湖北来湘西家里过年,害怕他们过来时在车上会被传染。"

疫情暴发之后,王先彬每天的工作多了对自己的体温测量以数据记录并上报,下班回到宿舍后也会有舍管进行再次的消毒测温,"单位对我们还是关心得比较多,每天会问我们有没有什么不适,身体不适的话会也及时带我们去医院。"

每天下班之后,因为怕家人担心,王先彬都会和父母打上几分钟电话报个平安,也提醒母亲每天给外公外婆测量体温检查健康状况。"老人毕竟从湖北那么远的地方过来,也需要格外照顾和陪伴。"

疫情之下,工作增添了额外的困难,但最让王先彬委屈和不解的是乘客的不配合与不理解。王先彬记得有一次在看安检机时,发现一名乘客包里有瓶酒,是小瓶的100毫升白酒。王先彬便拿出来检查。按规定,白酒不是按毫升来算,而是按度数,超过50度的需要登记。

但乘客并不理解,说酒只有100毫升,不愿意登记。"这位先生很不理解,指责我们,说我们上班是不是闲的。有时,也会觉得委屈"。

但后来经历多了，王先彬的心态也在逐渐调整，"干这个就是从细节做起，为大家服务。"王先彬的父母也时常会在电话中给他鼓励，"家里面也帮助不了什么，就是精神上支持他要好好工作，不管这是什么样的单位，不管做什么样的工作，首先要守好自己的本分。"王昌淼说。

截至目前，湖南安全技术职业学院安全工程学院在外履职实习的学生约220人，申请延长实习的有10余名。

"学院的程序是学生申请，家长签字同意，然后逐级上报，书记和校长同意后，才允许同学坚守延长顶岗实习。"该学院安全工程学院院长蒋海波说。

【分析】对于正在顶岗实习的学生，在个人自愿，学生、学校、企业签订三方协议的情况下，企业确保防控健康安全的前提下，职业院校可允许学生暂不返校，延长顶岗实习。此举既解了企业复工复产用工的燃眉之急，又让学生完成了实习任务，还履行了职业院校的社会责任，一举三得。当然，如何做到疫情防控保健康、顶岗实习保实效、顶岗就业两促进，仍是不小的挑战。为此要做到：学生自律、企业尽责、学校尽心。

实践项目

做第 271 页项目 9：
实习实训——树立职业意识

阅读导航

[1] 李开复、范海涛著，《世界因你不同：李开复自传》，中信出版社，2009 年版

导读：一个世界有你，一个世界没有你。让两者的不同最大，就是你一生的意义。这是李开复唯一的一本自传，字里行间，是岁月流逝中沉淀下来的宝贵的人生智慧和职场经验。捣蛋的"小皇帝"，11 岁的"留学生"，奥巴马的大学同学，26 岁的副教授，33 岁的苹果副总裁，谷歌中国的创始人，他有着太多传奇的经历，为了他，两家最大的 IT 公司对簿公堂。而他的每一次人生选择，都是一次成功的自我超越。抓住一切去探寻生命的意义，总有一天，世界将因你不同。

[2] [美] 布兰德著，《一生的计划》，新华出版社，2003 年版

导读：在这本充满活力的书里，你将有机会发现使一个人成功的秘密。本书作者格莱恩·布兰德，在 5 年之内一手创建了美国最大的保险销售组织——美国联合财务集团，从而被视作美国保险界的传奇式人物。本书记录了布兰德成功的方法和经验，这个在世界上真正做到了这一切的人将告诉你：只要卓有成效地树立目标和制订计划，你也能获得成功。

课后评估

扫码做评估 9.2：自测一下对本模块内容的掌握程度

第四篇

——

劳动素养训练

训练导航

写给导师

（一）组建学习团队

首先请指导老师将授课班级分组，建立团队，建议5~7组，每组5~8人；每个团队自行命名并选出队长。教学活动的组织、项目任务的布置以小组形式进行，营造合作学习氛围，培养团队荣誉感。

（二）利用训练手册

本手册既是学生自测自评工具，又是项目活动指南。是教师掌控学习质量的凭据，也是学生记录成长经历的档案。所以需要指导老师担当课堂主持人、活动组织者、项目咨询者的多重角色，努力成为学生成长的引导者、见证者、协作者。

（三）加强师生互动

为了实现"做中学、学中做"的基本要领，请指导老师课前布置学生线上学习微课，课中引导学生问答讨论，课后接受项目服务咨询，并充分利用课堂教学互动工具，指导学生及时同步练习、参与前测后测，完成自我评估。

写给同学

（一）积极寻求资源

请同学们充分利用线上线下学习资源，登录在线开放课程平台观摩每次新课的微课视频，务必在课前预习，并参考教材完成课前自测，提出有待解决的问题。利用好教材提供的阅读清单，进一步拓展学习空间，并通过自己的微博、微信及其他个人空间分享学习资源，交流学习心得。

（二）学会自主学习

在课前预习阶段，请同学们独立思考，归纳要点，提出问题；在上课互动讨论阶段，积极参与问答、辩论，澄清问题，深化认识；在课后项目实施阶段，勇于承担责任，合理协调、分工。请同学们在一次次成果的展示中，感受合作式学习、创造性思维的魅力。

（三）记录成长体验

请同学们按照手册的提示,循序渐进地完成各个环节的任务,珍惜交流机会,贡献个人智慧,并忠实地记录下成长体验过程的点滴思考与感悟,学会接纳不同的意见,学会悦纳个性的自己。在劳动素养培育的过程中,需要保持时时、处处、人人、事事都是学习和成长机会的心态。

一、劳动实践项目分类指导

（一）日常生活劳动项目指导

1. 请同学们在居家生活、校园生活中,自主安排学习与日常生活,主动为家人或同学分担事务,养成尊重劳动、热爱劳动的习惯。

2. 在劳动中遇到问题,通过相关人员的支持,开展学习探究式学习,学以致用,以促进目标的实现,并通过一个简单的课程和技能训练,提高自我管理及个人生活能力。

3. 请从备选任务中选择一项,参照该项任务指南,完成并提交书面材料及过程性证据。如果你有更适合的项目也可以自主设计并完成。

（二）服务性劳动项目指导

1. 请同学们在校园及社会的服务工作中,积极践行职业道德,努力做到"爱岗敬业""诚实守信""办事公道""热情服务""奉献社会"。积极培育职业精神,向身边的劳动模范、杰出工匠、优秀劳动者学习,努力培养劳模精神、工匠精神、劳动精神。

2. 在与人交流过程中,积极参加主题讨论;能就简单主题,当众做简短发言;能对阅读的文字资料进行汇总整理;撰写工作报告。

3. 请从备选任务中选择一项,参照该项任务指南,完成并提交书面材料及过程性证据。如果你有更适合的项目也可以自主设计并完成。

（三）生产性劳动项目指导

1. 请同学们在校内实训、校外实习、社会兼职或创业实践工作中,主动培养规则意识、质量意识、效率意识、责任意识、安全意识、环保意识和包容意识。

2. 在协作的劳动环境中,与团队成员共同制订合作计划;与他人协同工作,处理合作过程中的矛盾,完成合作任务;保持各方工作进度方面的协调,改善与人合作的方式,以促进合作目标的实现。

3. 面对问题的时候,你可以明确指出问题所在,并提出解决问题的基本思路;做出解决问题的计划并付诸实施,不断调整改进解决问题的方案。

4. 请从备选任务中选择一项,参照该项任务指南,完成并提交书面材料及过程性证据。如果你有更适合的项目也可以自主设计并完成。

二、学生如何提交劳动业绩证据

劳动业绩证据的采集主要有根据学生所提交的学生参与劳动知识的学习、参与劳动技能的获取以及参与劳动实践活动的证据,既可以是文字总结的资料,也可以是劳动活动的图片或影视资料,还可以是培训考核的成绩或团队负责人的评价。

(1)明确标准,做好准备　学生应认真阅读劳动教育指导手册的测评标准和任务要求,收集证据,做好测评准备。指导教师可以指导学生做好测评的准备。

(2)完成任务,收集证据　学生必须完成该手册中要求的必选或自选的任务项目,在完成工作任务(已有的业绩或新完成的任务)的过程中,收集相关业绩成果证据。

(3)自述过程,整理证据　学生填写任务完成过程各能力点的达标状况资料,整理收集实证证据,放入指定"证据资料袋"中,并填写"业绩证据清单",注明证据放置的位置,以便于指导老师检核评估。

(4)落实证人,填写证词　对该手册中完成的任务项目和学生本人的能力发展状况,需要第三方的证人证词。在校生或集中培训的学生在培训时,由指导教师对其业绩完成的情况作出评估。

(5)学生承诺,确保真实　学生提交的业绩证据应是学生自己完成的,学生要对自己提交的证据材料的真实性负责,在"学生承诺"栏中签名承诺。

三、指导老师如何评估劳动素养

指导老师应根据测评的统一要求,遵循"真实性、有效性、充足性和与标准相关性"的测评原则,完成测评工作。

1. 核验证据的"真实性"

指导老师要对学生提交的完成任务的证据是否真实、相应内容与实际情况是否相符、证明人身份和证词内容是否满足提示的要求等进行核验,确保真实有效。

2. 检验证据的"有效性"和"充足性"

指导老师要对学生提供的证据是否符合项目的"范围要求"、是否能有效证明该项劳动素养的水平、证据数量是否满足"证据范围要求"中的数量规定等进行检验认定。

3. 坚持"与标准相关性"

指导老师要当场当面对学生观察、提问或模拟考核,对照《劳动教育指导手册》评估,根据各能力点要求,进行结构化的评分,确定等级并在相应位置签名,以示负责。

练习 1.1：讲述劳动者的故事

一、活动目标
通过收集劳动者的事迹,理解劳动的实质,进而正确理解劳动分工与社会价值。

二、活动流程
1. 课前准备

通过各种途径选取一位最打动你的劳动者的故事,整理劳动者的资料。

2. 课上分享

教师随机选取 2~3 名同学向其他人讲述故事,并表述选择的理由。

3. 归纳总结

引导学生正确理解劳动分工的意义及社会价值的内涵。

_____

_____

_____

_____

_____

_____

_____

_____

_____

_____

_____

练习1.2：反思劳动创造意识

一、活动目标
引导学生深刻理解劳动教育、提高对创新意识的认识。

二、活动流程

1. 阅读材料

4月22日，中国人民大学中国就业研究所联合智联招聘发布《2020年大学生就业力报告》，全景分析疫情影响下的大学生就业形势。报告显示，75.8%的人首选单位就业，选择自由择业和升学分别为7.7%和7.5%，选择创业的仅为2.8%，6.2%的人选择暂不就业等慢就业类。这组数据说明了大学毕业生的劳动创造意识不容乐观。

2. 小组讨论

请结合实际情况谈一谈造成以上现象的原因及对策。

_____

_____

_____

_____

_____

_____

_____

_____

_____

_____

_____

_____

_____

_____

_____

_____

_____

练习 1.3：反思劳动教育

一、活动目标
引导学生深刻理解劳动教育的重要意义。

二、活动流程

1. 阅读材料

来自北京教育科学研究院基础教育科学研究所的报告显示：中国小学生平均每天的劳动时间只有 12 分钟。针对这种现象，首都青少年劳动教育调研组赴北京市党政机关、教育机构、企事业单位、基层社区实地走访，并发放千余份调查问卷，对首都青少年劳动教育现状进行了摸底调查。据了解，只有不足三成的学生会整理房间、打扫卫生，很多孩子根本不做或者不会做。随着数据一起出来的还有结论：中国孩子现在自理能力缺失，对于劳动的意识也很淡薄。对此，有些家长表示：不是孩子不爱做劳动，是孩子没有时间做，也不会劳动。

2. 小组讨论

结合实际谈谈造成以上现象的原因及对策。

_____

_____

_____

_____

_____

_____

_____

_____

_____

_____

_____

_____

_____

_____

_____

练习 2.1：各国劳动年龄人口规定的调研

一、活动目标

了解各国劳动年龄的规定，树立终身劳动的观念。

二、活动流程

1. 课前准备

选取世界主要国家（约 20 个，从 G20、金砖国家中选取），上网查找资料了解各国劳动年龄的规定，并列表。

国家	劳动年龄	劳动年龄人口比例	国家	劳动年龄	劳动年龄人口比例

2. 通过网络调研获取有代表性的国内外专家对延长劳动年龄上限的有关观点。

_____

_____

_____

_____

_____

_____

_____

练习 2.2：劳动能致富吗？

一、阅读材料

现象一：有些人好吃懒做，不愿付出劳动，只想过衣来伸手、饭来张口的生活，到了应该参加工作的年龄，却不去上班，待在家里"啃老"，因为他们觉得这样的生活很舒服，劳动太辛苦了，挣的钱却不一定多。这些人离开父母独自生活依然会很懒，连做饭、洗碗、洗衣服、收拾房间这些简单的家务活也不愿意干，每天的生活就是躺着看手机、看电视剧、玩游戏，或者到处溜达，生活一团糟。

现象二：有些人嫌劳动太辛苦，挣钱速度慢，觉得传销、赌博、放高利贷来钱快，就铤而走险，结果上当受骗，造成很大的财产损失。据南京市公安局官方微博公布的一则消息，张某于 2010 年在江苏省工商局注册成立江苏钱旺智能系统有限公司，2012 年在南京市工商局注册成立南京钱宝信息传媒有限公司，该公司以完成广告任务获取高额收益为诱饵，收取用户保证金，吸收新用户资金用于兑付老用户本金及收益，让许多人血本无归。有些传销组织宣传一夜暴富，干一个月就能赚百万，给老百姓灌输不劳而获的白日梦，最后致使参与人贫困潦倒，家破人亡。名叫"魔幻农庄"的网络游戏就是其中一个例子。它号称"轻松赚钱、月薪过万"，在短短 5 个月时间里，先后发展涉及重庆、四川、广东等 28 个省市的 12 万余玩家，交易金额达 4 600 余万元，后来游戏全面崩盘，导致数万玩家血本无归。

现象三：国民经济可划分为实体经济部分和虚拟经济部分。实体经济是通过劳动直接创造财富的经济，虚拟经济是从信用关系和信用制度中产生的虚拟资本，是衍生出来的经济活动形态，如股票、债券、商业汇票、银行汇票等。现代市场经济需要虚拟经济和实体经济协调发展。然而有些国家开始忽视实体经济，过于重视虚拟经济，结果导致国民经济结构失衡，冲击到全球经济，引发全球经济衰退。美国的次贷危机就是一个例子。以先进制造业为核心是我国的经济发展思路，制造业是我国的立国之本、兴国之器、强国之基。我国是世界上唯一拥有联合国产业分类目录中所有工业门类的国家，是世界上第一制造业大国，2018年中国制造业产值是美国的 184%，日本的 397%，德国的 481%。

社会上好吃懒做、游手好闲的人不少，你是羡慕这些人，还是觉得这些人可耻？一些人为什么明知赌博可能倾家荡产还是要去赌博？近年来传销、金融诈骗案例不少，为什么已经知晓许多惨痛案例，而且骗子的骗术一点也不高明，还是会有那么多人上当受骗？一个国家真正的经济支柱是什么？当今社会，劳动还能致富吗？

二、现象评析

请自己思考，也可以与小组成员一起讨论，得出小组共同的观点。

问题	观点
好吃懒做的人为什么可耻?	
金融诈骗屡屡得手,有什么思想根源?	
仅仅依赖金融业,国家能否长久地繁荣昌盛?	
劳动还能致富吗?	
即使一个人有了轻松挣钱的途径(如靠出租家里房屋收取租金),为什么还要参加劳动?	

练习 2.3：机器换人，动了你的岗位吗？

一、活动目标
能正确分析新技术对自身参与社会分工和就业形势的影响。

二、活动流程
1. 阅读材料

据国际机器人联合会统计，世界经济论坛预测，到 2020 年，全球有 500 万个工作岗位可以实现自动化。

我国机器人研发起步于 20 世纪 70 年代，近年来，随着我国劳动力成本快速上涨，人口红利逐渐消失，生产方式向柔性、智能和精细转变，对工业机器人的需求也呈现大幅增长。到 2020 年，我国工业机器人密度已达到每万名员工 100 台以上。

"机器换人"的普及对就业岗位数量和结构都将产生深远影响。目前，创造就业岗位最多的纺织服装、采掘和电子信息等产业出现了"机器换人"的趋势，但从现阶段看，机器人和人类劳动者间的替代关系并不显著。机器人具有竞争优势的行业和领域，与我国劳动力比较优势最显著的行业和领域并非完全重叠，也就是说，机器人只会在个别产业和环节上替代手工操作，短期内主要还是对生产效率和产品质量提高产生积极影响，不会改变我国制造业劳动力密集程度较高的特征，也不会造成严重的失业问题。

有专家指出：机器人的出现，对人类劳动者就业岗位的影响。一是替代劳动者岗位；二是填补人类劳动者无法胜任的岗位；三是开辟人类工作新岗位。

2. 小组讨论

（1）通过网上收集材料等，分析人工智能和机器人等新技术将创造哪些新的就业岗位？将淘汰哪些原有的岗位？

_____

_____

_____

_____

_____

_____

_____

_____

_____

_____

（2）人工智能时代对本专业毕业生能力提出了什么新的要求？

练习 3.1：警惕"过劳死"现象

一、活动目标
引导学生关注"过劳死"现象。

二、活动流程

1. 阅读材料

"过劳死"是源自日本的一种现代特殊病，因为工作时间过长、劳动强度加重、心理压力过大，存在精疲力竭的亚健康状态，最终导致积重难返，突然引发身体潜藏的疾病急速恶化，因救治不及而丧命。

"过劳死"最简单的解释就是超过劳动强度而致死，是指"在非生理的劳动过程中，劳动者的正常工作规律和生活规律遭到破坏，体内疲劳蓄积并向过劳状态转移，使血压升高、动脉硬化加剧，进而出现致命的状态"。

近年来，因为职业压力等原因造成的"过劳死"现象已经频频出现。

2. 小组讨论

如何改善"过劳死"现象？

_____

_____

_____

_____

_____

_____

_____

_____

_____

_____

_____

_____

_____

_____

练习3.2：劳动合同中的竞业禁止

一、活动目标

引导学生掌握劳动合同的相关知识，为未来进入职场签订劳动合同时规避风险做好准备。

二、活动流程

1. 阅读材料

苗某于 2016 年 10 月 9 日与某计算机公司签订劳动合同，被聘为技术员，聘期两年。双方当事人在劳动合同中约定了竞业禁止：合同解除或终止后，苗某三年内不得在本地区从事与该公司相同性质的工作，如违约，苗某须一次性赔偿计算机公司经济损失 10 万元。

因电脑公司拖欠苗某 2017 年 9 月、10 月两个月的工资，2017 年 11 月 15 日，苗某向区劳动争议仲裁委员会申请仲裁，要求解除劳动合同；补发两个月工资，给付经济补偿金；确认劳动合同中的竞业禁止约定条款无效。

2. 小组讨论

你认为该案件应当如何判决？

_____

_____

_____

_____

_____

_____

_____

_____

_____

_____

_____

_____

_____

_____

_____

练习 3.3: 该不该付医疗费和伤残抚恤金?

一、活动目标

通过案例讨论的方式,帮助学生进一步明确劳动权益,并且能用正确的方式维护合法权益。

二、活动流程

1. 阅读材料

农民张某在陈某承包的小型煤矿工作。一天上午,一辆旧矿车脱轨,撞倒了张某,造成张某双腿截肢,成了残疾人。因在此前他与煤矿签订的劳动合同中写明"工伤事故受伤,煤矿概不负责"。所以张某未能得到任何伤残抚恤和医疗费赔偿。张某治伤花了不少钱,又因伤残找不到合适的工作,生活十分困难。他向煤矿求助,煤矿不管。他想去法院告煤矿,又担心官司打不赢。遂到一家律师事务所咨询。

2. 小组讨论

煤矿该不该付张某医疗费和伤残抚恤金? 有何法律依据?

_____

_____

_____

_____

_____

_____

_____

_____

_____

_____

_____

_____

_____

_____

_____

_____

_____

练习 4.1：自我服务劳动成果展示

一、活动目标

用短视频的方式展示自我劳动的成果，养成爱劳动的好习惯。

二、活动流程

1. 劳动体验

每名学生把自己认为做得最好的自我服务劳动的过程录制 2 分钟以内的视频。

2. 课上分享

小组成员观看组内成员的视频并选出最成功的劳动成果。

分享个人劳动的经验和体会。

练习 4.2：厨艺大比拼

一、活动目标

帮助学生重视厨房劳动,提高个人动手能力和家庭责任感,灵活运用家庭营养膳食知识。

二、活动流程

1. 课前准备

每名学生精心为家人准备一道热菜并把制作过程录制后编辑为 90~120 秒的短视频。

2. 课上分享

短视频说明(文字/语音):(1)选择这道热菜的动机;(2)遵循的营养膳食原则;(3)菜品的制作关键。

_____

_____

_____

_____

_____

_____

_____

_____

_____

_____

_____

_____

_____

_____

_____

_____

_____

_____

_____

_____

练习 4.3：从排雷英雄到生活强者

一、活动目标
树立科学的生活劳动态度，认识到生活劳动的重要性。

二、活动流程

1. 阅读材料

2018 年 10 月 11 日，27 岁的杜富国在执行扫雷任务时，一枚加重手榴弹突然爆炸，他浑身是血，被抬下雷场。时隔一年，失去了双眼与双手的战士正在慢慢适应他的新生活。为了康复与生活自理，他大大小小的手术做了无数个，先后使用了十几件假肢等辅助工具。

头顶光环，身负伤痛，杜富国在一点点摸索未来的人生路。2019 年 10 月，他的战友们正在中缅边境扫雷，属于杜富国的新道路，也在慢慢展开。从练习独自穿衣吃饭，到铺床叠被，再到写字，他经常说，"扫雷的长征路刚刚结束，要开始新的长征路，这条路上，自己是自己最大的敌人。"早上六点半，附近军校起床号准时响起，杜富国从黑暗中醒来，然后在黑暗中摸索。衣服在睡前就摆放在固定位置，他挪到 T 恤的位置，先用鼻子蹭衣服，分辨正反面，有的衣服靠商标或者裤带分辨，碰到前后一样的，战友就在正面别上个浅蓝色的小熊挂件，方便杜富国分辨。分清正反后，杜富国用牙齿咬起衣服一端，伸胳膊，头钻进去，左右摇晃两下就穿好了上衣。

失去双手，他正慢慢熟练新的洗漱方式，用仅剩一截的右胳膊夹住牙刷，把牙膏从挤压盒里挤出，牙膏总是沾不到牙刷上，他试了好几次才成功。洗脸、擦脸、刮胡子，如今他都能用残臂熟练完成。

失去双眼和双手一年后，如今杜富国已经能一个人完成日常洗漱穿衣，依旧按照军人标准整理内务，虽然比起当兵时，杜富国的速度慢了太多，但他坚持用军人标准要求自己。洗漱后他要叠军被，先是绕着被子走一圈，用半截小臂把被子抚平，然后打出褶，小心翼翼，五分钟过去，"豆腐块"成型。再花十分钟时间，把被子移到床头，拉平床单。将床铺得整整齐齐。

2. 小组讨论

我们应该以什么样的态度对待生活中的劳动问题？

_____

_____

_____

_____

_____

_____

_____

练习 5.1：校园清洁我行动

一、活动目标

培养吃苦耐劳精神和团队合作意识，提升个人劳动技能。

二、活动流程

1. 劳动体验

教师针对本次行动开展班级动员会，并与各小组组长共同确定本次清洁目标和各小组具体负责的清洁场地。小组长带领本小组成员实施劳动清洁行动，可根据具体工作内容进行合理分工和网上搜索清洁的流程和技巧。

2. 课上分享

各组组长分别跟全班同学进行劳动总结分享。

练习 5.2：劳动中的"苦差事"和"分外事"

一、阅读材料

现象一：近年来，不少学校鼓励学生利用假期和课余时间，开展力所能及的公益劳动和社会实践活动。有的学生将参加公益劳动和社会实践活动作为提升自我、服务社会的机会。如某高职院校一位同学在大学三年间，参加了百余场志愿服务活动，累计服务时间超过1 000小时，开展公益所涉及的所有费用都来自他自己赢得各类比赛、荣誉的奖金和奖学金。也有学生将公益劳动和社会实践当成负担，从内心排斥，他们找各种借口不参加，甚至弄虚作假。

现象二：一些在自己岗位上坚持积极主动劳动、全力以赴工作的人，在自己的工作领域不断提升，事业越做越红火。如京东物流的一位快递员，因积极主动的工作态度和高质量的服务，受到企业的信赖，企业老板把全部发件业务都交给了他，他单月总揽件数高达13万件，平均一天要揽4 333件，月收入一度高达近8万元。而有的人对待劳动和工作抱着得过且过的态度，一直停滞不前，几十年如一日，没有任何起色。

现象三：在日常劳动任务分配中，总会有一些"苦差事"。很多人唯恐避之不及，有的人却积极主动地承担。2020年新冠肺炎疫情期间出现了很多逆行者的感人事迹。如疫情初期，郑州圆方集团2 000多份按满红指印的"请战书"像雪花般递交上来，不少职工主动请战支援武汉等地的医院。疫情期间职工们坚守保洁、物业等岗位，服务着全国126家医院，其中1.6万名职工在疫情高风险岗位，以实际行动为抗击疫情做出了贡献。

现象四：很多劳动任务需要人们合作完成，有些人在完成自己劳动任务的前提下，再用自己额外的精力来处理"分外事"。而有些人抱着"事不关己高高挂起""多做就会多错""做了也不算我的工作量"等想法，对于"分外事"持漠视的态度，只保证完成自己这块劳动任务就好，甚至在别人需要帮忙时，自己即使有余力也不会提供帮助。

现象五：有些人在高效完成自己的劳动任务之后，还会积极主动地去观察和发现身边潜在的任务并开展行动。如垃圾分类政策出台之后，很多地区的学生自发组织关于垃圾分类的公益宣传活动，他们化身"环保卫士"走进社区，通过为居民示范垃圾分类投放、讲解垃圾分类知识，帮助居民更好地适应垃圾分类。

二、现象评析

接到劳动任务时，有的人欣然接受，有的人逃避拒绝，甚至弄虚作假。开展劳动时，有的人认真负责、尽心尽力，有的人马马虎虎、敷衍了事。对于劳动中的"苦差事"和"分外事"，有的人积极承担，还会主动去帮助他人劳动，有的人却只求做完自己的劳动任务。完成劳动任务后，有的人"闲着没事"，有的人却"眼里有活""主动找活"，并且努力完成新的任务。

对于接到劳动任务时截然不同的态度，你是如何看待的？你认为我们应该如何对待劳动中的"苦差事"和"分外事"？是否应该主动帮助他人完成劳动任务？应该如何对待潜在的劳动任务？

问题	观点
如何看待接到劳动任务时,人们持有的欣然接受或逃避拒绝这两种截然不同的态度?	
应该如何对待劳动任务中的"苦差事"?	
应该如何对待劳动任务中的"分外事"?	
在有余力的情况下,是否应该帮助他人完成劳动任务?	
应该如何对待潜在的劳动任务?	

练习5.3：与时俱进地创新

一、活动目标

学生能正确认识所学专业可提供的专业服务方向,理解辛勤劳动和创造性劳动的重要性,找到个人努力的目标。

二、活动流程

1. 阅读材料

从事美发工作36年的世界技能大赛美发项目中国国家队技术指导专家组组长吉正龙认为,简单的美发之所以能够成为世界级的比赛项目,主要是它不仅需要选手做出漂亮的发型,而且特别考验选手的综合能力。吉正龙说:"生活中,每个发廊的技术参差不齐,美发师技术没有那么全面,而我们的选手不仅需要全面掌握各种技术,而且从接待顾客开始,包括健康安全、客户关怀等各个方面的能力,以及接发技术、染发技术、烫发技术、缠发技术等美发技能,也都要符合相应规范和流程,同时还要在规定时间内完成。"

除此之外,比赛中的一些小细节也需要注意:染发颜色的选择,同时要避免染色不均匀;剪刀用完后要保持干净,剪刀口不能张开;吹风机用完之后要关闭,线也要缠好。"如果这些做不到,顾客站起来走路时就可能会被线绊倒,或者被剪刀划伤。"吉正龙说,这些涉及顾客和美发师自身安全的要素都要充分考虑。

随着高科技智能技术在很多行业的拓展,为迎接2021年在上海举办的第46届世界技能大赛,中国计划引入智能镜台,它在镜台上方安装了一个摄像头,可以录下选手比赛的全过程,既方便裁判进行判定,也方便对选手的技术进行再指导。另外,镜台的镜面可以直接显示比赛的题目、图片和剩余时间,方便选手进行查看。当选手不需要这些信息时,只要用手点一下镜面,这些内容就会消失,它可以让更多人分享到智能化带来的便利,让更多的人加入技能人才的队伍中来。

2. 小组讨论

（1）美发专业蕴含着哪些可决定成败的细节?

（2）自身所学专业的服务如何与时代发展相融合?

练习 6.1：策划暑期社会实践

一、活动目标
引导学生学会并撰写社会实践策划书。

二、活动流程
1. 基本要求

（1）我们专业若组织暑期社会实践，你认为最可行的行业岗位有哪些？

（2）我们该如何策划实施暑假社会实践？

2. 小组讨论

每个小组选出代表陈述本组策划书，通过大幅白板展示策划书要点，小组内其他成员也可以补充资料。

_____

_____

_____

_____

_____

_____

_____

_____

_____

_____

_____

_____

_____

_____

_____

_____

练习 6.2:"初心"一直在路上

一、活动目标
教育大学生养成社会服务观念,能够在他人需要帮助的时候挺身而出帮助他人。

二、活动流程

1. 阅读材料

殷沙漫,吉首大学文学与新闻传播学院汉语言文学专业 2013 级学生,一名外表温婉而内心刚毅,且经年体弱多病的女孩,从 2006 到 2017,从初一到大四,从广东惠州到湘西山村,10 年公益路,坚贞不渝,只为当初一句稚嫩的承诺:长大后,我要像你们一样,用自己的力量温暖需要帮助的人。

2006 年,刚进初一的殷沙漫因感冒住院,当她亲眼看到许多青年志愿者不管白天黑夜,忙着为病人服务,好奇的她忍不住问:"大哥哥、大姐姐,这些病人是你们的亲人么?"志愿者们笑了,说:"是,也不是。我们都是中国人,每一个中国人都是我们的亲人啊!"平平常常的一句话,却在她 13 岁的心灵中扎根,长叶,开花,结果……于是她暗暗立誓:长大后,我也要像你们一样,用自己的力量温暖需要帮助的人!

出院不久,沙漫就加入了学校青年志愿者协会,高中时,又加入惠州市"一窗灯火"志愿服务队,组织参与惠州市"地球熄灯一小时"、广东 2011 南国书香节、敬老爱老·关爱空巢老人、惠州市"文明伴我行"交通值岗等志愿服务活动。6 年中学时光,她在繁重的学业压力下利用课余时间组织和参与各类志愿服务活动 120 余次,因长期坚持志愿服务工作,被评为惠州市"一星级"志愿者、惠州市实验中学"感动校园十大人物之一"。

进入大学后,她初衷未改,很快就加入了"中国·麦田计划"公益组织,并担任吉首大学麦田计划志愿者协会副会长。四年来,她从事各类志愿服务时间达 1 200 多小时,组织各类公益活动 90 多次;并经常深入湘西偏远山区,走访了 30 多个贫困村寨,实地调查了170 余个贫困儿童家庭,联系多种力量为孩子们寻找资助人……在她的组织及感召下,吉首大学先后有 1 000 多位师生加入公益队伍。

其实,沙漫在这些年里体弱多病,大学期间,她曾因此病住院 10 多次,平均每个季度发病一次。沙漫长期深入边远山区支教,每次下乡都要走几个小时山路,路途奔波,随时都会倒下,但她从未想过放弃,一直默默坚守自己的誓言。

2. 小组讨论

案例中的殷沙漫体现了怎样的精神?

_____

_____

_____

_____

_____

练习 6.3：认识和使用劳动工具

一、阅读材料

现象一：有些学生缺乏劳动，不仅没能在劳动中锻炼身体，也没有获得基本的劳动知识、劳动技能，难以适应就业环境。某修理厂的一线管理人员向学校反馈意见说，现在职业院校的学生缺乏劳动教育，学生不懂基本的劳动技术，学校一般又不会专门教授这些普通的劳动技能。我们维修行业主要是操作性岗位，初学者一般从使用日常工具、做体力的清洁工作开始。学生适应工作慢，日常工具使用别扭，许多简单劳动都干不好，甚至缺乏干活的体力。

现象二：有些学生不认识、不会使用基本劳动工具，优越的家庭条件使他们习惯于享受别人的劳动成果，甚至认为：智能化时代，机器全面替代人类劳动，过剩的生产力会使每个人都具备丰富的消费资料，人们只要负责消费享受，大部分人不需要辛苦劳动，认识和使用劳动工具的事情交给机器人就行了。长期处于这种享受别人劳动的状态，导致不少学生缺乏独立计划和长期坚持一项劳动的能力。企业人力资源部门的管理人员也常常抱怨：现在学生不肯吃苦，稍微有劳动强度的工作就很难坚持，总是希望跳槽获得轻松的工作，我们新员工才刚熟悉业务就跳槽了。家长也普遍反映：现在的学生享受惯了，很难长期坚持一项家务劳动，学校布置的劳动任务，都是装模作样做一下，然后拍照交差。

二、现象评析

你如何评价有些同学没有体力去使用劳动工具的现象？有些同学对基本劳动工具缺乏认识的现象正常吗？这些现象反映了什么问题？工具智能化以后，我们是否不再需要认识工具和熟练使用工具？智能化社会是否还有必要加强对工具的认识、理解和使用？

问题	观点
有些同学缺乏使用家务劳动工具的体力或者技能你怎么看？	
有些同学说不出生活劳动工具的名称，你怎么看？	
有了智能工具，我们是否还需要认识工具、理解工具和使用工具？为什么？	

练习 7.1：诚信劳动会吃亏吗？

一、阅读材料

现象一：工程建设中偷工减料等不诚信现象屡见不鲜，关于豆腐渣工程的新闻时有报道。偷工减料一直是工程建设中的顽疾，主要表现为：不按工程设计图纸施工、擅自修改工程设计、使用劣质材料等。这些顽疾严重影响着工程的质量。2016 年，国家铁路局发现工程监理单位将不合格的建筑材料、建筑构配件和设备按照合格签字 15 起。2016 年前三个季度，国家铁路局通过检查发现铁路建设工程质量安全问题分别为 411 件、1 183 件和1 230 件。

现象二：有人认为"诚信者吃亏，失信者沾光"。以制作出版盗版书、盗版光碟为例，对于顾客而言，只要花很少的钱就可以看更多的图书和影片，且不影响知识的获取。对于盗版商来说，可以以较少的成本获得更大的收益，这岂不是聪明的做法？今天诚信劳动已经过时，如果讲诚信的话就没法花很少的钱看更多的图书和光盘，讲诚信就会吃亏！还有人说21 世纪是一个弱肉强食的年代，竞争已成为人们的生存方式。比如两个同样拥有高职文凭的人去应聘同一家公司。一个讲诚信，另一个不讲诚信。不讲诚信的那位凭借一张假的高级文凭，被公司录取了；另一位因为学历不够高而被淘汰了。讲诚信的那一位不就吃亏了吗？诚信有什么用呢？诚信社会只是空想！

现象三：有的员工在工作中图省事，耍小聪明，最终聪明反被聪明误，被企业解雇，与职场成功失之交臂。老李就是一个典型的例子。他 2008 年入职湖南某车轮制造企业，担任装胎工。他的主要工作是负责轮胎动平衡，即在轮胎经过平衡机器时，根据显示屏或指示灯显示的数值，选择相应的平衡块，并装配至轮圈上。刚开始工作的几年，老李按照企业的规范进行操作。后来，他从同事处学会用手套或者布遮挡机器上的红外线设备，使轮胎不经过平衡机器就下线，从而减少工作量。从 2012 年开始，老李就用这种方法为自己"减负"，一次空放几只轮胎，让自己可以早点下班。后来，他还将这个方法告知其他同事。2018 年，该企业在进行日常设备维护时，发现轮胎平衡数据存在问题。经技术部门调查，包括老李在内，共 15 名员工存在不做轮胎动平衡的情况，发现的不合格产品达 3 000 余件。由于轮胎平衡关系到车辆行车安全，这对企业来说，是严重的质量事故，因此该企业紧急召开会议，逐一排查生产线和库存产品，对不符合质量标准的产品进行返修。老李等 15 人严重违反公司规定，在工作中不按照操作指导书进行操作，并造成大量不合格产品，给企业带来巨大损失。企业以此为由，对 15 人予以开除处理。老李等人最终为自己的不诚信劳动行为付出了代价。

二、现象评析

在劳动过程中，有人投机取巧、偷工减料、弄虚作假、以次充好；他们图省事、怕吃亏、马虎敷衍、耍小聪明、占小便宜，总希望能付出少、回报多。你如何看待这种现象？有人说"诚信者吃亏，失信者沾光"。你认为诚信劳动会吃亏吗？劳动中不讲诚信会造成什么后果呢？作为在校学生，应该如何诚信地劳动呢？

请自己思考，也可以与小组成员一起讨论，得出小组共同的观点。

问题	观点
劳动中的不诚信行为会给企业和个人带来什么影响？	
如何看待"诚信者吃亏,失信者沾光"？诚信劳动的人是否真的会吃亏？	
诚信劳动和事业成功有什么关系？	
作为学生,你认为应该在哪些方面做到诚信劳动？	

练习7.2:"焊神"张翼飞

一、活动目标
引导学生理解工匠精神对自我职业发展所起的作用。

二、活动流程
1. 阅读材料

张翼飞是沪东中华造船公司的一名焊工。焊接,是造船企业的关键工序,对上岗者有着严苛的素质要求。张翼飞从进厂起,就开始系统地学习焊接理论,潜心研究焊机设备的操作技术。这使得他在后来的各类全国技术比武中,屡屡获得荣誉。数年前,沪东中华从日本引进一批先进焊接设备,日本专家几经调试也无法使设备的某些位置技术参数达到施工要求,是张翼飞解决了这个问题,保证了新的生产线如期投入生产。为了实现中国造船强国梦,张翼飞积极做好各项技术储备工作,使自己的焊接技术底子厚些、再厚些,焊接领域宽些、再宽些,这样就可以适应各种高端船舶建造。现在,张翼飞已掌握了100多种焊材的焊接技术,成为企业的一名"焊神"。

2. 小组讨论

张翼飞的工匠精神体现在哪里?工匠精神对自我职业发展有什么作用?

_____

_____

_____

_____

_____

_____

_____

_____

_____

_____

_____

_____

_____

练习 7.3：我们应该为谁代言？

一、活动目标

了解劳模的事迹和劳模精神，帮助自己提升劳动素养。

二、活动流程

1. 阅读材料

有很多知名企业家、富商、官员，他们有的忙着为自己代言，有的出门前后簇拥，有的频频出现在聚光灯下，恨不得让每一个人知道自己拥有的财富和权力。但也有身价不菲，生活却依然简朴的，比如华为总裁任正非。这个 70 多岁的老人，以一种低调到近乎谦卑的姿态袒露着自己。他时常独自乘坐机场摆渡车，独自在机场排队等出租车，手提拉杆箱，没有助理，没有专车；和华为普通员工一样，在华为食堂中排队吃饭，领到餐后，一个人端着盘子去吃饭。

在很多人的印象中，华为有了今天的地位和财富，任正非有足够的理由去高调，去奢华，但是，他没有。

也有好事者说他这是在为新产品炒作，而事实上，过去 20 多年，他经常一个人拖着箱子来来往往，出差从来不带秘书，一个人打出租车更是家常便饭。

那些处处高调花式炫富的官商与任正非的成就相比，却又显得那么渺小。

2. 小组讨论

（1）对于有点特立独行的任正非的行为与做法，大家怎么看？

（2）在浮躁盛行的社会，"淡泊名利，甘于奉献"能做到吗？如何做呢？

练习 8.1：撰写创造顾客感动的行动建议书

一、活动目标

评估自己的工作为最终客户创造了什么样的价值？体会自己在客户价值链中的地位、使命与意义。

二、活动流程

1. 阅读材料

一天下午，日本东京奥达克余百货公司的售货员热情地接待了一位来买唱机的女顾客。售货员为她挑了一台未启封的"索尼"牌唱机。但是后来售货员在清理商品时发现，她不慎错将一个空心唱机货样卖给了那位美国女顾客。

售货员立刻感到事情的严重性，她立即向公司警卫做了通报，警卫四处寻找，但那位顾客已经不见了踪影。经理接到报告后，马上召集了有关人员进行分析研究。当时只知道那位女顾客叫基泰丝，是一位美国记者，还有她留下的一张"美国快递公司"的名片。根据这仅有的一点点线索，奥达克余公司连夜开始了大海捞针般的寻找。

先是打电话，向东京各大旅馆查询，毫无结果。后来又打国际长途，向纽约的"美国快递公司"总部查询，深夜接到回话，终于得到了基泰丝父母在美国的电话号码。接着，又给美国挂国际长途，找到了基泰丝的父母，进而打听到基泰丝在东京的住址和电话号码。公司里的人们忙了一夜，总共打了 35 个紧急电话。

第二天一早，奥达克余公司给基泰丝打了道歉电话。接着，公司的副经理和有关人员赶到基泰丝的住处，见到基泰丝就深深鞠躬，表示歉意。除了送来一台新的合格的"索尼"唱机外，又加送了其他的礼物作为补偿。接着副经理打开记事簿，向基泰丝通报了如何找到基泰丝住址及电话号码，及时纠正这一失误的全部记录。

基泰丝深受感动，她坦率地陈述了买这台唱机，是准备作为见面礼送给东京的外婆的。当她发现唱机根本不能用时，感到特别愤怒，她立即写了一篇题为《笑脸背后的真面目》的批评稿，并准备第二天就到奥达克余公司讨个说法。没想到，奥达克余公司纠正失误如同救火，公司为此日夜兼程，这让基泰丝深为敬佩，她撕掉了批评稿，重写了一篇题为《35 次紧急电话》的特写稿。

《35 次紧急电话》稿件见报后引起强烈反响，奥达克余公司因为顾客提供卓越的服务而声名鹊起，门庭若市。后来，这个故事被美国公共关系协会推荐为公共关系的典范案例。

2. 此刻行动

围绕提升顾客总价值与降低顾客总成本，为所在企业起草一份实现从顾客满意到顾客感动的行动建议书。

_____

_____

_____

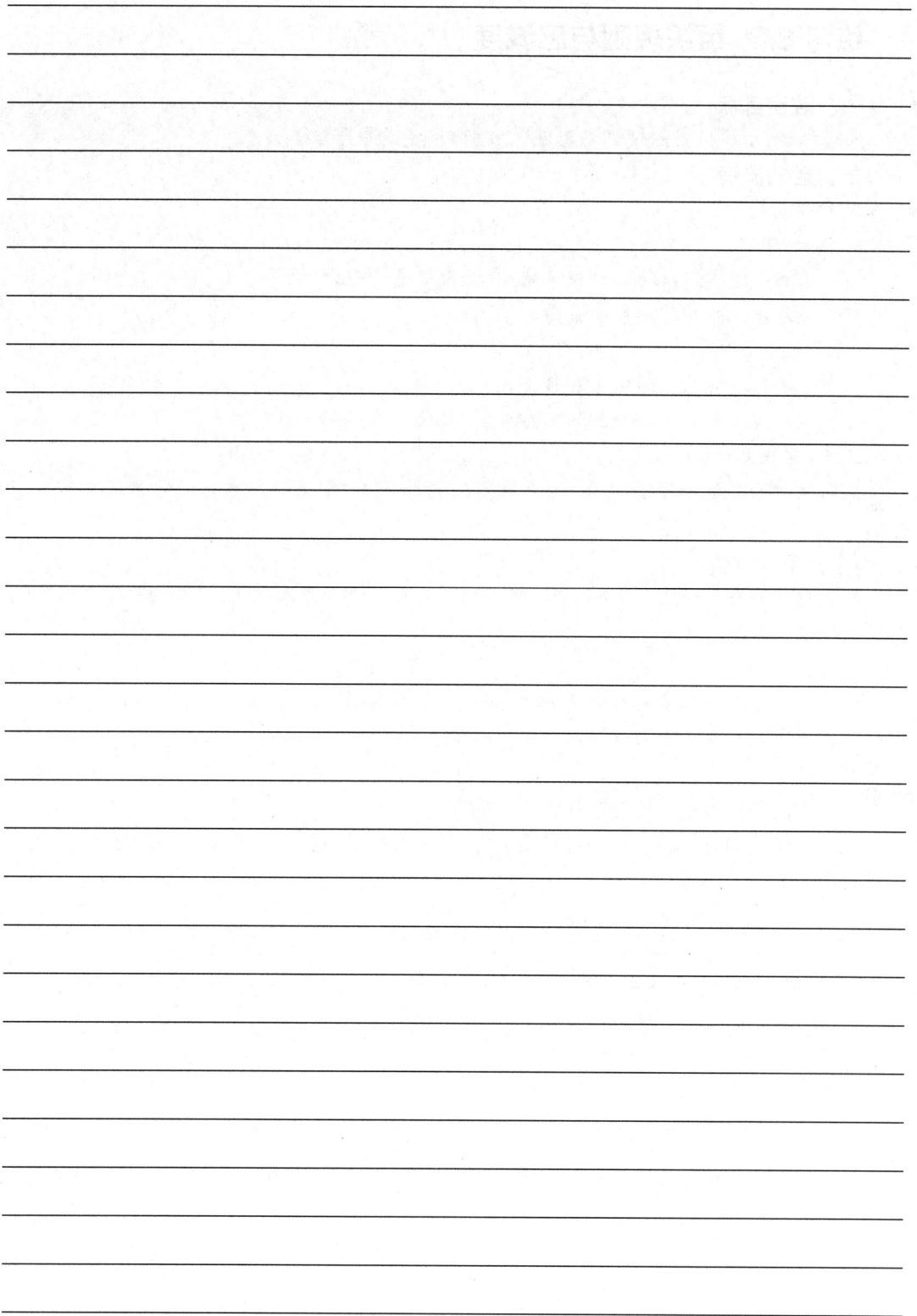

练习8.2：组织规则与忠诚度

一、活动目标
通过测试，了解自己的规则与忠诚度级别，并寻找提升途径。

二、活动流程
1. 评估标准

一级：遵守制度

（1）了解并遵守组织的各种规章制度、礼仪规范、企业文化等。

（2）关注组织的对外形象和荣誉。

二级：服从安排

（1）了解并支持组织的任务和目标。

（2）服从上级安排，根据组织的需要调整自己的工作，表现出合作的态度。

三级：宣扬文化

认同组织价值观和企业文化，经常在组织内外传播、宣导组织要求的行为规范和价值导向。

四级：个人牺牲

组织利益与个人利益发生冲突时，将组织需求置于个人需求之上，必要的时候牺牲个人利益以保证组织的利益。

五级：要求他人

（1）即使会导致不受他人欢迎，为了组织的利益，也要力排众议。

（2）要求他人也作出牺牲以符合组织的需求。

2. 课上分享

（1）你的组织规则与忠诚度在哪一级的程度上？

（2）组织规则与忠诚度是职场获得职业发展的基础素质，如果在这方面层级还比较低，你准备如何进一步提高？

_____

_____

_____

_____

_____

_____

_____

_____

练习 8.3：十年间职业的变化

一、活动目标

十年前的就业形势和当今有很大的差异，伴随科技的进步，一定会诞生很多新的职业和就业机会，学生们了解变化后可在在校期间做一些准备。

二、活动流程

1. 搜集资料

查找完资料后，通过小组内部讨论形成小组观点，并把相关内容对应填写到表格中，感受十年间职业的变化。

职业变化比较表

2010 年代热门的职业		2020 年代热门的职业	
1		1	
2		2	
3		3	
4		4	
5		5	
6		6	
7		7	
8		8	
9		9	
10		10	

2. 课上分享

结合职业核心能力的内涵及职场中的行为表现，谈谈个人对职业变化的思考与应对。

_____

_____

_____

_____

_____

_____

练习 9.1：南丁格尔的选择

一、活动目标
理解在劳动岗位上具有良好职业意识的重要性，树立正确的职业意识。

二、活动流程
1. 阅读材料

南丁格尔是护理事业的创始人和现代护理教育的奠基人，她于 1820 年出生在一个旅居意大利的英国上流社会家庭，自幼便受到良好的家庭教育，是一个多才多艺的女子。迁回英国后，她经常跟着父亲的一个通晓医道的牧师朋友去给村民们看病，耳濡目染后她对护理工作产生了浓厚的兴趣。全家去乡下避暑度假时，南丁格尔不顾家人的反对去帮助周围的穷人，她不怕吃苦，长时间待在病人肮脏的茅屋中。

一年秋天，附近农村中瘟疫流行，年轻的南丁格尔积极地投入到护理病人的工作中，在工作过程中她认识到，只有耐心和同情心并不能帮助病人解除病痛，护理也是一门重要的学科，必须学习掌握大量的知识才能做好一个护士，所以她创造一切机会去学习护理知识和技术。成年后，她拒绝了众多的求婚者，她认为只爱一个人是自私的，她要把爱奉献给全人类。她决心放弃高贵的地位和优裕的生活，把自己的一生贡献给不受人们重视的护理事业。

克里米亚战争爆发后，由于没有护士且医疗条件恶劣，参战士兵死亡率高达 42%。南丁格尔主动申请担任战地护士，在她的带领下，仅仅半年左右，士兵死亡率就下降到 2.2%。每个夜晚，她都手执风灯巡视，伤病员们亲切地称她为"提灯女神"。后来，她还利用自己手里的资金去创办护理学校。她的一生都奉献给了战地，奉献给了病人。她毕生致力于护理的改革与发展，取得了举世瞩目的辉煌成就，这一切使她成为 19 世纪出类拔萃、受到世人敬仰和赞颂的伟大女性。

2. 小组讨论

南丁格尔从小树立的职业意识是如何影响她的人生的？我们为未来的劳动岗位可以提前做哪些准备？

_____

_____

_____

_____

_____

_____

_____

练习 9.2：班组现场安全管理该如何做

一、活动目标

根据 5S 管理，结合专业实习经验，掌握现场安全管理的关键点，为未来进入职场的作业现场安全管理奠定良好基础。

二、活动流程

1. 课前准备

把学生划为一组，每名学生必须提出至少 3 个有建设性的建议。

_____

_____

_____

_____

_____

_____

_____

2. 课上分享

所有人带着"班组现场安全管理该如何做"的问题查找相关资料，并把自己的建议逐一记录下来。

3. 归纳总结

小组成员集体头脑风暴，通过小组内部讨论形成小组观点，列出本组认为的关键点及其原因。

_____

_____

_____

_____

_____

_____

_____

_____

练习 9.3：尊重劳动成果

一、阅读材料

现象一：五一黄金周期间，某电视台对一 5A 级景区内乱丢垃圾破坏环境、掰折树枝的游客进行了采访。这些人在面对镜头时要么躲躲闪闪，要么就是抱怨电视台"小题大做"，认为自己并没有错。比如："如果我不丢垃圾，那些环卫工人不就失业了吗？""我只掰了一根树枝，又不影响整体的美观。""来这边旅游，不就是想跟标志性景点（雕塑）合照吗？我爬上去又不会破坏它，为什么不让我爬上去照相呢？"

现象二：近年来，"音乐收费"逐渐成为大众热议的话题。某知名歌手在线发布了新歌，但是需要用户付费 3 元才能收听。很多"乐迷"心生抱怨，认为自己会买他演唱会的票，也会去购买关于他的周边产品，为什么非要付费 3 元才能听他的歌？而这位歌手说，如果一首歌卖 3 块钱都算贵，那么所谓的尊重在哪里？

现象三：一位中餐烹饪技能大赛的冠军曾经形容他的奋斗过程："我身边的很多同学都因为在训练的过程中看不到自己微小的进步而中途放弃，但是我每次都会从切坏的萝卜、土豆中看到我的缺点、不足，以及比上一次进步的地方。我觉得这些虽然是残次品，但是它们记录了我的努力，让我每次都在新的起点上前进。"

现象四：某研究人员对高职院校学生的作业和论文抄袭情况进行了调查，发现很多学生的论文初次查重率都超过了 50%，有的同学重复率甚至达到了 90%。在作业方面，很多学生都是直接从百度文库中复制粘贴，抄袭方式简单粗暴，导致一些学生的作业内容不仅与网上雷同，学生之间也高度雷同。

现象五：现在一些青年流行做"月光族"，奉行"一人吃饱、全家不饿"，每个月的工资都会尽可能地花光，甚至超前消费，用"花呗"透支下个月的工资。小部分人还因此背上了不小的贷款。其中还有一些青年则选择了"啃老"，认为父母的退休金花不完，完全可以应付自己日常的开销，因此就选择不去找工作，或者工作态度不积极。

二、现象评析

尊重劳动成果不仅仅是口头上的说辞，更应时刻体现在我们的行动之中。在生活中，我们能看见以下现象：一些学生在公共场合随手扔垃圾，而且并不认为这是问题，因为有保洁员随时打扫卫生；个别学生在写作业和论文时大段剽窃他人的成果，而且认为这种剽窃并没有对他人造成危害，也没有因此牟利，所以不算侵权；歌手发布的新歌往往需要用户付费后下载收听，一些经典影片用户也必须付费成为会员或单独购买后才能观看。你如何看待这些现象呢？

请结合下列现象，围绕表中的问题进行思考并将观点填入下表，然后与同学和老师进行讨论，并给出你自己的观点。

问题	观点
如何看待有些人破坏公共环境、蔑视清洁工人劳动成果的行为？	
为什么我们要保护知识产权？	
我们应如何对待奋斗过程中的失败经历？	
为什么我们要重视那些哪怕是很小的进步？	
在物质生活极大丰富的当下，我们是否还需要节约？	

实践项目

项目1：劳动体验——养成劳动习惯

1. 体验过程

寻找机会参加一项劳动，可以是烹饪、打扫卫生、洗衣物、公益劳动等，认真体会劳动过程，反思一下，通过劳动，自己的身体、知识、思维能力、意志、人际关系发生了什么变化，并把反思结果填入下表。

劳动内容：_____

涉及的他人：_____

反思内容	观点
肢体运动能力和感知能力的变化	
知识的变化	
思维能力的变化	
人际关系的变化	

填写人：_____ 日期：_____年_____月_____日

2. 克服障碍

随着我国城市化的推进,越来越多的家庭移居到了城市,住进了高层住宅。这种居住空间拉大了人与自然的距离、人与人的距离。受这种居住空间的影响,有的人长期不与大自然接触,与邻居的关系也极为淡漠。假定这种现象发生在你身上,请从劳动促进人的发展的角度,制订一份克服这种现象的行动计划。

行动计划	
一、行动目标	
二、行动方法	
三、行动安排	
四、行动保障	

项目 2：工具使用——感受技术进步

1. 体验过程

从认识身边的劳动工具开始，掌握家居常用工具的基本特点与功能，体会时代发展、技术进步在工具外观和功能变化方面的表现。例如，掌握智能扫地机的功能特征，挖掘它从扫把变迁而来的发展历史。

劳动工具：_____

使用情景：_____

劳动工具的功能特征	
劳动工具的历史变迁	
劳动工具的使用体验	
填写人：_____ 日期：_____年_____月_____日	

2. 培养计划能力

按照自己的情况，从身边劳动做起，制订、执行并且反思一个持续性的劳动计划。具体要求是针对某项复杂劳动，制订一个月的劳动计划，并坚持执行。例如，打扫房间并整理衣物，或者修剪房间附近的杂草并做一些绿化设计和调整。

行动计划	
一、行动目标	
二、行动方法	
三、行动安排	
四、行动保障	

项目3：环境保护——坚持从我做起

1. 体验过程

请结合自己及家人的日常消费行为，对照下表国际绿色环保"5R"原则，分别列举日常消费或不消费的物品名称，说明你选择这一物品的理由，并说明其具有的符合或不符合绿色环保的特征。

绿色环保 "5R"原则	消费或不消费 物品名称	符合或不符合 绿色环保的特征
减少污染 （Reduce）		
环保选购 （Reevaluate）		
重复使用 （Reuse）		
循环再生 （Recycle）		
保护自然 （Rescue）		

填写人：_____ 日期：_____年_____月_____日

2. 实践活动

以小组为单位开展"垃圾分类，你我同行"的实践活动，比如可以以"家庭垃圾处理情况""分类后垃圾的去向""居民垃圾分类习惯的养成情况"等主题进行实地调查活动，也可以进行垃圾分类主题的宣传活动，引导居民从小事开始，让垃圾分类从口号变成习惯，鼓励小组成员自主设计主题，独立思考完成。

根据小组设计的主题，撰写一个社会实践调查报告或活动感想。

行动计划	
一、行动目标	
二、行动方法	
三、行动安排	
四、行动保障	

项目4：家庭照护——关爱家人健康

一、实践目的

通过自主学习，网络搜寻，与家庭成员交流，协助家人一起梳理医护知识，提高家人疾病预防的意识；了解疾病的预防，掌握常见疾病、急性急症的家庭护理方法。能够针对家庭实际情况，编撰《家庭疾病预防护理手册》，为家人提供家庭备用药箱、疾病应急预案、常见病症的护理方法。如果家庭养有宠物，也可以参照本项目，编撰《家庭宠物疾病预防护理手册》

二、实践内容

以家庭为单位，与家庭成员交流获得支持，通过咨询、搜寻、查阅等多种手段，搜集家庭健康护理方面的专业知识、操作技巧，结合家庭人员健康状况，为家人提供家庭备用药箱、编撰《家庭疾病预防护理手册》。手册主要内容包括：① 身体状况的日常观测，如量体温，需要给出测量体温的步骤、测量体温的方法及注意事项。② 常见症状的家庭护理，如出现头痛时，要区分外感性头痛、血管性头痛、贫血性头痛，还要根据不同类型的头痛，给出不同的护理办法。③ 常见疾病的家庭护理，如护理感冒病人，让病人多休息；对症处理，防止并发症；多食用新鲜果蔬；让病人戴口罩；保持居室通风、消毒。④ 急性病症的家庭应急处理，如鼻出血时，应根据出血原因，分别给出紧急处理步骤和方法。

学习材料：

1.《家庭自医自救手册》，张志强等编著，中国林业出版社，2003年版

2.《家庭急救》，李春盛著，科学出版社，2010年版

三、实践要求

（一）前期工作

1. 提出实践项目计划，获得家人支持

（1）向家人科普健康新理念；

（2）列举家庭现有健康护理方面的不足；

（3）提出设置家庭备用药箱的可行性；

（4）提出编撰《家庭疾病预防护理手册》的必要性。

2. 家庭会议讨论

通过与家人交流讨论，确定常见疾病种类，确定基本预算，列出备用药类别。

3. 前期素材准备

（1）上网搜索，提供几种家庭多功能药箱备选，按价格、功能、大小等列表并附图；

（2）购买、借阅相关书籍，以供编撰手册时参考。

（二）活动流程

1. 家庭护理知识储备

（1）集中时间，较为系统地学习家庭护理方面的知识、方法；

（2）搜集常见疾病的诊断、症状、预防方法、注意事项；

（3）购买最新、权威的家庭护理书籍。

2. 家庭护理知识整理

（1）对搜集来的信息进行分类、甄别；

（2）对同类疾病的专业知识进行加工整理，建议手绘用药护理指南；

（3）按照实用、简约、可视化的原则，精选病例。

3.《家庭疾病预防护理手册》编撰

（1）按照家庭护理的类别，编撰手册内容；

（2）注意页面的排版、页眉页脚的设计；

（3）注意目录、索引的编排；

（4）生成 PDF 电子版，并打印装帧 3~5 册。

4. 家庭护理备用药箱清单

（1）《家庭疾病预防护理手册》；

（2）外用类、内服类等药品和急救用品；

（3）疾病应急预案，含附近医院、亲友的联系方式，病历等。

（三）实践成果

（1）本项生产劳动实践结束后，撰写实践报告，并在班级进行汇报交流。

（2）认真完成以下表格。

（四）注意事项

（1）本项生产劳动实践结束后，撰写实践报告，并在班级进行汇报交流。

（2）提交本项目相关活动图片，通过橱窗、网络等进行成果展示。

疾病应急预案
1. 附近医院的地址： 电话：
2. 熟悉医生的姓名： 电话：
3. 能够最快给予帮助的亲友的姓名： 电话：
4. 慢性病史及专门用药的用药量：
5. 定期检查药箱： 药物是否足够用 3–5 人次： 药物是否过期：
6. 其他注意事项：

家庭安全预案

1. 重要求救电话
   火警：　　　　　　急救中心：　　　　　　煤气检修中心：
   派出所：　　　　　居委会：　　　　　　　物业中心：

2. 可求助的亲友电话
   亲戚：　　　　　　　　　　邻居：

3. 事故预防工具
   检修工具：

   防火工具与使用手册：

   防震工具与应对策略：

4. 其他注意事项：

项目5：办公助理——服务师生员工

老师和同学是除父母之外陪伴我们最多的人，我们每个人在成长的岁月里都会遇见困惑、难过的事情，老师和同学可以给予我们最热心、最真诚的关怀与帮助。因为有他们，所以我们不孤单。懂得感恩的我们应该学会主动奉献，为老师和同学服务，给他们带去温暖。

一、实践目的

首先，大学生可以通过服务老师与同学，发扬乐于助人的良好品质，弘扬不怕苦、不怕累的精神；其次，大学生可以通过做一些力所能及的事情，减轻教师的负担，增进师生之间的情谊；最后，大学生可以从活动中感受到来自社会的温暖，增加社会责任感，从而对个人和社会起到积极的意义，弘扬青年大学生良好的品质。

二、实践内容

由各学院招募办公室学生助理志愿者，主要有以下活动内容。

（1）协助老师做好文件资料及档案整理工作；

（2）协助老师做好文件资料的传送、递交工作；

（3）做好来访人员的接待及电话接听工作；

（4）做好学生资料的领取、登记工作；

（5）协助老师做好会议准备及相关会务工作；

（6）协助老师做好报账相关工作；

（7）协助老师做好各类功能室、教室的运营和维护工作；

（8）协助老师处理教室设备问题，做好联系和协调工作；

（9）做好日常办公室工作。

三、实践要求

（一）前期工作

1. 招募助理志愿者

（1）积极宣传志愿服务精神，鼓励学生踊跃报名；

（2）安排好学生助理志愿者工作，确保志愿服务顺利进行。

2. 志愿者培训

（1）邀请办公室负责人向志愿者讲解作为助理需要完成的任务；

（2）志愿者需学习相应的专业技能，熟练掌握各种办公软件的使用；

（3）在志愿服务正式开始前，志愿者要提前熟悉办公室布局、工作内容等注意事项。

（二）活动流程

1. 组织安排学生助理的服务时段

（1）确定志愿工作的轮班制度；

（2）根据学生的空闲时间合理安排工作时间。

2. 活动后期

（1）志愿工作结束后注意工作交接；

（2）组织参与活动的志愿者分享活动心得，总结活动中的不足。

（三）实践成果

（1）活动结束后,开展汇报交流,提出活动改进建议;

（2）整理活动图片,运用新媒体制作并发布劳动成果。

（四）注意事项

（1）要有端正的工作态度,在志愿服务期间,不得在办公室大声喧哗、玩手机、打闹等;

（2）要善于沟通,在遇到问题时要及时与办公室的老师、同学沟通,从而更好地处理日常事务;

（3）要礼貌待人、尊敬师长、尊重同学,有团队协作精神。

项目6：走进社区——方便居民生活

一、实践目的

学习实践科学发展观，发扬大学生志愿服务精神，以学校成立的大学生志愿服务队为基础，以共建社区为服务平台，让大学生充分运用知识，施展才华，服务社区，奉献社会，同时让大学生充分了解社区群众的实际需求，认识真正的社会。

二、实践内容

以学院为单位，挑选志愿者，组成校级志愿者服务队伍，走进社区进行志愿服务，活动有以下备选内容：

（1）义务法律咨询：通过举办法治宣传教育，组织法律咨询活动，法律援助活动等，普及法律知识，增强法治意识和防范意识，提高社区居民的法治观念和防范能力。

（2）义务维修小家电：做些大学生力所能及且对群众有意义的事，把所学知识用在为群众排忧解难上，如电子专业的大学生帮助居民维修洗衣机、电冰箱、微波炉等。

（3）义务家教：义务家教是大学生价值的直接体现，志愿者可以为社区里的中小学生进行短期的义务家教，家教科目不限。

（4）义务家装咨询：主要是建筑学专业的学生可利用所学的知识为居民解答一些房子装修、设计方面的问题。

（5）安全教育宣传：主要是通过宣传单、图片展示等方式来向社区居民讲解安全教育方面的知识。

（6）环保宣传：主要是为了发现和解决各社区自身存在的潜在卫生问题，提高社区居民的环保意识，以绿色购物和低碳生活为重点的宣传方向。

（7）义务帮扶：主要是走访孤寡老人，定期看望老红军，听老红军讲革命故事，为敬老院、福利院提供帮助等。

（8）送演出：参与社区文化活动建设，与社区联谊共创和谐新社区，为老人、儿童表演节目等活动。

三、实践要求

（一）前期工作

1. 建立志愿小组

（1）以学院为单位，组成校级志愿者服务队伍；

（2）各学院志愿者根据自己所学专业的特色准备需要服务的项目内容。

（3）提前联系好社区，并展示项目活动计划。

2. 活动得到允许后开始进行初步的前期宣传准备

（1）在小区公告栏粘贴海报、悬挂活动横幅，保证宣传的力度；

（2）通过小区物业微信公众号、QQ 群等渠道进行宣传；

（3）派发活动宣传单、宣传画册。

（二）活动流程

1. 场地布置与准备

（1）联系小区管理人员,志愿者在活动开展地点集合;

（2）选择合适的位置进行点位摆放,搭建展台,准备活动物料和宣传材料;

（3）在活动现场布置横幅、活动海报、展架等物品,将活动道具摆放整齐;

（4）各志愿者就位,准备开始活动。

2. 开展志愿活动内容

（1）召集小区居民到活动地点享受便民服务;

（2）各学院志愿者根据各自项目安排的时间、计划进行志愿服务。

3. 活动后期

（1）清理活动场地,清点及整理活动物料;

（2）整理活动现场拍摄照片;

（3）组织参与活动的志愿者进行活动心得分享,总结活动中的不足;

（4）运用新媒体,制作并发布劳动成果。

（三）实践成果

（1）活动结束后,开展汇报交流,分享活动心得,提出活动改进建议;

（2）整理活动图片,运用新媒体制作并发布劳动成果。

（四）注意事项

（1）做好自身防护,在去往社区的路途中,注意安全;

（2）做好活动记录,拍摄照片和视频;

（3）尊重居民隐私,对不愿意进行活动的居民不可勉强;

（4）撰写活动稿的时候要征求社区意见,得到许可以后才能在网上公布。

项目7：非遗工坊——传承工匠精神

一、实践目的

通过非遗工坊项目,使学生了解我国非物质文化遗产的基本内容和发展现状,以及非物质文化遗产保护、传承与传播的相关政策、法律;带领学生学习一项被列为非物质文化遗产的传统技艺,领略非物质文化遗产的魅力,感受"执着专注、精益求精、一丝不苟、追求卓越"的工匠精神,激发学生的民族自尊心、自豪感及自觉保护、传承与传播非物质文化遗产的责任感;引导学生充分认识我国非物质文化遗产蕴含着的中华民族特有的精神价值、思维方式和丰富想象力,以及中华民族的生命力和创造力。这对于继承和弘扬中华民族优秀传统文化,进一步增强民族文化认同与文化自信,牢铸中华民族共同体意识,促进新时代社会主义精神文明建设,具有重大而深远的意义。

二、实践内容

(1)以班级为单位,到当地非物质文化遗产代表性项目保护单位,听取非物质文化遗产代表性项目传承人讲解该项目的历史、现状和价值、技艺水平、社会影响等;观摩、了解该项目的演示或制作过程;在该项目传承人及其他技术人员指导下,学习或制作该项目作品或产品。

(2)非物质文化遗产有多种表现形式,建议结合所学专业开展劳动实践活动。例如,理工类专业可选择传统手工技艺;艺术类专业可选择传统音乐、传统戏剧、民间舞蹈、民间美术等;医药类专业可选择传统医药;体育类专业可选择杂技与竞技。

三、实践要求

(一)前期工作

(1)制定本项劳动实践的实施方案,明确实践目标、劳动内容、成果形式、实践要求等。

(2)按照就近就便原则,联系学校附近的非物质文化遗产代表性项目保护单位,协商、确定参加本项实践活动的具体时间、地点、人数、方式等。

(3)确定本项劳动实践活动的负责人、指导教师、经费预算、学习纪律等。

(4)了解有关非物质文化遗产保护的政策、法规,联系往返车辆。

(二)活动流程

(1)进行劳动生产实践动员,使学生了解本项目的目的、内容及要求;

(2)参加本项生产劳动实践的全体成员在预定地点集合、上车;

(3)承接单位介绍相关非遗项目,宣讲劳动纪律和注意事项,为参加本项生产劳动实践的学生分配劳动任务,如制作非遗文创产品、学习某个传统戏剧、传统舞蹈片段等;

(4)参加本项生产劳动实践的学生观摩非遗项目演示或制作过程,听从承接单位相关人员的指导;

(5)将参加本项生产劳动实践的学生划分若干小组,学习制作非遗文创产品或作品。

(三)实践成果

(1)本项生产劳动实践结束后,撰写实践报告,并在班级进行汇报交流。

(2)以图片、表演等形式进行成果展示。

（四）注意事项

（1）服从本项目负责人的统一指挥、管理，避免迟到、掉队、散漫等现象。

（2）以敬重、谦虚的态度对待非物质文化遗产项目，尊重承接单位指导教师，认真完成任务。

（3）严格按照操作规程进行制作，尤其要注重在实践过程中体会匠人品格与工匠精神。

（4）"非遗学堂"仅为生产劳动实践提供了一个思路、参照或平台，其核心在于培育学生精益求精的工匠精神和爱岗敬业的劳动态度，以及对中华民族优秀传统文化的继承和弘扬。

项目 8：团队合作——有效解决问题

1. 制订计划

选择一项劳动任务，比如制作一顿营养餐、售卖二手物品，邀请家人、同学或朋友一起完成该项任务。在行动之前，和团队成员一起确定劳动目标，根据团队中的个人优势协商团队的分工，并把行动计划填入下表。

劳动内容：_____

涉及的他人：_____

劳动目标	
团队成员的个人优势	
团队成员的分工	
团队规则	
预计成效	

填写人：_____ 日期：_____年_____月_____日

2. 一起行动

根据以上行动计划，和你的同伴一起完成劳动任务，在劳动过程中感受与同伴交流、配合的过程。完成劳动之后，反思整个劳动的成效以及个人价值在劳动过程中是如何体现的，同时反思自己的劳动知识与技能、合作意识、沟通能力、团队管理能力、人际关系有什么变化。请你客观评价整个劳动的相关情况，并思考针对不足之处如何改进。把你的反思填入下表。

评价项目	客观评价	改进办法
本次劳动的成效		
个人价值体现		
合作意识		
沟通能力		
团队管理能力		
人际关系		

项目9：实习实训——树立职业意识

一、实践目的

通过专业实训项目，使学生进一步巩固和拓展专业知识、技能，深化对专业学习和职业岗位的认知；锻炼学生运用专业知识、技能组织和管理生产，独立开展工作，以及在生产实践中沟通协作、探索创新，发现问题和创造性解决问题的能力；引导学生树立正确的劳动态度，遵守劳动纪律和职业道德，执行劳动安全、卫生规程，在生产实践中自觉做到理论联系实际，尊重劳动人民，学习爱岗敬业、争创一流、艰苦奋斗、勇于创新、淡泊名利、甘于奉献的劳模精神，为今后走向工作岗位和服务国家、奉献社会奠定良好的思想基础。

二、实践内容

以工学、农学、医学专业为例，本生产劳动实践项目可按以下内容操作。

1. 企业挂职

以班级为单位，结合工学专业知识，到附近厂矿企业或本专业实训实习基地，观摩、了解企业生产过程，参加跟班生产劳动或者挂职顶岗实习，相对独立地参加企业生产管理或产品研发、技术革新等。

2. 支农助农

（1）以班级为单位，结合农学专业知识，到附近农村、涉农企业或本专业实训实习基地，参加育种、播种、插秧、除草、施肥、收割以及农副产品加工等生产劳动，传播农业生产技术，宣传乡村振兴战略，感受现代农村发展和扶贫攻坚成就，体验稼穑之艰和劳动之乐。

（2）以班级为单位，结合林学专业知识，到附近林场、涉林企业或本专业实训实习基地，参加育苗、种植、农艺、园艺、蚕桑、林产品加工等劳动实践，推广林业技术创新，宣传乡村振兴战略，体验林业劳动者的奋斗与奉献，感受林业生态之美。

3. 医院看护

以班级为单位，结合医学专业临床知识，到附近医院、社区卫生服务中心和站点、乡镇卫生院、疾病预防控制中心、妇幼保健院、卫生防疫站等，参加疾病诊断、治疗，宣传疫情防控、疾病预防、日常急救知识等劳动实践，践行救死扶伤、防病治病，为公民健康服务的宗旨。

三、实践要求

（一）前期工作

（1）制定本项生产劳动实践的实施方案，明确实践目标、劳动内容、成果形式、实践要求等。

（2）按照就近就便原则，联系学校附近的实训单位，或者选择本专业实训实习基地，协商、确定参加生产劳动实践的具体时间、地点、人数、方式、岗位等。

（3）确定本项生产劳动实践的负责人、指导教师、经费预算、实训纪律等。

（4）准备必要的劳动工具、劳保用品、宣传材料等，联系往返车辆。

（二）活动流程

（1）进行实训动员，使学生了解本项生产劳动实践的目的、内容及要求；

（2）参加本项生产劳动实践的全体成员在预定地点集合、上车；

（3）承接单位宣讲劳动纪律和相关劳动安全卫生规程，为参加本项生产劳动实践的学生分配劳动岗位；

（4）参加本项生产劳动实践的学生按照各自岗位内容及职责要求，了解基本生产过程，所用工具（机器、仪器、设备）的使用方法、调试或检测技术等，听从承接单位相关人员的指导；

（5）参加本项生产劳动实践的学生开始跟班劳动或独立工作。

（三）实践成果

（1）本项生产劳动实践结束后，撰写实践报告，并在班级进行汇报交流。

（2）提交本项目相关活动图片，通过橱窗、网络等进行成果展示。

（四）注意事项

（1）服从本项生产劳动实践负责人的统一指挥、管理，避免迟到、掉队、散漫等现象。

（2）尊重承接单位指导教师，严格遵循岗位职责要求，不得擅自脱岗、离岗、调岗等。

（3）严格按照操作规程，注意劳动安全与劳动保护，避免各类事故的发生。

（4）本项生产劳动实践重在结合学科、专业，强调现场实习、实训。

教学评估

评估 1：实践报告

实践报告名称：

学生姓名		学院及专业	
团队成员及分工			
实践形式			
承诺书	本人在活动期间，严格要求自己，遵守国家法律法规、学校有关劳动实践活动的各项规章制度，按照学校的实践活动规定和实践活动计划完成好劳动实践活动； 　活动过程中，自觉维护学校形象，注意劳动安全和劳动保护，并对自己在活动期间的行为和安全负责；活动结束后，按时返校参加实践活动考核； 　我保证项目报告中的内容及采集信息尊重他人知识产权，所提交的业绩证据都是我自己及团队成员完成的，所有内容是真实有效的。 <div align="right">学生签名： 年　　月　　日</div>		

实践报告名称：

项目概述	（简述实践活动意义、内容、对象、准备、执行、效果等）
实践成果	（列举过程性成果：计划、过程记录、行动方案、宣传手册等）
	（列举结果性成果：媒体、发表、第三方证明、荣誉证书等）
活动感悟	（谈谈自己的活动收获、本次活动的特色及创新、存在的问题及反思提高等）

实践报告名称：

第三方评价	评价人姓名		联系电话	
	单位及职务			
	（包括：对被证明人在为某项任务的完成所做的工作进行描述，对在日常生活劳动、服务性劳动、生产性劳动中体现出来的技能与素养，以及对该项目任务完成的效果进行具体的评价） 证人签名： 年　　月　　日			
自评意见	 学生签名： 年　　月　　日			
活动小组成员意见	（独立作业则不用填写） 活动小组成员签名： 年　　月　　日			
指导教师考核评价	评阅意见： 考核等级： □优　□良　□中　□及格　□不及格 指导教师签名： 年　　月　　日			

评估2：评估量表

一、学生能力点证据记录提供情况与鉴定

（指导教师填写）

1. 日常生活劳动技能与素养方面：

活动要素	能力点编码	学生证明的能力点	证据情况		鉴定等级	
			有	无	合格	不合格
① 居家生活或校园生活规划	1.1	提出目标				
	1.2	时间管理				
	1.3	寻求支持				
② 居家劳动或校园实践体验	1.4	落实任务				
	1.5	技术手段				
	1.6	计划调整				
③ 居家劳动或校园实践成果	1.7	评估总结				
	1.8	分析原因				
	1.9	成果运用				

2. 服务性劳动技能与素养方面：

活动要素	能力点编码	学生证明的能力点	证据情况		鉴定等级	
			有	无	合格	不合格
① 在工作中积极践行职业道德	2.1	爱岗敬业				
	2.2	诚实守信				
	2.3	办事公道				
	2.4	热情服务				
	2.5	奉献社会				
② 在劳动中积极培育职业精神	2.6	劳动精神				
	2.7	工匠精神				
	2.8	劳模精神				
③ 工作中与人交流的过程与收获	2.9	交谈讨论				
	2.10	当众发言				
	2.11	撰写报告				

3. 生产性劳动技能与素养方面：

活动要素	能力点编码	学生证明的能力点	证据情况		鉴定等级	
			有	无	合格	不合格
① 在工作中增强职业基本意识	3.1	规则意识				
	3.2	质量意识				
	3.3	效率意识				
	3.4	责任意识				
	3.5	安全意识				
	3.6	环保意识				
	3.7	包容意识				
② 在劳动协作中完成任务	3.8	合作计划				
	3.9	完成任务				
	3.10	合作成效				
③ 利用有限资源创造性解决问题	3.11	提出方案				
	3.12	实施方案				
	3.13	评估改进				

二、综合测评鉴定结论

学生姓名		性别		学号	
鉴定意见					
鉴定结论	经核对该生提供的能力证明和现场综合评估，我们确认该生提交的证据是自己所做的工作，其劳动技能与素养□**达到**/□**未达到**劳动教育研究中心《**劳动素养培训测评标准**》"**日常生活劳动/服务性劳动/生产性劳动素养**"综合测评等级考试。 指导教师:(签名) 日期:				

［1］现代职业教育研究院通用职业素质专家委员会.职业社会能力［M］.北京：人民出版社,2021.

［2］丁晓昌,顾建军.新时代大学生劳动教育［M］.上海：上海交通大学出版社,2021.

［3］班建武,曾妮.大学生劳动教育［M］.北京：人民邮电出版社,2021.

［4］曾天山,顾建军.劳动教育论［M］.北京：教育科学出版社,2020.

［5］刘向兵.劳动通论［M］.2版.北京：高等教育出版社,2021.

［6］檀传宝.劳动创造美好生活［M］.北京：中国劳动社会保障出版社,2020.

［7］王官成,徐飙.劳动教育和职业素养训练［M］.北京：中国人民大学出版社,2020.

［8］缪昌武,胡剑虹,王士恒.大学生劳动教育教程［M］.南京：南京大学出版社,2020.

［9］徐国庆.劳动教育［M］.北京：高等教育出版社,2020.

［10］现代职业教育研究院通用职业素质专家委员会.职业素质培育教程［M］.北京：人民出版社,2020.

［11］现代职业教育研究院通用职业素质专家委员会.职业方法能力［M］.北京：人民出版社,2020.

［12］李珂.嬗变与审视：劳动教育的历史逻辑与现实重构［M］.北京：社会科学文献出版社,2019.

［13］刘向兵等.新时代高校劳动教育论纲［M］.北京：社会科学文献出版社,2019.

［14］刘盾,徐岩.职业能力与体面劳动［M］.北京：北京交通大学出版社,2019.

［15］苏霍姆林斯基.苏霍姆林斯基论劳动教育［M］.北京：教育科学出版社,2019.